बेला मुरझ्यो जमुन कछार

वाणी प्रकाशन
नयी दिल्ली-110002

बेला मुरझ्यो जमुन कछार

नारी जगत के मार्मिक स्पन्दनों की क़हानियाँ

कान्ति खरे

ISBN : 978-81-7055-486-8

वाणी प्रकाशन
21-ए, दरियागंज, नयी दिल्ली-110002
द्वारा प्रकाशित

द्वितीय संस्करण : 1996

मूल्य : 100.00

विनायक कम्प्यूटर
द्वारा लेज़र कम्पोज़

मेहरा ऑफसेट, नयी दिल्ली-110002
में मुद्रित

BELA MURJHYO JAMUN KACHHAR
by Kanti Khare

इस संग्रह की जीवितमृत, अर्द्धमृत, बलात्मृत

एवं दिवंगताओं को

जिनकी आत्मा की तड़प इन कहानियों

की अनुगूंज बन कर

शताब्दियों तक

जीवित रहेगी ।

आमुख

नारी उत्पीड़न की दहला देने वाली कहानियां

कान्ति खरे की कहानियां नारी के शोषण, उत्पीड़न और विडम्बनाओं की गहन सम्वेदना से लिखी गई दहला देने वाली कहानियां हैं। कान्ति जी अब नहीं है; और यह देय मुझे मिला है कि मैं इन कहानियों के बारे में कुछ कहूं। अस्तु

कहानियों को दो कालखंडों में बांटा जा सकता है। प्रारम्भिक कहाानियां जैसे श्मशान मेला, मोर पंख, झांसी नहीं दूंगी, चरण रज चन्दन, रैगिंग आदि। ये भावुकता के अतिरेक की कहानियां हैं। इस हद तक कि कहीं कहीं अयथार्थ लगने लगती हैं; लेकिन महत्वपूर्ण बात ये है कि जिस पारदर्शी ईमान्दारी और निर्मल सम्वेदना से इन्हें कहा गया है, वह आपको छूती भिगोती और कहीं कहीं बेधती हैं। कहीं कहीं उत्तेजित करती हैं।

दूसरे काल की कहानियां भाषा, शिल्प और रचनात्मकता की दृष्टि से सधी हुई कहानियां हैं। इनमें से कुछ तो बेजोड़ हैं, जैसे – 'मौत महोत्सव', 'मोर चिरइया मोर पुतरिया', 'शानू के लिये' और सबसे अधिक 'न इधर न उधर'... ...।

नारी की गरिमा और ममता के प्रश्न लेखिका हर जगह उठाती चलती है, उन्हें तीखा करती है और सन्धानती है; चाहे वे समकालीन समाज के प्रति हों चाहे पुराख्यानों के। कहीं दो पतियों के बीच बलात् बांट दी गई एक नारी की कथा व्यथा है तो कहीं गरीब माता पिता की अभिशप्त बेटी की हिला देने वाली

यातना की । लेखिका ने नारी की यंत्रणाओं और विडम्बनाओं को व्यंजित करने के लिये गहरे व्यंग्य की ठंडी भाषा की तलाश कर ली थी । भाषा – जो आपको चौंकाती या चमत्कृत नहीं करती, सिर्फ आपको एक भयावह यथार्थ के रूबरू खड़ा कर सन्न छोड़ देती है । 'मोर चिरइया .... ' में आजीवन प्रतारणा और उत्पीड़न झेलने वाली एक अभागी नारी का अंत लेखिका ने जिस ठंडे विद्रूप की तरह दर्शाया है, वह स्तब्ध कर देने वाला है – "पर खैर मां की कहानी का अन्त बड़ा सुखद है । बड़ी अम्मा की गालियां, पिता की दुत्कार, बड़ी अम्मा के बेटों की चुगलियां, सुनती, सारे घर के जूठे बर्तन मांजती, बिना कलेवा के तीन बजे दुपहर तक घर के जूठन से पेट भरती, क्षय रोग से पीड़ित मुंह से खून उगलती हुई वे दुनियां से चली गई हैं ।"

जन्म से मृत्यु तक निरन्तर शोषण और यातना भोगती एक सम्पूर्ण नारी-जीवन की दुःख गाथा, हमारी-आपकी जड़ता को छार छार कर देने वाली ।

स्त्रियों के सामूहिक उत्पीड़न पर लिखी गई "न इधर न उधर" समाज, शासन तंत्र और रूढ़ियों पर तीखा प्रहार करती है । धर्म और परम्पराओं में जीती भारतीय नारी ..... सुहाग चिन्हों के सांस्कारिक मोह से ग्रस्त, मांग में सिन्दूर, माथे पर दमकती हुई टिकुली और पीठ पर छड़ियों के निशान लिये शशिप्रभा जला कर मार दी जाती है; लेकिन अस्पताल में दिये गये अपने मृत्यु पूर्व बयान में पति और परिजनों को आरोप मुक्त कर देती है । उसी रेलवे कालोनी की उसी तरह पिटने वाली तारा पहिले बिफरती है, झूठा बयान देने के लिये शशि को कोसती है, पर गुबार निकल चुकने पर जोड़ देती है - "देख लेना, मेरा भी अंत ऐसा ही होगा, मैं भी इसी तरह झूठा बयान देकर मरूंगी"-। कारण ? यह ख्याल कि उसके बाद उसके बच्चों की परवरिश करने के लिये उसके पति को जीवित रहना चाहिये । विवशता ही विवशता । अंधेरा ही अंधेरा !! कहानी के अंत में लेखिका का ठंडा किन्तु व्यंजक कमेन्ट - "मैं अपने दरवाजे की चौखट पकड़े खड़ी हूँ । बस खड़ी हूँ । यदि जानती कि शशि को इस तरह मरना है और मुझे उस पर लिखना पड़ेगा तो उसे और गौर से देखती । "

नारी जीवन की कैसी नियति ! कैसी विडम्बना !! लेखिका कहीं भी समाज की पाशविकता के साक्षात्कार से कतराती नहीं । आंखें फाड़ कर उसकी

आंखों में देखती है और उसके समूचे दंश को अपनी चेतना पर झेलती है। ताकि उसे अनुभूत कर बाद में अपने समाज, शासन और जड़ हो गई रूढ़ियों के खिलाफ और भी तीखे सवाल खड़े कर सके।

इसी तरह "शानू के लिये" गहरे नारी मनोविज्ञान से लिखी गई बहुत गहरे छूने वाली मार्मिक कहानी है। बेटे की खातिर सारे संसार का दु:ख भोगती शोभना, उस वक्त हतप्रभ रह जाती है जब उसका बेटा सिपाही द्वारा पूछे गये प्रश्नों को दोहराता है। त्रास में पड़ी शोभना ! सफेद पड़ गई शोभना !

लेखिका बलात् सती प्रथा को लेकर धर्म–ग्रन्थों से प्रश्न करती है "कोई पुरुष क्यों सत्ता नहीं होता ?" यह कैसा विधान है जिसमें पुरुष के लिये छूट ही छूट, नारी के लिये सिर्फ बन्धन, लांछन और उत्पीड़न !

कहानी धर्म और रूढ़ि समर्थित उत्पीड़न पर चोट करती है, पूरे आक्रोश के साथ।

नशाखोरी, शैक्षिक जगत में व्याप्त अराजकता का शिकार होता एक प्रतिभाशाली विकलांग बालक, गुमराह नई पीढ़ी के एक उद्दंड युवक की अभद्रता आदि विषयों को लेकर लिखी गई कहानियां न केवल अपने समय की जीवन्त दस्तावेज हैं, बल्कि संवेदना के स्तर हमें भी गहरे झकझोरती भी हैं। कान्ति जी ने अपनी भाषा पा ली थी, कहानी के तत्वों के प्रति उनकी दृष्टि बहुत साफ थी। उनमें गहरी कारुणिक संवेदनशीलता थी। होतीं तो कौन कह सकता है कहां तक नहीं जातीं ? लेकिन वह अब नहीं है।

– वल्लभ सिद्धार्थ

मर्म का दर्पण

कान्ति खरे की कहानियां नारी के शोषण, उत्पीड़न और विडम्बनाओं की, गहन संवेदना की दहला देने वाली कहानियां हैं ।

कान्ति जी अब नहीं हैं और यह देय मुझे मिला है कि मैं उनकी कहानियों के बारे में कुछ कहूं ! अस्तु

कहानियों को आसानी से दो कालखण्डों में बांधा जा सकता है । शुरुआत की कहानियां जैसे - श्मशान मेला, मोर पंख, अपनी झांसी नहीं दूंगी, चरण रज चंदन, रैगिंग आदि भावना के अतिरेक की अनगढ़ कहानियां हैं कहीं कहीं इतना कि अयथार्थ लगने लगती हैं, लेकिन इससे भी महत्वपूर्ण बात यह है कि जिस निर्मल संवेदना से इन्हें कहा गया है वह आपको छूती, भिगोती और बींधती हैं, कहीं कहीं, उत्तेजित करती हैं ।

दूसरे खंड की कहानियां संवेदना, भाषा, शिल्प और रसात्मकता की दृष्टि से सधी और संतुलित कहानियाँ हैं । कुछ कहानियाँ तो बेजोड़ हैं जैसे 'मौत महोत्सव', 'मोर चिरइया मोर पुतरिया', 'शानू के लिये' और सबसे अधिक 'न इधर न उधर' आदि ।

लेखिका नारी की ममता और गरिमा के प्रश्न हर जगह उठाती है, उन्हें तीखा करती है, चाहे वे समकालीन समाज के हों चाहे पुरा आख्यान के । कहीं दो पतियों बीच बलात् बांट दी गई नारी की व्यथा है जिसके लिये कहीं न्याय नहीं, कोई न्याय नहीं । कहीं किसी गरीब मां बाप की अभिशप्त लड़की की, उसके शोषण और पीड़ा की भिगो और दहला देने वाली कहानी है । लेखिका ने यातनाओं और विडम्बनाओं को ज्यादा प्रभावशाली ढंग से व्यक्त करने वाली व्यंग्य की ठंडी भाषा तलाश ली थी, जो आपको

चौंकाती नहीं, चमकृत नहीं करती, सन्न कर देती है । 'मोर चिरइया मोर पुतरिया' में एक बदनसीब मां का, निरन्तर उत्पीड़न और प्रताड़ना झेलने वाली इस महिला का अंत लेखिका ने जिस निष्करुणता से दर्शाया है, वह सन्न कर देने वाला है - "पर खैर मां की कहानी का अन्त बड़ा सुखद है (गहरे व्यंग्य की भाषा) बड़ी अम्मा की गालियां, पिता की दुत्कार, बड़ी अम्मा के बेटों की चुगली सुनती, घर भर के जूठे बर्तन मांजती, सारे घर के कपड़े धोती, बिना नाश्ता कलेवा किये तीन बजे दुपहर तक जूठन से पेट भरती, क्षय रोग से पीड़ित हो कर मुंह से खून उगलती वे इस दुनियां से जा चुकी हैं ।" जन्म से मृत्यु तक निरन्तर यातना सहती एक नारी की संम्पूर्ण कहानी है यह ।

स्त्रियों के सामूहिक उत्पीड़न पर लिखी गई कहानी है 'न इधर न उधर' यह कहानी समाज, शासन और रूढ़ियों पर तीखा प्रहार है । धर्म और रूढ़ियों में जीती भारतीय नारी.... । सुहाग चिन्हों से सांस्कारिक मोहवश मांग में दमकते सिंदूर व टिकुली और पीठ पर छड़ियों के निशान लिये हुये शशि जलाकर मारी जाती है पर वह अस्पताल में झूठा बयान देकर मरती है । इसी रेलवे कालोनी की उसी की तरह पिटने वाली तारा पहिले बिफरती है, गालियां देती है, शशि को झूठा बयान देने पर, लेकिन फिर गुबार निकल जाने पर कहती है "देखना, मेरा भी यही अंत होगा, मैं भी झूठा बयान देकर मरूंगी" इस ख्याल से कि उसके अंत के बाद उसके पति को जीवित रहना चाहिये बच्चों की परवरिश के लिये । जनसंख्या वृद्धि जैसी राष्ट्रीय समस्या को भी इस प्रकार से लेखिका ने छुआ है, यहां भी भोगने वाली नारी ही है ।

विवशता ही विवशता - अंधेरा ही अंधेरा । लेखिका लिखती है - "मैं घर की चौखट पकड़े खड़ी हूं, बस खड़ी हूं, यदि मैं जानती कि शशि को इस तरह से मरना और मुझे उस पर लिखना पड़ेगा तो उसे और गौर से देखती ।" फिर अंत में लिखती है - "जाने कितनी शशियां और तारायें यही कर रही हैं ।" जन्म मरण तक समूची नारी जीवन की यातना गाथा - नारी की भयानक, भयानक विडम्बना.... ।

लेखिका कहीं भी पीड़ा की भयावहता के साक्षात्कार से पलायित नहीं होती, आंखें फाड़ कर उसकी तरफ देखती है और उसके दंश को अपनी चेतना पर झेलती है, पर प्रतीति करना चाहती है ताकि बाद में वहअपने समाज से, जिसका वह एक अंश है, और शासन से व रूढ़ियों से और, और तीखे सवाल कर सके। किसी भी आवेग या आवेश की आक्रामकता को चरम सीमा तक पहुंचा कर दहला देने की शक्ति है इस कहानी में '।

इसी प्रकार "शानू के लिये" गहरे नारी मनोविज्ञान से लिखी गई, गहरे तक करुण कर जाने वाली बहुत अच्छी कहानी है, बेटे के लिये संसार भर का दुःख भोगती शोभना, सिपाही के पूछे प्रश्न को बेटे के द्वारा दोहराये जाने पर त्रासद स्थिति में पड़ी शोभना..... सफेद पड़ गई शोभना का चित्रण भीतर तक हिला देने वाला है।

लेखिका 'बलात सती प्रथा' को लेकर धर्मग्रन्थों से प्रश्न करती है - कोई पुरुष सत्ता क्यों नहीं हुआ ? जिसमें पुरुष को छूट ही छूट और नारी के लिये बंधन, लांछन और उत्पीड़न है। कहानी 'मौत महोत्सव' और 'श्मशान मेला' प्रश्न ही प्रश्न उठाती हैं, धर्म और रूढ़ि समर्थित उत्पीड़न पर चोट करती हैं तीव्र आक्रोश के साथ।

नशाख़ोरी, समकालीन शैक्षिक जगत में व्याप्त अराजकता के शिकार एक होनहार बालक के विकलांग होने की मार्मिक कथा, गुमराह नई पीढ़ी के उद्दंड युवक की अभद्रता तथा छोटे भाई द्वारा आदर्श आचरण की कथा, पति से प्रेम करने वाली एक संस्कारवती मां की पीड़ा, त्याग और स्वाभिमान की कथा, एक वयस्का कुमारी - जो पुरुष की दूसरी पत्नी बनकर जीवन भर उपेक्षा सहती है की दुखकथा, भूख के अमानुषिक होने पर एक सदाशय व्यक्ति के अपराधी हो जाने की कथा - आदि विषयों को लेकर लिखी गई कहानियां सामाजिक अन्याय, उत्पीड़न तथा नारी होने की पीड़ा की परिपक्व कहानियां हैं।

कुछ ऐतिहासिक और पौराणिक कहानियां भी हैं जो नारी के मान और सतीत्व की रक्षा हेतु प्राणों के बलिदान तथा नारी मन के विविध पक्षों को लेकर लिखी गई, मार्मिकता में बेजोड़ कहानियां हैं।

वल्लभ सिद्धार्थ

धिया नीलकंठी

प्रस्तुत कहानी संग्रह 'बेला मुरझ्यो जमुन कछार' की लेखिका दिवंगता श्रीमती कान्ति खरे बुन्देलखण्ड की नवोदिता कवयित्री थीं जिन्होंने अपनी गीतिमयी वाग्धारा को वर्तमान युग की विभीषिकाओं और संत्रास के परिवेश में जीने मरने वाली नारियों को लक्ष्य बनाकर, उनकी निसर्गगत कोमलता और धरित्री से धैर्य को उजागर करने की ओर मोड़ा है। मैंने उसे 'धिया नीलकंठी' संज्ञा दी है, 'धिया' हमारे यहां लड़की को कहा जाता है। मैं जो कुछ उसके लिये कह रही हूं वह एक धिया के विषपान करते करते नीली पड़ जाने की कथा है।

कहानियां स्वयं में अपना कथ्य होती हैं। उनके लिये कुछ कहने की आवश्यकता नहीं है, वे तो स्वयं बोलती हैं; परन्तु अब जब इस रचना संसार की प्रणयिनी ही इस दुनिया में नहीं है जो अपने सृजित संसार को अपने 'दो शब्द' दे सकती थी - तब मुझे उसकी प्रकृति और जीवन क्रम से पूर्ण परिचित होने के कारण उसके तथा उसकी कहानियों के विषय में कुछ कहना उपयुक्त लगा है।

लेखिका स्वभाव सें गीतकार रही हैं, गीत एवं भावना उसके मूल तत्व रहे हैं अतः कहानियों में भी उस भावना तत्व का स्थान-स्थान पर आ जाना स्वाभाविक है, साथ ही अपने और दूसरों के भोगे हुये यथार्थ को सार्वजनिक बनाकर प्रस्तुत किया जाना भी इन कहानियों की सम्प्रेषणीयता बढ़ाता है। संभवतः यही कारण था कि असहज परिवेश को वह कभी पचा नहीं पायी, उसके दंश उसे डसते ही रहे और उसने विषपायी होना स्वीकार कर लिया। चारों ओर से मिले हुये ज़हर को पीते रहना उसकी प्रकृति बन गयी और

उसे एक स्थान पर अपनी एक पंक्ति में लिखना पड़ा —

'भरे आप जाइये मुँह ज़हर के प्यालों के -
तो नीलकंठ हम बन जायेंगे शिवालों के ।'

उसने अपनी ओर से विष पीने में कोई कसर नहीं उठा रखी थी, वह विष उसकी काया को लील भी गया परन्तु वह चुनौती देती हुयी ही गई - 'अमर हूं, अमरत्व का वरदान दूंगी आज तुमको', शिवाले का नीलकंठ भी तो आज भी शिवत्व और कल्याण का दाता है । विषपायी सदा अमर होता है ।

मन के तार छूट छूट कर, बिखर बिखर कर उसकी कहानियों का ताना बाना बुनते हैं - यह उनका रेशा छूने से पता चल जाता है । ध्यान दें उसकी अधिकांश कहानी नायिकायें सुहागिनी हैं । वैधव्य की कल्पना से उसे भयंकर त्रास था, इस कल्पना से तो नारी मात्र को भय लगता है, उसकी कहानियों में चवन्नी भर का टीका लगाये दमदमाते हुये माथे वाली नायिकायें संभवतः इसी अनाकारित भय से भागने की प्रतीक हैं । सुहाग, बिन्दी, चूड़ी, टीका जैसे उसकी अन्तिम साध हो तभी वह "मैं सुदामा नहीं" में कहती है - "कान्ह और कनिष्क की बहुओं से कह जाऊंगी कि श्मशान ले जाते समय मुझे लाल कफन उढ़ा कर मांग भर कर भेजना बेटियों" ।

(६ मार्च १९९२ को जब दुर्दैव ने उसके प्राणतत्व का हरण कर लिया था, तब उसके पार्थिव शरीर को उसकी दोनों बहुओं ने इसी तरह सजा कर श्मशान भेजा, मानो उसकी अन्तिम साध पूरी की गई हो)

कान्ति का निधन असामयिक भले ही हुआ हो पर वह आकस्मिक नहीं था, अपने जीवन में वह कितनी बार मरी है । चिता, चिताभस्म, मरघट, कफन, श्मशान जैसे शब्द उसके लिये इतने आत्मीय थे जैसे हर समय उन्हें पल्लू में बाधे रहती हो । वह तिल तिल कर मरी है और मर मर कर जी है । उसे अपने अन्त का बखूबी पता था । एक जगह उसने नितान्त निस्पृह और बेहद सहज हो कर कहा है –

'ओ चिता की भस्म तू अभिमान से मत फूल जाना
बहुत छोटी सी रसम है ठहरना - फिर लौट जाना ।

इस दुनिया में ठहर रहना बहुत छोटी सी रस्म है, लौट जाना ही बड़ी बात है अतः चिता की भस्म को यह अभिमान क्यों हो कि उसने किसी व्याप्ति को अपने में पचा लिया है, किसी बड़े समापन का समारोह क्यों माने वह स्वयं को ?

इस कहानी संग्रह की एक-एक कहानी नारी जीवन की, उसके अन्तर्मन की एक-एक दुखती रग है । इस नीलकंठी धिया ने इस कहानियों को लिखा नहीं, जिया है, सांसो के दर्द से उकेरा है । नारी के जितने भी रूप हो सकते हैं - मां, बहिन, पत्नी, बेटी, शिक्षिका, लेखिका, अधिकारिणी, शिष्या, सेविका, मजदूरनी, टहलनी तथा और भी कितने ही रूपों में जहाँ उसे नये नये जन्म लेकर अवतरित होना पड़ता है उन सबके सृजन के नाभिदेश में अन्तर्भुक्त अभिशाप, "उसका नारी होना" इन कहानियों का मेरुदण्ड है, उसका विषपायी होना इन कहानियों का श्वास है और उसका मातृत्व एक ऐसा दाहक शामक है जिसने शरीर की सात धातुओं तक को राख कर के फिर भी जीने की संजीवनी दी है । "मैं सुदामा नहीं' कहानी में एक स्थान पर आया है - "मैं तो जहर पीते पीते नीली पड़ चुकी हूँ न ? मां हूँ ।"

इन कहाानियों के मूलाधार में है - नारी समूह मन का अन्तर्द्वन्द और शीर्ष बिन्दु है - दृढ़ता । वह दृढ़ता दोनों रूपों में है चारित्रिक और सांवेगिक । चारित्रिक शील में जहाँ नारी ऊर्ध्वमुखी शिला सी दृढ़ है (स्वप्नरम्भा), वहीं सांवेगिक उद्वेलन में गोमुखी गंगा है, नतशिरा, शीतला (दो वरदान कैकेयी के) । वैषम्य के प्रतिघात दग्धता का शीशमहल बन कर चारों ओर ज्वालाओं से लपेटते हैं तो विजनवनवासी परदेशी सा मन पराये घर में लगी आग सा उसे बुझाने को दौड़ पड़ता है । इन कहानियों में बीज रूप में समाहित है पुरुष के दुर्दान्त, सुप्त अहम् के नीचे दम तोड़ती हुई नारी के सतीत्व की आत्ममर्दित शलाका (महिला कल्याण समिति) । अधिकांश नायिकायें युवा वयस् की देहरी पर ठमकी हुई गोपांगनाओं जैसी हैं जो अपने भीतर की तरलता और आत्मरति को सहजता से स्वीकार करती हुई भी पुरुष के छल, बल और अहं के कारण भीतर ही भीतर हिमखंड होती रहती हैं ।

अपने युग के सामयिक संदर्भो से भी लेखिका की कलम अछूती नहीं रही । कलाकार यहीं पर तो समष्टि से विशिष्ट बन जाता है। सामने आने वाला हर विषय, हर दृश्य, हर घटना, हर होनी-अनहोनी बात, सबके लिये मात्र देखने की और कभी कभार याद कर ली जाने वाली बातें होती हैं। परन्तु संवेदनशील कलाकार का ग्राही मन उसी को अपनी कल्पना से संवलित कर, स्थायी बना कर सर्वग्राही बना देता है। 'श्मशान मेला' और 'मौत महोत्सव' ऐसी ही कहानियां है जो भावना के अतिरेक में डूबी होने पर भी एक कड़वी सचाई को सामने लाती हैं। इन कहानियों के लिखे जाने का समय लगभग वही था जब राजस्थान में 'रूप कुंवर' और उ० प्र० बांदा (जारी) में 'जावित्री' दो बहुंये सती हुयी थीं। इन सतियों के पीछे वर्तमान युग की अर्थलोलुपता और धर्म की आड़ में पाली गई भीषण कुत्सा की नारकीय दुर्गन्ध फैली हुई है, सतियों का स्वाभाविक तेज नहीं। इस आधुनिक भोगवादी, भौतिक युग में पातिव्रत्य की पुनीत गरिमा के साथ, उसके नाम पर जैसी क्रूर नारी हिंसा होती है, उसकी जीवित गवाहियाँ हैं ये कहानियाँ।

कुछ कहानियाँ ऐतिहासिक घटनाओं पर आधारित हैं। ये ऐतिहासिक कहानियाँ हुमायूं और अकबर जैसे श्रेष्ठ मुगल सम्राटों की अवगुण्ठित कामान्धता की काली छायायें हैं, (मीना बाजार तो अकबर जैसे न्यायप्रिय, महान शासक की उजागर कमजोरी थी)। नारी जाति को क्रीतदासी का सम्मान ? भी इन्हीं जैसे सम्राटों की अनुकम्पा से मिला था। विजयोपहारों में शत्रुराजा के यहाँ से प्राप्त वन्दिनी स्त्रियां भी उनके हरम की शोभा बढ़ाती थीं। परन्तु इस सबके बाद भी अनेक हिन्दू राजपूत ललनाओं ने सम्राटों की भोगलिप्सा की तुष्टि बनने की अपेक्षा स्वेच्छया मृत्यु को वरणीय माना था कभी छल से, कभी कौशल से और कभी बल से। 'रथयात्रा' और 'बेला मुरझ्यो जमुन कछार' ऐसी ही कहानियाँ हैं। इनमें व्याप्त जन्मार्जित पतिव्रत्य और सतीत्व का सौरभ नारी जाति की तपःपूतता के सुयश को युगों तक सुरभित रखने वाला है। झांसी की रानी पर आधारित कहानी ऐतिहासिक होते हुये भी अपने ढंग की अनूठी कहानी है जिसमें भावना, इतिवृत्त और आध्यात्मिकता का अपूर्व संयोग हुआ है।

पौराणिक आख्यान भी कथाकर्त्री की लेखिनी से निःसृत हुये हैं, बैद सांवरिया', 'मोर पंख' और 'चरण रज चन्दन' ऐसी ही कहानियाँ हैं जो भक्ति की रसात्मकता में डूबी हुई हैं और प्रख्यात आख्यानों पर आधारित हैं। भावना का प्राधान्य यहाँ पर भी परिलक्षित होता है। इन कहानियों की नायिकायें, कुब्जा, विदुरानी और राधा प्रेम-रस-रंजिनी, तरला, मधुरा, व मुग्धा हैं तथा भक्ति की विग्रहवती भंगिमाओं जैसी हैं जो कृष्ण के-- सुषमारश्मि विकीर्णित लीला पुरुष कृष्ण के सामीप्य में अपने स्वत्व का विलय कर देना चाहती हैं।

किन्हीं विशिष्ट प्रसंगों में, भावातीत संवेदना के दुर्लभ क्षणों में लौकिकता का भान जहाँ समाप्त हो जाता है वहाँ परात्परता का स्वतः आरोपण हो जाया करता है, तब उल्टा सीधा कुछ नहीं रह जाता, प्रेम की मधुमती भूमिका ही आख्यान बन जाती है, एक ही दृश्य एक ही श्रव्य मात्र आराध्य ही शेष रह जाता है। प्रेम और भक्ति की इसी प्रगाढ़ तन्मयता में डूबी हुई ये नायिकायें कुछ अटपटे काम करने लगती हैं - राधा अपने पैरों की धूल प्रियतम कृष्ण के माथे पर लगाने को दे देती है, कुब्जा विराट् वपुधारी योगिराज कृष्ण को अपने सामने झुका लेती है और विदुरानी केले के छिलके कृष्ण को खिला देती है। कृष्ण दर्शन के उपरान्त विदुरानी के अपने निजत्व का संपूर्ण प्रणिपात उसकी वाक्शून्यता और केला खिलाने की प्रक्रिया से परिलक्षित होता है। इस देश के दो शिखर पुरुषों -- राम और कृष्ण के जीवन से दो आख्यान बड़ी मोहकता, पावनता और रागानुरागा भक्ति की तल्लीनता के साथ जुड़े हुये हैं, एक है शबरी भीलनी द्वारा राम को बेर खिलाया जाना और दूसरा है कृष्ण का विदुर के घर साग पात खाना। शबरी ने नारायण राम की प्रतीक्षा में कितने ही वर्ष बिताये और जब शीलादित्य मर्यादा पुरुषोत्तम राम उनके द्वार पर आये तो उस भक्ति विह्वला ने उन्हें छांट छांट कर मीठे बेर खिलाये। इस 'मोर पंख' कहानी में विदुरानी का चरित्र जिस प्रकार उभारा गया है उसमें वह भक्ति की तन्मयता में शबरी से आगे बाजीमार ले जाती है, उसे केले के गूदे की मिठास और छिलके की कडुवाहट में अंतर भी पता नहीं चलता। वह क्या खिला रही है

इसे स्वयं ही नहीं जानती । शबरी का निजत्व जागा है, वह सायुज्य की भूमिका में है पर विदुरानी का वह निजत्व भी कृष्णार्पित हो जाता है, वह सारूप्य हो गई है ।

कुछ बातें भाषा के सम्बन्ध में :- स्थान स्थान पर भाषा का स्वरूप भिन्न हो गया है; कहीं तीव्र आक्रोश में लिखी गई तू तड़ाक की भागती हुई सी, कहीं देश, काल पात्रों के अनुरूप देशज शब्दों व बुन्देलीपन से भरी हुई, कहीं अति भावुकता में भीगती हुई सी, कहीं धीर मंथर प्रवाहमयी और कहीं गहरे व्यंग से भरी हुई भाषा । इन कहानियों की भाषा में जो तरलता है वह लेखिका के अपने भीतर के निर्झरित तरंगायित उद्वेलन का आस्फालन है । प्रवाह तो प्रायः कहानियों में मिल जाता है पर ऐसा भीगापन मिलना कठिन है और सबसे विशेष बात है लेखिका का उपमानों का चयन, एक एक नव्य उपादान ढूंढ़कर लाई है अनूठे और एकदम अलग ।

झुकती आंखें मानों पूर्णिमा का निशांत, झाड़ियाँ क्यारियाँ थोड़ी बारिश में भी इत्रदानी, मुंह पारे भरा कटोरा, भौंहे भौरों की बारात, मरघट चढ़ावे की चौक, हरे देवदारु मानो पहाड़ों पर झंडिया, मन विषाद से श्मशान, सवालों के रेगिस्तान में अंधड़ आदि आदि ।

अंत में शिल्प और कथात्मक गठन के सम्बन्ध में यही कहना है कि कुछ कहानियां प्रारम्भिक अवस्था की हैं, उनमें कमियाँ हो सकती हैं । महाप्रयाण के दस दिन पूर्व जब मेरी भेंट कान्ति से हुई थी - मेरे सामने अपनी प्रकाशित-अप्रकाशित कहानियों का बंडल रखकर आगामी गर्मियों में उन्हें पुस्तक रूप देने की तीव्र इच्छा प्रकट की थी, मुझसे उन्हें तुरंत क्रमबद्ध कर देने का आग्रह किया था - "हमें तुम्हें मिल कर गर्मी में इन्हें जरूर छपवा लेना है" । कदाचित् प्रयाण-तत्परा-आत्मा को कुछ आभासित होने लगा था तभी हर काम में इतनी शीघ्रता थी । गर्मियाँ आने तक यदि वह जीवित रहती तो संभव था कि कुछ कहानियों को छाँटती, कुछ को अलग करती, अपनी रुचि की कहानियाँ रखती, पर

वैसा तो नहीं हुआ, मेरे लिये वह द्विवचन छलावा निकला । इसलिये मुझे जितनी भी कहानियाँ मिलीं, मैंने सभी को संग्रह में समायोजित कर दिया है । अब यह पाठक वृन्द के निर्णय पर है कि कहानियाँ कैसी हैं ? मेरे लिये तो यह संकलन एक हुतात्मा की जीवन व्यापी साधना की प्रतिपूर्ति और उसकी अग्नि-समाधि का साक्षी है । इस संग्रह का नामकरण बहुत पहिले ही कान्ति द्वारा किया जा चुका था ।

सबसे अन्त में मैं उन सबके प्रति - जिन्होंने इस संकलन के प्रकाशन में सहयोग दिया - हृदय से आभार व्यक्त करती हूँ । कान्ति के पूज्य श्वसुर वयोवृद्ध श्री देवी प्रसाद खरे एवं माता जी श्रीमती राधादेवी खरे जिनका आशीर्वाद प्रारम्भ से हम लोगों के साथ रहा, मेरे पति श्री देवेन्द्रनाथ खरे, कान्ति के पति श्री बलदेव प्रसाद खरे, उनके तीनों पुत्र चि० रोहित, रत्नदीप और प्रशान्त, हमारे भतीजे चि० सुधीर खरे, जिनके परिश्रम एवं लगन ने इस प्रयास को यहाँ तक पहुंचाया; पुत्र चि० अभिताभ व छोटी बेटी गरिमा जिन्होंने इस पुस्तक का मुख पृष्ठ तैयार किया, श्री एहसान 'आवारा' जिनके बहुमूल्य सुझाव प्रकाशन में सहायक हुये, चि० जयन्त यशवन्त गोरे एवं उनका परिवार, जिन्होंने तत्परता के साथ इस संग्रह की पाण्डुलिपि कम्प्यूटर कम्पोजिंग के द्वारा तैयार कराई -भ्रातृवत् श्री चन्द्रिका प्रसाद त्रिपाठी जिनका अशेष स्नेह कान्ति पर रहा – इन सबका भरपूर सहयोग मुझे मिला है ।

श्री वल्लभ सिद्धार्थ, बुन्देलखण्ड के लब्ध प्रतिष्ठ कथाकार के प्रति मैं सबसे अधिक कृतज्ञ हूँ जिन्होंने अति व्यस्त होते हुए भी अपना बहुमूल्य समय देकर इन कहानियों को मनोयोग से पढ़ा और उन पर अपनी टिप्पणियाँ भूमिका हेतु प्रदान कीं ।

दिवंगता आत्मा जिस तड़प को लिये हुये चली गई है, वह औरों में भी जागे, उन्हें मथित करे, संभव हो तो कोई मार्ग खोजे – इसी आशा के साथ संग्रह आपके हाथों में समर्पित है । गुरु पूर्णिमा कान्ति का जन्म-दिन था, इतिहास बन चुके इस दिवस की स्मृति में –

गुरु पूर्णिमा *शान्ति खरे*

सम्वत् २०५१

आंतरिक आस्था

चिन्तन की स्रोतस्विनी श्रीमती कांति खरे की मुखर अभिव्यक्ति उनकी कल-कल निनादिनी कविता है, जिसका प्रमाण उनकी प्रकाशित तीन कृतियां हैं १. चिठिया न वापस कर देना, २. गंगा बहती रहे, और ३. पन्ना धाय-खण्ड प्रगीत और अन्य गीत ।

उनकी स्रोतस्विनी के अन्तः सलिल से प्रस्फुटित महकता हुआ कुसुम कानन है - उनका कहानी संसार जिसका प्रकाशन हो रहा है - 'बेला मुरझ्यो जमुन कछार' शीर्षक से । शीर्षक स्वयं ही सम्वेदित करता है, नारी की उस घनीभूत पीड़ा का जिसका अन्त नहीं है । प्रकारान्तर से किसी भी रूप में आदिम नारी-पीड़न की संहति है - शक्ति रूपिणी देवी दुर्गा; मध्य युग में पोर पोर पिसती सीता जगज्जननी होने पर भी उस पीड़ा का प्रतिनिधित्व करती है – राज्याश्रित उत्पीड़न की पराकाष्ठा का । आधुनिक युग समता संवाहक माना जाता है, किन्तु दमित पशु प्रवृत्तियां - जिनकी शिकार मानव-जाति है, आज भी उस उत्पीड़न की प्रतिनिधि मात्र बनकर रह गयी हैं । इसका उद्घोष आज मीडिया का प्रत्येक स्वर कर रहा है, जो प्रतिपल सम्वेदना को झकझोरता है, और प्रयासों को तोड़ता है तथा मातृ-मानस को विकलांगता प्रदान करता है, क्यों कि श्रृंखला की कड़ियां साफ्टवेयर और हार्डवेयर के युग में और भी कठोर होती जा रही हैं । नारी प्रत्यक्ष और परोक्ष दोनों रूपों में आर्थिक दानव की शिकार होती जा रही है । ऐसी मार्मिक अन्तस्विनी का परिणाम है - प्रस्तुत संकलन जिसके विविध आयामों में इतिहास, पुराण और वर्तमान समाज को उपकरण बनाया गया है । अपनी अभिव्यक्ति को आन्तरिक आस्था से मंडित कर स्वस्थ स्वरूप प्रदान करना उनका लक्ष्य था ।

श्रीमती कान्ति खरे की कहानियां निश्चित रूप से आज की नारी को समता और मुक्ति की दिशा में बढ़ने में कुशल संरक्षण और सम्बल प्रदान करेंगी ।

देवेन्द्र नाथ खरे

अनुक्रम

स्वप्न रंभा

इंजीनियर साहब का कलेजा धड़क उठा । वे घबरा कर पीछे हट गये । उन्हें लगा जैसे वह उठी, दौड़ी और दौड़ कर छपाक से बांगना में कूद पड़ी । बांगना की दहाड़ती लहरों में उसका शव ये उछला, ये बहा और आंखों से ओझल हो गया । भय, ग्लानि और अवसाद ने उनके नवनिर्मित इन्द्रधनुष के रंगों को पोंछ कर रख दिया । उनकी आंखो के कोने तरला उठे । क्रोध पानी हो गया । चरित्र किसी की बपौती नहीं । केवल वसीयत में मिलने वाला अधिकार भाग ही नहीं, चरित्र कूड़े की डलिया में भी मिल सकता है और मृगचर्म और वल्कल के नीचे से गायब हो सकता है । उसके लिये एक निश्चित ठौर ठिकाना नहीं । उन्होंने भरी आंखो को उंगलियां फेर कर सुखा लिया । दीर्घ निश्वास ली और ऊपर देखा तो रुग्ण, पीला–सा चांद आसमान पर दिखाई दिया । कहीं दूर उसी समय एक टिटिहरी बोल उठी ।.....वे भारी कदमों से लौट पड़े और विगत की बस्ती में जा खड़े हुये ।

गिट्टी कूटने के, बालू छानने के, हथौड़ो के, तसलों की टकराहट के और कारीगरों की बुलाहट के स्वर हवा में तिर जाते हैं । बांध पर काम चालू है । सुबह की किरणें पेड़ों की फुनगियों से उतर कर धरातल पर बिछ रही हैं । कुछ देर पूर्व बादल का उजला टुकड़ा जो पूरब की ओर उठता दिखा था,

निकल गया है । हवा खनाकेदार है । मजदूरिनों के झुंड से एक गीत की कड़ी उठी – हवा में तिरी – "केहि से संदेस पठाऊं रे कन्ता, डारन सुआ न दिखाय" एक स्वर सबसे अलग था । मीठा पर तीखा । जाते-जाते इंजीनियर साहब ठमठमा गये । उड़ती, पर बेधती नजर उस झुंड पर डाली । पर मीठे स्वर ने नज़र नहीं उठाई तो नहीं उठाई ।

किसी गौरांगी के नैनों में पड़े लाल डोरों सी टेसू की लम्बी कतार दूर तक चली गई थी । पहाड़ी के तले जुआर के आदमक़द पौधे खड़े थे । इनके पीछे पड़े निर्जन में छ्यौल के बौने वृक्षों का साम्राज्य था – अनगिनत, चौड़े, सुवापंखी । बीच बीच में उठे पठारी भाग थे, जिनके बीच कहीं कहीं छोटी छोटी घास की झाड़ियों के ऊपर ताल मखाने की बेलें फैली थी । वहीं पर खजूरी के तीखे नैन नक्श वाले पौधे थे जो हवा लगने पर कपोती के पंख-से फड़फड़ा उठते । इक्के दुक्के आम के पेड़ भी थे पर महुओं के ज्यादा । चैत में जब नीम से फूल झरते तो चौक सी पूर जाते । अषाढ़ में काजलवर्णी घटायें उमड़तीं तो गांव की लुनाई में चार चांद लग जाते । गांव अपने नाम "सुहानपुरा" के अनुरूप सुहाना था, बस कष्ट था तो एक – कभी कभी नदी बांगना में आने वाली भयंकर बाढ़ ।

एक बार ऐसा लगा कि गांव का भाग्योदय होने वाला है, वहां पर बांध बंधाने के उपक्रम जुटाये जा रहे हैं । ट्रकों में भर भर कर बालू, सिमेंट, पत्थर के ढोंके और लोहे की छड़ें, आने लगे । अनपहचाने लोगों की भीड़ । ओवरसियर, बाबू, ठेकेदार और न जाने कौन कौन लोग । गांव में चहल पहल आ गई । सुबह सुबह नंग-धड़ंग बच्चे सूखी रोटी चबाते वहां घूमने लगते । औरतें घड़ा या गुंड लिये पानी को जातीं, कुछ ठमठमातीं, फिर औचक दृष्टि से देखती चली जातीं । बांध के कर्मचारी काम करते करते भी इन पर दृष्टि डालना न भूलते । काम भी जोरों पर चल रहा था । औरतें बड़े मनोयोग से तसले ढोतीं, बीच बीच में राज उन्हें झिड़क देता, डांट देता, चिल्लाता तो भी उन पर कोई असर न होता । वे तो "चरणदासी" हैं, इस विश्वास पर कितने गरल-घूंट वे रोज पीती हैं, कोई गिनती नहीं । मजदूरों से लगाकर इंजीनियर तक इन नामों से परिचित हो चुके थे – बेनी, जमुनियां, रामरत्ती, सुखिया ।

एक दिन किसी कारीगर को चोट लग गई । घरेलूतौर पर मरहम-पट्टी करके उसे कैथी के पेड़ के नीचे लिटा दिया गया । हजारों रुपये कमाने वाला इंजीनियर, कुछ क्षणों के लिये, कारीगर के पास आ खड़ा हुआ । कारीगर सकपका गया । उठने का उपक्रम करता हुआ बोला –

"जी, साहब .... साहब .... ।"

"लेटो .... लेटो .... तुम" इंजीनियर बोला ।

इंजीनियर साहब की उम्र अधिकतम अट्ठाईस या तीस वर्ष की होगी । सुन्दर, गौर वर्ण, आंखों में पद और पैसे का दर्प तो था पर थोड़ा सा शील भी दिखा । तभी रामरत्ती आती दिखाई पड़ी । पुष्ट शरीर, एक हाथ में अच्छी–खासी खाट और दूसरे में चमचमाते लोटे में पानी ।

"यहि मां बैठ जांय साहिब" खाट डाल कर रामरत्ती ने निवेदन किया । साहब इस अप्रत्याशित स्वागत से चौंक उठे । यह वही मीठा कंठ था शायद – 'केहि से संदेसवा पठाऊ रे कंता ऽ ऽ ऽ ऽ" । अनप्यासे उन्होंने लोटा लेने के लिये हाथ बढ़ा दिया, किन्तु पीने में देर लगी । ये रूप ! गांवो में ? ऐसा अप्रतिम सौंदर्य ! बलिष्ठ युवती के सुच्चिकण अंगों पर साहब की दृष्टि कितनी बार फिसली, गिना नहीं जा सकता । रामरत्ती लौट पड़ी । उसने कारीगर को एक गन्दी सी पिछौरी (चादर) उढ़ा दी और काम पर जा लगी । इंजीनियर साहब के मन में भूडोल सा आ गया । उनकी पत्नी रम्भा बंगाली थी – लखनऊ यूनीवर्सिटी में पढ़ी । अभी फेरे पड़े वर्ष भी नहीं बीता था । कहीं जाते तो रंभा की मनहरण छवि को अपने साथ लिये जाते । सन्नाटे के क्षणों में भी रंभा के प्रेमोद्गार उन्हें गुदगुदाते रहते । हर समय रम्भा की छवि उनकी आंखों में झूलती । पर इस समय इस अपढ़ मूर्खा, ग्रामवासिनी को देख कर जैसे यह झूला अनायास रुक गया । रात को साहब को ऐसा लगा मानों आज चांद से ही नहीं, गगन के पोर पोर से रस बरस रहा हो । पर जिसके लिये वे इतने आकुल व्याकुल हो उठे हैं, उस के मन में कितनी बर्फ़ीली चट्टानें दर्द छुपाये सो रही हैं, यह उस अविवेकी पुरुष का कायिक लोभ और मायावी मोह नहीं समझ पाया । साहब कुछ दिन स्थायी रूप से वहां रहेंगे ऐसा सुनने में आया ।

रात ढल चली थी। दूज का बीमार चांद आसमान में आ गया था। नदी के बहाव की ध्वनि प्रखर हो रही थी। थोड़ी थोड़ी देर में पीपल के पत्ते खड़क जाते। सियारों की जोड़ी अभी अभी फलांगती जंगल की दिशा में चली गई थी।

"रामरत्ती" ? टपरी के बाहर से किसी ने पुकारा।

"को है ?"

"मैं छोटेलाल।"

"का है ? खाय रही हन।"

"इत्ती रात के ?"

"हूं।"

"तुमका बड़े साहिब बुलाय रहे हैं। खाय के हुइ आयेव।"

"हूं।"

संक्षिप्त सा उत्तर दे कर रामरत्ती चुप हो गई। छोटेलाल एक क्षण रुका, पर कोई छूट न पाकर चला गया। रात्रि का समय। साहब का बुलावा। पर कोई प्रश्न नहीं, कोई विस्मय नहीं, कोई विकार नहीं, कोई भय नहीं। कौन सी ठंडी चट्टान इसके ऊपर पड़ी इसे गला रही है। छोटेलाल ने पहिले भी कई बार सोचा है।

रामरत्ती ने बाकी दो रोटियां भी प्याज के साथ निश्चिंत भाव से खा लीं, शेष चार तसले से ढक कर रख दीं। ढिबरी में तेल डाला। खाट पर पड़े दोनों अंगौछे समेट कर भीतर किये। फिर टपरी का बेड़ा अटका कर चल पड़ी डाक बंगले की तरफ। हवा में सम्मोहन था। पीछे कसे जूड़े के बावजूद छोटे छोटे ताम्रवर्णी बाल बार बार रत्ती के मुंह पर आकर उड़ने लगते, वह हाथ फेर कर पीछे कर लेती।

साक्षात्कार होते ही साहब पुलक उठे।

"आओ, आओ, रामरत्ती ! बैठ जाओ .... अरे ! बैठो भी ! भई बात ये है कि कुछ तबियत ठीक नहीं चल रही और रुकना पड़ ही रहा है। ये छोटेलाल तो बिल्कुल अनाड़ी है, इन लोगों से खाना-वाना ढंग का, यानी परहेज़ी खाना बनता नहीं। मेम साहब का आना तो हो नहीं सकता .... और भी

औरतें हैं तो, पर वह गन्दगी वाला काम है। छोटे छोटे बच्चे लेकर आती हैं गंदगी फैलाती हैं। हर दस मिनट में दूध पिलाने बैठ जाती हैं। मैं समझता हूँ, तुम्हारे साथ ऐसी कोई दिक्कत नहीं है।"

एक क्षण को रत्ती हिल गई। साहब ने अनजाने में उसके मानस के कोमलतम अंश में चाकू चुभो दिया था। फिर भी खड़ी रही। जगह से हिली नहीं। साहब कह रहे थे –

"तो ऐसा करो, खाना फिलहाल तुम बना दिया करो।"

"हूं" रत्ती का संक्षिप्त उत्तर था।

"तुम्हारे घर वाले कहाँ है ?"

अब पराजय की बारी रत्ती की थी। उत्तर में होंठ विकृत हुये। दीवार की ओर ताकते हुये "खंजन नैन" "तिरछे" तो हुये, पर विधुबदन को अंचल से ढांप कर वह लज्जा का अभिनय नहीं कर सकी। करती भी तो किसके लिये ? जो लज्जा को तिलांजलि देकर, वेश्या के साथ भाग गया, उसके लिये ? पलकों की ठोकर मार कर आंखों में उठे यादों के बादल को रत्ती ने हटाना चाहा, पर वह तो अंगदीचरण की भांति अचल होकर अड़ गया, हटा नहीं।

सुहानपुरा से थोड़ा हट कर जगमोहन का गांव था – मानक चौकी। वह जाति का काछी था, पर उसका व्यवसाय अहीरों जैसा था। उसके पास बहुत से जानवर थे। वह अपनी ही भैंसे चराता, गाय बकरियां लिये सुहानपुरा तक आ जाता, जहाँ बांगना के किनारे बाड़ी में रत्ती रोज अपनी ककड़ी की बेलें सवाँरती होती। कभी निगाह मिल गई तो रत्ती ने आंखें नीची करके मुंह फेर लिया। जगमोहन इस शील पर मुग्ध था। एक दिन जगमोहन ने छेड़ा –

"क्यों बाई ! तुमने हमारी भैंस तो नहीं देखी ? एक दिख नहीं रही"

"मैं किसी की गायें भैंसे नहीं तकती फिरती।"

खड़ी बोली में कड़क फटकार सुनकर जगमोहन हंस पड़ा। रत्ती जाति की काछी थी। अगहन लगने भर की देर थी, जगमोहन का बाप सजी–सजाई बहली में रत्ती को बिठा, रास्ते भर पैसा बताशा लुटाता, पुत्रवधू

बना कर ले आया । शहरी कृत्रिमता से दूर, गांव के ये दोनों अपढ़ चकोर–चकोरी से जी रहे थे । जगमोहन कभी बाहर जाता तो शहर से चोटी, बिन्दी और लाखें लाना न भूलता, पैरों के लिये आलता लाता ।

मंगलवार की शाम हनुमान जी के चबूतरे पर मजमा लग जाता । ढोलक मंजीरे आ जाते । हनुमान और देवी की वंदना में गायन शुरू होकर कबीर के रहस्यवाद तक जा पहुंचता "नैहरवा हमका ना भावै" । और अंत होता ब्रजांगनाओं के पराजय गीत से – "गागर ना फोरो महाराज, हमसे गोरस लै लो"

रात के दो बज जाते, तब सभा विसर्जित होती । जगमोहन भीतर आता, रत्ती की कामद रूपराशि को छक कर पीता । तभी कौए बोल उठते ।

आषाढ़ का महीना आया । रथयात्रा की तैयारी धूमधाम से हो रही थी । इस बार जुलूस और कीर्तन की भी तैयारी थी । 'रतजगा' भी होना था । इन्हीं दिनों कहीं से एक नाचने वाली आई थी । भज्जू माटे की चौपाल में ठहरी थी । उसके साथ सब साज़–बाज़ था । गांव के बालकों का मनोरंजन और जवानों को आंख सेंकने का साधन । सुबह जब वह नहाने जाती, तब भी बदन में गोटेदार साड़ी और दांत में मिस्सी होती । मनचले कई बार उधर चक्कर लगा आते । एक दिन श्यामकली आई । थोड़ी देर इठला कर बातें करने के बाद रत्ती से बोली –

"भौजी, अबै तो भइया के बैठक ऊ बिड़िनियां के पास लाग रहै ।"

अखंड विश्वास के साथ रत्ती ने उत्तर दिया –

"बैठ हुइहैं, मनई मनई के लगे तौ बैइठतै हैं ....।"

श्यामकली का मुंह उतर गया । पर उस दिन रत्ती को काठ मार गया, जब सुबह पता चला कि जगमोहन उस बेड़िनी के साथ चला गया है । उसे लगा कि ऊपर से आकाश गिरा, नीचे से धरती फटी । सन्न खड़ी रह गई रत्ती । इसके बाद रत्ती पर बहुत बीती, बहुत । एक दिन वह ठंडी चट्टान बन कर रह गई । दो माह बाद एक सुबह रत्ती घड़ा लेकर कुंआ जा रही थी कि द्वार पर जगमोहन बैठा दिखाई दिया । रत्ती चौंकी नहीं, रोई नहीं, लड़ी नहीं, उसने सिर्फ कहा कि वह रहना चाहे तो भले रह सकता है वैसे उसे अब

उसकी कोई आवश्यकता नहीं है । जगमोहन थोड़ी देर बैठा रहा, फिर शराब के कसैले मुंह से पीक थूकता हुआ; कुर्ते की बांह चढ़ाता हुआ चला गया । इक्कीस वर्ष की वय और ये रूप लिये तब से रत्ती गल रही है । उसका ससुर बेटे के पलायन की बात सुन कर दम तोड़ गया, वह पहिले से पक्षाघात से पीड़ित था । जानवर चचिया ससुर ने हड़प लिये । रत्ती सुहानपुरा में तीन रुपये रोज पर गारा-तसला ढोती है । एक दिन सहुआइन के यहां से सरसों का तेल खरीदने गई, सहुआइन बोली –

"काहे बिट्टी, जनमभर ओही के नाम का रोइहै का ? तुही दूसर मनई न मिली का ?"

रत्ती ने तमक कर कहा –

"भौजी, हम लुगाई हन, हरजाई नाहीं ।" रास्ते में उसने तेल फेंक दिया ।

...... हां, तो रामरत्ती ! क्या कहती हो ? खाना बनाने लगो ..... !"

अ र र र र र र र ..... यक्ष के भेजे मेघदूत की भांति नदियां, समुद्र और पर्वतों को पार करता हुआ रत्ती का मन धमाके के साथ साहब के सामने आ गिरा । सामने सिर्फ साहेब हैं । "हूं" कह कर रत्ती यादों के कुहरे को चीरती हुई निकल कर गली में आ गई । साहब निरस्त्र, निरुपाय, हताश से बैठे रहे ।

रत्ती खाना बनाने आने लगी । अब साहब की परेशानी और बढ़ गई । ज्यों ज्यों दिन बीतते जाते, साहब की बेचैनी बढ़ती जाती । उन्हें सबसे अधिक दुखदायी है रत्ती का आत्मविश्वास, कितनी गहराई तक यह लौह स्तम्भ गड़ा है ? सौ बार आग्रह करने पर भी कभी रत्ती ने उनके घर का एक कौर मुंह में नहीं डाला आधी रात तक रुकना पड़े, कोई भय नहीं । हर प्रश्न का उत्तर केवल "हूँ" । स्टोव से न जल जाने की चेतावनी देने के बहाने साहब सामने आ बैठते । बैठे रहते । कुछ पूछने पर रत्ती की आंखें अंगार-सी ऊपर उठतीं, "हूँ" कह कर ओस-सी नम जातीं । साहब की कुंठा और पीड़ा जब पराकाष्ठा पर पहुंच गई तो उसके भीतर का मानव मरने लगा । कुचले हुये

मानव के ऊपर दानव सवार होने लगा। हजारों रुपये कमाने वाला इंजीनियर, तीन रुपये रोज की मजदूरिन की सूखी रोटी छुड़ाने पर तुल गया। आज फ़ैसले की रात थी।

रात के लगभग बारह बजे थे। दुनियां सोती थी, पर साहब की आंखों में नींद नहीं थी। वे जाग रहे थे। उनके साथ दो व्यक्ति और जाग रहे थे – कीरत और छोटेलाल। साहब दबे पैरों गढ़ी के पिछवाड़े, उस हिस्से में पहुंच गये, जहां रत्ती सो रही थी, हाथों का तकिया लगाये। ऊपर से चांदनी छन-छन कर रत्ती के मुंह पर पड़ रही थी। हवा में सुगबुगाहट थी। पर . . . साहब का साहस नहीं हुआ पास बैठने का। सोई मजदूरिन के मुंह पर ईंट पत्थरों जैसी कठोरता थी ।.....उन्हें याद आई.... इंजीनियरिंग कालेज की वह गली, वह छोटा सा शिशु मन्दिर। गुलमोहरों की घनी छांह। पुस्तकों में खोई रम्भा, कभी शिशुओं से किलोल करती रम्भा, और कभी यूं ही हरसिंगार की डाल के नीचे उन्मन सी रम्भा।

कालेज जाते जाते नजर पड़ी और फिर गड़ गई। परिचय, फिर प्रेम और फिर दीवानगी। एक रात बिलकुल ऐसी ही थी, बस ऐसी ही। ऐसी ही चन्द्रिका थी, ऐसी ही खुनक हवा में थी।

और रम्भा ने निःशब्द उन्हें आत्मार्पण किया था। पर ये तो . . . ये तो रम्भा नहीं। ये रम्भा नहीं, स्वप्नरम्भा है। शायद इसे वे पा नहीं सकेंगे। उनका आक्रोश उसके मुंह का कौर छीन सकता है, पर उसे पा नहीं सकता। क्या इतने दिन से की जा रही मौन याचना का अर्थ उसने नहीं समझा ? फिर ? बलप्रयोग ? असंभव। बल प्रयोग का उत्तर देने के लिये क्या उसके पास कुछ नहीं ? नहीं, बहुत बड़ा शस्त्र है उसके पास, जिसके सामने तीर-तलवार कुछ नहीं, जिसके सामने मौत बेमानी है। और वह है चरित्र। चरित्र किसी की बपौती नहीं, विरासत में मिली सम्पत्ति नहीं। चरित्र गारे के तसले में भी सिर उठा कर खड़ा हो सकता है और मृगछाला के नीचे लहूलुहान पड़ा मिल सकता है। इसी चरित्र के बूते पर ही तो आत्मविश्वास का स्तम्भ इतनी गहराई तक वह गाड़ सकी है, अन्यथा एक युवती एक गैर व्यक्ति के

महिला-विहीन घर में बेखबर सो जाये ? साहब ने आंखें गड़ा कर देखा - सीप जैसी दोनों आंखे नींद के समंदर में डूबी हैं । एक हाथ छाती पर है, दूसरे का सिरहाना किये है । साहब का आक्रोश पानी पानी होने लगा । वे निर्णय करके आये थे –अर्पण या निष्कासन ।

निष्कासन .... क्यों ? उसका कुसूर ? वह उनकी कृपा पर अपने चरित्र को बेच नहीं रही, इस कुसूर की सजा उसे दी जाये उसकी पेट की रोटी छुड़ा कर ? क्यों ? किसी भी प्रकार का बल प्रयोग करने के बाद क्या वह जीवित रह सकेगी क्षण भर भी ? उसके पास प्रतिशोध लेने के लिये इतनी बड़ी बांगना तो है .... कूद गई तो ?

सहसा उन्हें ऐसा लगा मानों रत्ती उठी, दौड़ी । ये दौड़ी और छपाक से बांगना की तेज़ धार में कूद पड़ी । भयंकर बड़ी–बड़ी लहरों ने उसके शरीर को समेटा और ले चलीं । उनकी आंखों में रत्ती का बहता शव नाचने लगा । वे घबरा कर दो कदम पीछे हट गये । उनके दानव को पीछे ढकेल मानव आगे आने लगा । अब उनकी आंखों में चिनगारी नहीं, तरलता थी । क्या होगा इस गरीबनी को मिटा कर जो बेवा से भी बदतर जीवन जी रही है । वे लौट पड़े ।

उन्हें आया देख कीरत और छोटेलाल ने एक दूसरे को देखा । साहब ने सिर्फ इतना कहा –

"छोटेलाल ! रत्ती को जगा दो, घर जाये या फिर कुछ ओढ़ने बिछाने को दे आओ" ।

नई दुनिया : १७ अक्टूबर १९८२ को प्रकाशित

वफ़ादार

"वहाँ न बैठिए बाबू साहब, वहाँ नहीं, वह पत्थर एक यादगार है इधर बैठ लीजिए .....इधर इस पेड़ के पास ...."

"अच्छा ....अच्छा ....कोई समाधि है क्या किसी संत फ़कीर की ?"

हाँ साहब ....संत-फ़कीर की है या किसी ज़ालिम की, क्या पता कौन कब क्या हो जाता है ....पहले तो वह एक आदमी होता है, फिर ... जो हो जाए ....है, एक पागल की यादगार है यह साब !

"पागल की यादगार ? अच्छे भले लोग नहीं मिले थे क्या"

रघु हंसा, मैंने डांटा 'चुप, यूं नहीं बोलते', फिर मैंने उस बूढ़े से कहा·

"ख़ान तुम यहीं आ जाओ बैठकर बताओ कौन था ? यहीं बैठे-बैठे प्याज़ काटो न ख़ान !"

"दुनियां में क्या पाप है क्या पुण्य' हमें नहीं मालूम, पर इतना ज़रूर जानता हूँ अगर कोई सच्चे दिल से खुदा से मुआफी मांग लेता है, तौबा कर लेता है, तो वह बेकसूरों में गिना जाए या नहीं, पर उसके गुनाहों में कटौती ज़रूर हो जाती है ....पछतावा एक पुल बनाता है जिस पर चढ़कर अल्लाह पाक के पास जाने का रास्ता मिल जाता है .....

बूढ़ा प्याज़ से भर आयी आँखों के पानी को पोंछ रहा था या किसी अतीत से उभरे दर्द के पानी को पोंछ रहा था पता नहीं .... ! हम वैष्णव देवी के दर्शन कर वापस लौटे थे पर पंजाब के कुछ दर्शनीय स्थलों के भ्रमण का लोभ संवरण न कर सके थे, सब एक उम्र के सैलानी, बैठे ठाले गाड़ी चुका ली, बस्ती से दूर पड़ गए और अब ढाबे में भूख बुझाने के अतिरिक्त कोई चारा फिलहाल न था .... बूढ़े ने आँखो का पानी पोंछ लिया -

'हाँ साब कौन बनवाता, किसको क्या पड़ी थी कोई यादगार बनवाने की .... पर ....मैंने एक पत्थर ज़रूर लगा दिया है जहां वह मरा था अब तो ज़माना गुज़र गया ....वो एक सिपाही था, घर कोटा बूंदी तरफ का, खरा, गोरा रंग, गठीला, सजीला जवान, बेहिसाब खूबसूरत, लम्बा चौड़ा, अंग्रेज़ी सेना में था साब ! जाने कहाँ से क्या हुआ उस पर एक अंग्रेज, एक गोरी मेम मर मिटी, मैं वहीं ठेकेदार था रसद पहुंचाता था, मैंने समझाया था 'दोस्त ! आग से न खेल दोस्त, आग से न खेल' पर बाबू साहब, मोहब्बत के आँख कान नहीं होते, वह नहीं माना । फिर पर्व आ गया बैसाखी, बैसाखी का पर्व था, तारीख .... शायद तेरह अपरैल या ऐसा ही कुछ, याद नहीं, पर पर्व था । आह ! बहार और गुहार एक साथ हो लिए थे साब ! अमृतसर के जलियांवाला बाग में मुल्क के वफ़ादार, बहादुरों ने सभा बुलाई थी, गोरों के ज़ुल्मों की कोई हद ही न रह गई थी, हिन्दोस्तान का बड़ा से बड़ा आदमी .... उनकी नज़र में कुत्ते बिल्ली से गया गुज़रा था, हम हिन्दुस्तान वालों ने भी तो टके सेर ईमान बेच डाला था .... लेकिन सबने नहीं.... ईमान सब नहीं बिका था, बाकी था -बहुतों में बाकी था -'भरावो .... असी अपने मुलक नू आजाद कराके छोडांगे सानू ऐना फिरंगिया न कहना ही होवेगा' .... तो यही कहते हुये हज़ारों लोग बाग में इकट्ठे हुए । रंगे-रंगाए, सजे-सजाए जोड़े, ओह ! तितली सी औरतें, गुलाबों से बच्चे, शेरों से मर्द । वैसे उस दिन कोई शोर शराबा गलत न हो रहा था . अपने दो नेताओं की रिहाई, पबलिग मांग रही थी, वो .... वो नेता डॉक्टर किचलू और गांधी जी .... पर क्या बताऊं और कैसे बताऊं । अल्फाज़ मुंह में नहीं आते बयान के लिए, उफ़ ! कैसा क़हर बरसा था, वो ज़ालिम .... डायर ! उसने बाग के मुंह पर मशीनगन अड़ा दी थी .... और हुकुम दे दिया सिपाहियों को - 'चलाओ गोली' ... . निकलने को दूसरा द्वार था ही न साब, ... जैसे पिंजरे के सुए को, गरम सलाखों से पिंज़रे में छेदा जाए,

वो गोलियां बरसीं निहत्थों पर पर कि तड़प तड़प कर वो गुलाब से बच्चे, ढेर हो गये, वे मेले में जाने को निकलीं सिंदूर भरी औरतें तड़प-तड़प कर दम तोड़ने लगीं, ख़ून के पनाले बह पड़े जी..... इंकलाब जिंदाबाद बोलते वे जवान ख़ून में नहा गये.... दौड़ भाग की कोशिश.... सब नाकाम रही। हत्यारे द्वार छेके थे, अपनों को ढूंढती तलाशती मुंदती आँखे .... मुंह से ख़ून गिराती पथराती शक्लें .... बेज़ुबान गुहारें। कराहों से, पत्थर पिघल गए मगर वो शैतान .... उस शैतान का कलेजा न पसीजा .... कभी न देखा था, कभी नहीं देखा था ऐसा खौफ़नाक माहौल ....

और ये, बढ़-बढ़कर ....तक ... तककर गोलियां चलाए जा रहा था। यही यही जिसकी याद में मैंने ये पत्थर ....

'अभी और सुनो भाई साब ... फिर कुछ कहना - तो उस दिन बैसाखी को घर घर जाने की छूट मिली थी सबको'

बूढ़ा कहता रहा -

'जब वह शाम को घर पहुंचा तो बीबी का सामान बंधा रखा था, उसने इसे देखा फिर धरती पर थूका -

'आ गए हो लहू विच हाथ रंग के .... तुसी अपनी वर्दी उतार के क्यों नहीं सूट दिही .... मजदूरी वास्ते परमात्मा ने दो हाथ दिते ने ...'

वह धिक्कारती लताड़ती चली गई, साब ! रोके न रुकी, न रुकी। अभी घटना ताजी ही थी यह वाली कि फिरंगी मेम का बुलावा आ गया। दिल बल्लियों उछलने की हालत में तो न था पर फिर भी थोड़ा सुकून मिला ....

बीबी की दुत्कार का ग़म तनिक भूला और पहुंच गया आग में कूदने, सूली पर चढ़ने - आंख का अंधा, दो आंख का अंधा। बंद कमरे में उसे उलटा लटकाया गया। हुंह..... एक काले नाचीज़ कुली, सिपाही की ये ज़ुर्रत .... ! अपने अफसर की मेम से मोहब्बत करे ... फिर उसे इतने कोड़े इतने कोड़े पड़ते रहे कि जब तक खाल न उधड़ गई ....

'और कोड़े किसने मारे जांनते हैं ? मेम ने, उसका साहब अपनी मेम पर बन्दूख ताने खड़ा रहा तब तक ! और फिर उसे अगले दिन ईनाम मिला बढ़-बढ़कर गोलियां चलाने का, तक-तककर अपने भाइयों को भूनने का, ख़ून के

पनाले बहाने का, बाग की धरती को रंग कर लाल कर देने का, वफ़ादारी का, अगली सुबह बर्खास्त कर दिया गया ....

'फिर साहब वह पागल हो गया .... पागल हो गया, जब मैं वहां से आया था तो अपने साथ उसे लिवा ले आया था । जब उसे दौरा पड़ता तो खूब हंसता था, उंगली से गोली का निशाना बनाता, डायर की नकल उतारता, घायल होकर गिरने का नाटक करता .... और जब होश में रहता तो फटी फटी आँखों से आसमान ताकता, बड़बड़ाता - ठीक कहती थी .... कौशिल्या ठीक कहती थी .... वर्दी उतार फेंकता ....बन्दूक धर देता .... ये दो हाथ बहुत थे मजदूरी के लिए .... भूखा न मरता .... मैं भूख्खा न मरता .... फिर चुप हो जाता, गुमसुम, फिर रोने लगता .... वह साहब, इतना रोता था मुझे ताज्जुब होता कि मर्द की आँख का कुंआ भी इतना गहरा होता है । फिर एक दिन उसे लू लग गई और वह मर गया इसी जगह ..... !

बुड्ढे ने प्याज़ के छिलके बटोरे और ढाबे के भीतर चला गया ।

महिला कल्याण समिति

मंच की सज्जा भव्य थी, तालियों की गड़गड़ाहट के बीच जब नन्दिता जी को अध्यक्षा निर्वाचित किया गया तो वे नम्रता से दोहरी तिहरी हो गयीं, उनका भाषण इतना भावनापूर्ण था कि श्रोताओं की आंख में आंसू आये बिना न रह सके।

.... " कभी किसी युग में किसी न्यायाधीश ने नारी को न्याय दिया है ? .... कभी नहीं। कभी किसी ने उसके अन्तर्मन के हाहाकार को सुना है ? .... कभी नहीं। क्या सतयुग, क्या त्रेता, क्या द्वापर .... और यह युग तो कलियुग ही है, नारी सदा यंत्रणा संत्रास और पीड़ा का विष प्याला ही पीती रही है .... राम ने सीता को गहन जंगलों में छुड़वा दिया उसका क्या अपराध था ? युधिष्ठिर ने द्रोपदी को दांव पर लगा दिया उसका क्या अपराध था ? मीरा ने क्या किया था जो उसका भजन पूजन भी अभिशाप बन गया ? उसे इसके बदले में क्या दिया गया ? ज़हर का प्याला और विषैले सर्प ? नारी की अपनी कोई सत्ता नहीं ? कोई अस्तित्व नहीं ? सुनिये .... राजस्थान से आती हुयी जबरन सती की गयी अबलाओं की पुकार .... तो आइये आज हम पुनः संकल्प लें कि हमारे अधिकारों को

साकार रूप में परिवर्तित होना है.... अब कोई अत्याचार नारी पर नहीं चलेगा .... कैसा अन्याय पूर्ण बँटवारा है नर नारी के बीच। पुरुष दस विवाह कर सकता है और .... बारह वर्ष की बालिका विधवा हो गयी तो आजन्म वैधव्य।.... अब यह नहीं.... चलेगा.... नारी सबला है.... "

तालियों की गड़गड़ाहट से सभा भवन गूंज उठा है, समिति संरक्षक ने जनता को धन्यवाद दिया और सभा विसर्जित हुई, महिलाओं में कुछ आंसू पोंछती जाती हुई दिखाई दीं।

ये धनी कस्बा है, कुछ उत्साही लोगों की सलाह मशविरा से युवकों युवतियों में जोश आ गया है, जोश को साकार रूप देकर 'महिला कल्याण समिति' का संगठन हो गया है, प्रमुख संगठन कर्ता एक प्रौढ़ व्यक्ति हैं श्री बनवारी लाल वर्मा। ठीक है युवतियां कर ही क्या सकेंगी। संस्था को मान्यता मिल गयी है, बाकायदा आफिस सजा, टाइपिस्ट आ गई है। सेक्रेटरी, बाबू सब की नियुक्ति हो गई है, कागजी घोड़ों ने सरपट भागना शुरू कर दिया है। इस समिति की कई शाखाएं हैं, विस्तृत कार्यक्रम है, वर्मा जी को भोजन का भी समय नहीं मिलता, उनका प्राइवेट अस्पताल बैठता जा रहा है और महिला समिति की प्रतिष्ठा उठती जा रही है। दोपहर को खाने आते हैं तो महिला कर्मचारी फाइल लिये पीछे - पीछे चली आती है। जी हाँ! नैतिकता यही है, वर्मा जी कहते है - काम करो तो तन मन धन से करो आखिर पुरुष न मदद करेंगे तो ये बेचारी अभी किस लायक हैं। यही धर्म है....।

रात ग्यारह बजे हैं वर्मा जी महिला मण्डल के बीच घिरे हैं, बारह भी बज गये अब भी एक महोदया बैठीं हैं। दुबली, पतली, नाटी, सांवली पत्नी पर्दे हटाकर झांक आयी है कई बार, फिर उन्होंने रसोई घर की सांकल चढ़ा दी। इधर लिखा पढ़ी, विचार विमर्श होता रहा, जब रात के साढ़े बारह बजे वाली ट्रेन के आ जाने का समय हुआ तब वर्मा जी ने मोटर साइकिल स्टार्ट की, शालिनी जी ने कटे बालों की उड़ आई लहर को पीछे किया और फाइल संभाल कर पीछे बैठ गयीं।

मंत्री जी अगले शहर में आ रहे हैं उनसे सम्पर्क करने का समिति उद्योग कर रही है। शालिनी जी को ट्रेन पर चढ़ाकर जब वर्मा जी लौटे तब तक खाना बर्फ हो चुका था, उन्होंने विरक्त भाव से थाली को देखा, उनकी भूख बुझ चुकी थी और पत्नी का मन बुझ चुका था, वे बेमन से खा रहे थे, वे बेमन से परोस रहीं थीं, खाते - खाते तिक्त कंठ से वर्मा जी बोले –

"शालिनी जी बारह बजे तक फाइलों में सिर खपाती रहीं तुमसे एक कप चाय बनाकर न देते बनी ?"

"दूध नहीं था।"

"क्या दूध मंगाया नहीं जा सकता था ?"

"किससे मंगाती ? कोई नहीं था घर में "

" .... तुम तो थीं "

"मैं क्या करती ?"

"तुम्हीं नुक्कड़ वाले हलवाई के यहां से बढ़कर ले आतीं, कोई बम्बई कलकत्ता नहीं है कि तुम गली भूल जातीं।"

"ये लोग रोज आती हैं कोई नई नहीं हैं .... न सही एक दिन चाय .... "

वर्मा जी ने आग्नेय नेत्रों से पत्नी को देखा फिर हाथ धो लिये तौलिया ढूंढते रहे, न मिला तो बेड रूम में जाकर भड़ाक से किवाड़ बन्द कर लिए। पत्नी विमल ने थाली ढंक दी और बिना खाये जाकर बड़ी बेटी के पास लेट गई। आज उनके मन में इकट्ठी कुंठा और टीस उस रास्ते पर पांव धरने को विवश हुई जिसे विद्रोह कहते हैं।

उनका दुबला, नाटा, सांवला शरीर, मुंह पर हल्के सही परन्तु चेचक के दाग, दाहिने हाथ की छै उंगलियां हैं, बीस बाइस वर्ष की उम्र से सफेद बाल, इन सबने उन्हें पति की दृष्टि से सदा उपेक्षित रखा और फिर स्वयं उनमें एक हीन ग्रंथि ऐसी बन गयी जिसे उन्होंने खुलना असंभव सोचकर खोलने की आशा और अभ्यास भी छोड़ दिये थे। शिक्षा भी नवीं तक थी उनकी। उनके मन में जाने कितनी धाराएं इधर उधरसे फूट - फूट कर बहती हुयी आ मिलीं, ये औरतें जो रोज घर पर आती रहती हैं पति के पास,

ऐसा तो नहीं कि सभी सुन्दरी है, ऐंची - तानी भी हैं, मोटी, नाक की चिपर्टा, भींची आंख वाली भी हैं.... फिर.... फिर ऐसी उनमें क्या कमी रही है कि पति पत्नी के बीच उड़ने वाली प्यार की गंध ने उन दोनों का तन बदन कभी न छुआ ?.... उपेक्षा, विरक्ति और हीनता के जल प्लावन के बीच कभी छोटा सा द्वीप न दिखा कि उस भूमि पर बैठकर दोनों की प्रीति-पीर का विलयन हुआ होता ।

वर्मा साहब की गाड़ी की आहट आई । वे उतरे तो साथ में नन्दिता जी भी थीं । वर्मा जी की पत्नी विमल ने देखा, अनदेखा कर दिया, बड़ी लड़की के हाथों चाय भिजवा दी और स्वयं कपड़े बदल कर बाहर निकल गयीं । दो घंटे बाद जब लौटकर आई तो उनके हाथों में किताबों का बंडल था - प्रश्नोत्तरी, गाइड वगैरह । वर्मा ने भौंचक होकर पूछा -

"ये क्या है ?"

"ये किताबें"

"किसके लिए"

"अपने लिए"

"मतलब"

"हाईस्कूल की परीक्षा दूंगी ।"

"अब परीक्षा दोगी तो ये घर ? तीन लड़कियां, दो लड़के, विकलांग मां, घर में जानवर बकरी.... कौन समेटेगा ?"

"सब सिमट जायेगा"

"आखिर इस उम्र में पढ़कर क्या होगा ?"

"आपकी प्रौढ़शाला और महिला कल्याण समिति इसी उम्र वालों के लिये है ।"

वर्मा जी बगलें झांक उठे, हकलाते हुए बोले -

"वह.... वह.... तो वह.... तो सब यूं ही है, मतलब.... तुम .... तुम.... इसमें न पड़ो, वह दर असल.... असहाय और गरीब औरतों के लिए है...."

"गरीब असहायों के लिए है तो इसमें गरीब और असहाय ही आवें न ? तीन-तीन, चार-चार सौ की साड़ियां पहिन-पहिन कर, ओंठ रंगे, पर्स झुलाए दिनभर घर भर की छाती पर मूंग दलती हैं....

ये असहाय हैं ? दिन भर मुझे इनके पीछे चाय का हंडा चढ़ाये रहना पड़ता है । बच्चों की खुराक से कटौती करके दूध बचाना पड़ता है.... छटांक भर दूध अम्मा को नहीं मिल पाता .... ये गरीबनी हैं ? बनी लैला घूमती हैं.... "

विमल की बात पूरी भी न हो पायी थी वर्मा जी ने न आव देखा न ताव तड़ाक से चांटा कनपटी पर मार दिया । हट्टे कट्टे मर्द का भरपूर हाथ कनपटी पर पड़ा तो मरियल सी औरत घूम गयी और बैठ गयी कनपटी दबाकर । बड़ी देर बाद जब आंखों का अंधियारा दूर हुआ तब उसने आंखें खोलीं, तो खून से उसकी धोती सनी जा रही थी, संभवतः कान का पर्दा फट गया था, वर्मा जी कभी के जा चुके थे ।

अस्पताल से बड़े डाक्टर गायब हैं, यूं भी छोटे शहर का छोटा अस्पताल । आज बड़ा जमघट लगा है गांव वालों का, कछोटे मारे गांव की औरतें गिर - गिर पड़ रही थीं, उन्हें डांटकर भगाया जा रहा है । खेतों में काम करते वक्त एक किसान युवक को सांप ने काट लिया है.... काले नाग ने । बचाया नहीं जा सका उसे । उसे बैलगाड़ी में लोग लिए जा रहे हैं और अब नर्सें और डाक्टर विमल जी की सुश्रूषा में लगे हैं, बहुत गंभीर चोट नहीं है पर फिर भी एक दिन वहां रहना पड़ेगा । कोई बात नहीं, लड़कियां दोनों मां के पास रहीं, वर्मा जी देख गये, पर कोई बात नहीं थी । आज न वे अपने समिति के कार्यालय गये न अपने अस्पताल । मंत्री महोदय के आगमन की मीटिंग उन्होंने अपने घर पर ही कर ली, सबसे बड़ी बच्ची उज्ज्वला चाय बनाती, देती रही ।

सुबह हो गयी । डाक्टर आने वाले हैं, नर्सों ने एक एक मरीज के बेड बदलने शुरू कर दिये, " ओ.... ओ.... माई गॉड ।" रूबी नर्स.. .. की चीखें निकलते निकलते रह गई, तेजी से भागी। डाक्टर आ गया, विमल जी का शरीर काला पड़ चुका था । मुंह से झाग सा गिर कर चिपक गया था, वे रात को ही मर चुकी थीं । डाक्टर, नर्स, कम्पाउंडर सबकी सांसत में जान है, सबकी छाती की धड़कनें बढ़ी हुयी हैं, सब बाहर भीतर हो रहे हैं ।

वर्मा जी डाक्टर हैं, होम्योपैथी के ही सही । इसके अलवा उनकी प्रतिष्ठा कितनी बड़ी है, उनके यहां परसों मंत्री जी आने वाले हैं.... उफ़ ! रोजी रोटी रहती है कि जाती है ! पर सबके सितारे और चन्द्रमा अच्छे थे .... वर्मा जी आये थे, रोये थे, दीवार से टिक गये थे, बहुत हाय हाय की थी, बहुत व्याकुल हुए थे, परन्तु खतरे का कोई निशान उन्होंने नहीं दिखाया था, अस्पताल वाले निरापद हो गये थे, राज़ राज़ ही रह गया था । जिस सुई से सांप काटे मरीज को इन्जेक्शन लगाया गया था वह विमल जी को इंजेक्शन देने से पहिले धोई नहीं गयी थी ।

"नैनं छिन्दन्ति शस्त्राणि .... नैनं दहति ....पावकः.... पावकः "

भयावह कमरे में पंडित केशवदत्त गीता पढ़ रहा है, विमल का शव धरती पर लेटा है, अगरबत्तियों और फूलों की गंध कड़वी हो गई है नाक को दुखद लग रही है । सब सिर झुकाए बैठे हैं, लड़कियां रोते - रोते बदहवास सी कहीं पड़ी हैं, महिला क्ल्याण समिति की सभी कार्यकर्त्रियां नीचा मुंह किये बैठी हैं । बड़े लड़के रमन की प्रतीक्षा है, वह बाहर है । उसे लेने आदमी गया है, वर्मा जी क्रिया दाह पर नहीं बैठ सकते, संयम न सधेगा, कल मंत्री जी प्रौढ़शाला के शिलान्यास को आ रहे हैं, अनुदान की बात सिर्फ उन्हीं के बस की बात है !

किसी मोटर साइकिल की आवाज़ आई है । संदेश वाहक लौट आया है, रमन कहीं दौरे पर गया है । हताश .... । हताश वर्मा जी ने स्नान किया, सफेद कफ़न पहना, उन्हें इस वेश में देखकर समिति की सदस्याओं के दृग भर आये, वर्मा जी ने पिंडदान की थाली उठाई और विमल के शव के सामने खड़े हो गये - उनकी कातर आंखें विमल से पूछ रहीं थीं —

"तुम्हें आज ही मरना था ?"

•○•

न इधर न उधर

गुल मुहर और उसके पास लगी इमली की डालियों पर बार बार चढ़-उतर रही चंचल गिलहरियां अच्छी नहीं लग रही हैं। ललछौहें सूर्य का गोला डूबने को है। आस-पास खरी ईंट के रंग वाले बादलों के टुकड़े तिर रहे हैं, अच्छे नहीं लग रहे। मस्जिद से अजान के बोल उठ रहे है, अच्छे नहीं लग रहे, सामने बिजली के खंभे पर दो-तीन कौए मेरे सामने से क्रा–क्रा करते उड़ते चले जा रहे है। चीरघर के पास भीड़ है। औरतें गिर-गिर पड़ रही हैं। पुरुष ग़मग़ीन हैं, परंतु उस गम में दहशत ज्यादा है। चेहरे सहमे हुए हैं उनके। शशि प्रभा मर गई है। मर गई है या मारी गई है। बहरहाल वह मर गई है और किसी को कुछ कहना नहीं यद्यपि सब कुछ स्पष्ट है, कोई कुछ न कहेगा। चश्मदीद गवाह भी कुछ न कहेंगे। सत्य कड़ुआ होता है, कष्टदायक होता है, घातक होता है। वेसे तोलने वाले तराजुओं में अंतर होता है, परंतु जब झूठ बोल कर खुश और सुखी रहा जा सकता है तो सच बोलने की मुसीबत कौन मोल ले ?

"लाश में फफोले ही फफोले थे। अरे फफोलों के मारे सुई लगाने तक को ठौर न था, फफोला तो था ही नहीं अरे सारा बदन छिला रखा था, ... परसों जली .... कल अस्पताल में भर्ती की गई .... अरे उसे तो अधजली उठा लाए अस्पताल में .... मगर न बची ... ... अरे पानी डाल दिया .... कुछ मोटा डाल देना था .... घर भर के कंबल और दरी तक ऊपर लाद दिए ....मगर .... हुँ, होश तो आया ही नहीं ! मर गई .... कुछ कह सुन भी न पाई .... अरे मरते दम तक थी होश में, बाल-बच्चों को पूछा, बिट्टू को पास बुलाया .... हे भगवान ये गैस बड़ी खतरनाक चीज है। ले डाले प्राण बिचारी के .... दैया दैया .. .. स्टोव की टंकी ऐसी फटी ऐसी कि .... हाय राम ,च .....च".

अस्पताल के कंपाउंड में जितने मुंह है उतनी बातें। हर एक का अपना निर्णय है। हर एक निर्णायक की अपनी औकात है, अपना नज़रिया है, अपना अंदाज़ है। यह दर्दनाक मौत भी इस समय रसमय चर्चा बनी हुई है। औरतों को रिक्शे में बिठा कर घर भेज दिया गया है। अब पुरुषों की दहशत कम है। पुरुष वर्ग में अब कुछ लोग आंखों पर हाथ फेरते देखे जा सकते हैं, क्योंकि कलेक्टर और एस० पी० की कारें जा चुकी हैं। दहशत भरी कटु सचाई अब दूर जा चुकी है और कानून की सचाई अब भयदायक नहीं रही। कुछ भी हो, बहरहाल शशि प्रभा मर चुकी है और उसके परिवार पर सुरक्षा कवच चढ़ चुका है।

मैं घर की द्वार वाली चौखट पकड़े खड़ी हूँ। बस खड़ी हूं। न भीतर जाने की स्थिति में हूँ और न शशि प्रभा के घर जाने की। मैं बोल नहीं रही, पर चुप नहीं हूँ। मैं चैतन्य नहीं हूँ, पर बेसुध नहीं हूँ। गई गुजरी का कारवां मेरे सामने से गुज़र रहा है। अतीत की बंधी गठरी मैंने अब खोल डाली है। सीधी सुती नाक, हर वक्त पान से भरा मुहं, गेहुँआ रंग और मझोला कद। काश मैं जानती कि उसे यूं मरना पड़ेगा और मुझे ये कहानी लिखना पड़ेगी, तो मैं उसे और देखती और ग़ौर से देखती। शायद उसकी मौत का आना और यूं आना भी मुझे कहीं लिखा दिख जाता। कान में पांच - सात सोने की बालियां पहने रहती थी। माथे में अठन्नी के बराबर ईंगुर का टीका

एकाध बार मैंने उसे टोका भी, "शशि तेरा बाबा आदम वाला ये सिंगार न बदला ! अरे तू अध्यापिका है, स्कूल में ये बाली-वाली जमती नहीं ।"

"चल .... न जमने दे, अध्यापिका, हुंह ... प्रधानमंत्री बन जांऊ तब भी मैं बाली और टिकुली छोड़ने से रही । ये सब सुहाग के चिन्ह हैं समझी ?"

जब वह कहती ये सुहाग के चिन्ह है तो मेरी आंखों के आगे उसकी पीठ पर पड़े छड़ियों के नीले निशान उभर आते जो एक बार अभी पके भी थे । उसकी कलाइयों में भी घाव हुए हैं । उसका पति जगदंबाप्रसाद मारता .... तो चूड़ियों के टुकड़े कलाई के गुदारे माँस पर चुभ जाते । ऊपर एकाध चूड़ी खिसका कर कलाई में रुमाल बांध लेती । दस दिन पंद्रह दिन बाद फिर महंगी कामदार चूड़ियां बजाती आ जाती ।

ये रेलवे कॉलोनी है । लंबी कतार में एक ही ढांचे के बने, मैले, धुंवारे क्वार्टर दूर तक चले गए हैं । सुबह, दोपहर, शाम, रात बस धड़धड़ाती गाड़ियां निकलती रहती हैं । गाड़ी की आवाज़ सुनते ही अपने-अपने क्वार्टरों से औरतें बच्चे निकल कर द्वारे खड़े हो जाते हैं । यही इनका मेला है, यही इनकी नुमाइश है । सुबह शाम हर घर के दरवाजे, भरी अंगीठियां कोयला उगलती रहती हैं । हर घर के पति रात को शराब पीकर आते हैं या पीकर ड्यूटी पर जाते हैं । हर घर की औरत रोज पिटती है, करीब करीब । इस कालोनी के हर क्वार्टर की करीब-करीब एक ही किस्मत भी है । वही दिनचर्या, वही दौर, कोई नयापन नहीं । हाँ थोड़ा सा फर्क यह है कि शशि प्रभा पास ही के रेलवे स्कूल की मास्टरनी है । दस बजे से पांच बजे तक मोहल्ले की औरतों से कुछ अलग जी लेती है । थोड़ी सी विशेषता शशि प्रभा को मिलने वाली गालियों में भी रहती है, 'साली को कमाई का गुरूर हो गया है', ये सिर्फ शशि प्रभा सुनती है । शशि प्रभा पूरी कालोनी में लोकप्रिय है । मधुर व्यवहार वाली, मितभाषी, वक्त ज़रूरत पर सबके काम आने वाली, अटके पर वह दस-पांच रुपए भी जरूरतमंद को दे डालती है, पति से चुराकर । उसे सब चाहते हैं, मानते हैं और उसकी इस स्थिति ने उसके पति की हीनता ग्रंथि को और मजबूत

बना दिया है । वह शराबी है । खुद पीने वाले भी उससे बिदकते है । कुछ इसीलिए लोग शशि प्रभा को और मानते है । वह लोकप्रिय हो गई है, पर औरत की लोकप्रियता कितने मर्दों के गले उतरती है ?

"कदंब" मिसेज दत्त मेरा कंधा झकझोरती हैं ।

'हूँ' कह कर मैं चुप हो जाती हूँ । वह कहती हैं,

'चलना नहीं शशि प्रभा के घर ?'

मैं उसका मुंह देखती हूँ वह मेरा । दोनों थोड़ी देर घटाटोप की उदासी में डूबे रहे । फिर मैं उसके साथ चल पड़ती हूँ ।

वैसे अब मुझे उस घर जाने की कोई इच्छा नहीं है । अब क्या जाना ! हो आई हूँ .... देख आई हूँ उस नाटक को, जो उसके जलने के बाद रचाया गया है । मसलन घर के हर बच्चे को एक सा पार्ट रटाया गया है । पर बच्चे भूल जाते है, तो पार्ट बदल देते है । घर के सब सदस्यों ने हाथों में जलने की पीली दवा मल रखी है । पति का हाथ जबरन आग में रखकर एक छाला उठाया गया है ।

मुझे ठीक ठीक मालूम है, शशि प्रभा के पास बत्ती वाला स्टोव है । उसे छिपा कर कहीं से टंकी वाला प्रभात स्टोव लाकर चौके में उलटा गिरा दिया गया है । थाली में आटा सान कर रख दिया गया है । मसालदानी से निकाल कर मिर्च और जीरे बिखेरे गए है । कटे आलू चारों तरफ फैला दिए गए हैं । कटोरी, गिलास तितर-बितर कर दिए गए हैं । नाटक निर्देशन बढ़िया हुआ है । मैं खिंची हुई मिसेज दत्ता के साथ चली जा रही हूँ । शायद इस बीच नाटक में एकाध अंक और जुड़ा हो ।

तारा का घर शशि प्रभा के घर के पहले ही पड़ जाता है । सोचती हूँ उसे भी लिवा लूं । मैंने किवाड़ पर दस्तक दी । शायद खुली ही थी भीतर की सांकल । हम दोनों भीतर चली जाती हैं आगे का बरांडा पार कर । ऐं ऐं ये क्या ? तारा सायबान में खाट पर पड़ी औंधे मुंह रो रही है । रो रही है इस कदर कि बेहाल हुई जा रही है । गमी हुई है शशि प्रभा के घर और हाहाकार कर रही है तारा । इतनी व्यथा, इतना विलाप और क्रंदन तो मैंने सुबह

शशि प्रभा के यहां नहीं देखा था। जिस घर की कमाऊ बहू पांच बिलखते बच्चे छोड़ कर चल बसी, वहां तो सब अभिनेत्री अभिनेता थे पर यहां तो तारा की हालत बिगड़ती जा रही है, हो सकता है और कोई बात हो .... और कोई कारण हो, पर .... पर मैं उसका दर्द जानती हूँ। मुझे देखकर उठी। मुझे बिठाया। फिर मुझसे लिपट कर फफक पड़ी। क्या करूं उसकी भिन्न का हल मेरे पास नहीं, उसका समीकरण मैं नहीं बैठा पाऊंगी।

इस पड़ोस में सबसे ज्यादा दुर्गति इसी तारा की है। वह लाजवाब खूबसूरत है। है क्या रही होगी, खंडहरों की जुबानी पता लगता है। हां तो उसका भाग्य था कि वह विवाह के समय अतीव सुंदरी थी और विवाह के बाद गुनाह हो गया। जी हां सौभाग्य भी गुनाह हो जाया करते हैं। उसके फट पड़ते रूप पर पहरेदारी बिठाई गई है। घर में पड़े कागज के चिट पुर्जे को ध्यान से पढ़ा जाता रहा है शायद किसी प्रेमी के पत्र का टुकड़ा हो। हर आने जाने वाली की चौकसी की जाती रही है और की जाती है। किसी भाई-भतीजे, यानी मायके से आने वाले से बात करते समय भी श्यामाचरण उसका पति उसकी आंखों में झांकता है, कहीं प्रेम तो नहीं झलक रहा ? कोई पूर्व प्रेमी तो नहीं ? पिटते पिटते तारा की हड्डियां शेष रह गई हैं। आँखे धंस गई हैं, गालों का मांस सिकुड़ कर वहीं सूख गया है। हंसती है तो दांत निकल पड़ते हैं।

शुरू शुरू में तारा सलवार और तीतरी दुपट्टे में जब एक हाथ में कोयले की अधसुलगी अंगीठी लेकर बाहर आती तो उसकी तिर्यक देह खजुराहो की मूरत हो जाती। चुस्त कुरते में उसका वक्ष पठार-सा उभर आता। श्यामाचरण ने सलवार कुरता पहिनना ही बंद करा दिया 'साड़ी बांध'। ठीक है, साड़ी बांधने लगी। पुरानी चाल से अगला छोर कमर में खोंस कर।

वह एक फॉरेस्ट आफिसर की लड़की है नाज़ों की पली। पर जब उसके एक के बाद एक बहनें होती ही गई उसे मिलकर कुल आठ बहनें, तो पिता पराजित हो गया। फिर भी उसने ब्याहा तारा को फूड इंसपेक्टर से। फूड इंसपेक्टर ग़बन के केस में जेल काट आया है। ग़बन भी ज़रूरी था।

दारू की बोतलें सूखी तनख्वाह में नहीं आतीं । कुछ भी हो यह अब भी पीता है । सरकारी नौकरी छिनने के बाद भी पीता है । रेलवे के पास एक छोटी सी दुकान में नौकरी करता है । तारा पर रहम करके एक रेलवे कर्मचारीने अपने क्वार्टर का एक कमरा दे दिया है । हालत खस्ता है । रोजनदारी की तरह छः रुपये रोज़ पर क्या होता है । पर न जाने कहां से दारू पीने को पैसे आ जाते हैं । नुक्कड़ पर चाय की दुकान खोले, कांच के बुंदा लगाए, पान से ओठ रंगे वह जो औरत है मोहिना, वह उसकी प्रेमिका है । एक छिछले किस्म की, ग्राहकों से बेजा हंसी मजाक कर लेती है । गोरी नारी है, कहते हैं ठकुराइन है । मोहिना के बगैर रह नहीं सकता श्यामाचरण । दारू और मोहिना उसे दो चीजें चाहिए बस, तारा उस घर में फालतू सामान है ।

एक दम जाने क्या हुआ । तारा उठकर खड़ी हो गई । उसकी पानी से भरी आंखे भी जल उठीं । एक दम चिटक कर उसने घुटनों तक धोती समेटी और दहलीज पर बैठ गई और गालियों की बौछार शुरू कर दी धुंआधार गाली -

ससुरी .... ससुरी .... कमबख्त .... अपना ..... तो मर के सरग गई और घर-घर मौत के न्योते दे गई ? ऐं लग्गा लगां गई .... लग गया लग्गा .... अब.....अब .... देखना .... अब .... घर-घर में ..... यही होना है ..... हाँ साली । पहले तो .... . बड़ी हरिश्चन्द्र की अवतार बनी फिरती थी । अब कहां गया वो हरिश्चन्द्रपना ... क्या साफ झूठ बोल गई ससुरी .... साफ झूठ .... क्या बयान दिया .... साफ झूठ .... अरे ये औरत ही औरत की दुश्मन होती है ..... औरतें औरतों की दुश्मन । झूठा बयान दे के मर गई । अरी दे देती सच सच बयान । एक दफे तो कह देती .... कि मुझे फूंका .... गया .... एक दफे ... तो सच्च बोल देती .... इन मर्दो की अकल ..... अकल .... लगती तो ..... ठिकाने जब ..... ठूंसे .... जाते जेल में .... तब पता पड़ता .... कि औरत .... की किलपना कैसी होती है । खाया पिया ..... मौज उड़ाई .... बाहर गये तो रंडी मुंडियां ताकीं ... घर आए तो .... लुगाई पर लात जूते ..... उसी के लिये..... ससुरी

.... ससुरी .... झूठ बोल गई स्टोव फट गया। फट गया तेरे बाप का हाड़। तेल उड़ेल के .... खसम ने .... भूंज डाला ....। कहती है .... स्टोव फट गया .... बड़ी सतवंती, बड़ी पतिव्रता .... लिख जाएगा अब तेरा नाम.... रामायन में .... तेरे नाम के मंदिर बनेंगे .... पूजा होगी तेरी .... पुजेगी हुंह ... लिखवा लिया नाम .... पुरानो में .... सतवंती ..... हूं .... रा .... म. ...

आधा घंटा हो गया। मैं अचकचाई बैठी हूँ। मैं कुछ नहीं कह रही। निकल जाने दूं इसके मन का गुबार। बड़ी देर तक बैठी रही वह दाँत पीसती रही, गालियां देती रही, फिर कुछ शांत हुई। धीरे धीरे आ कर मेरे पास बैट गई। सांसें भरती रहती। फिर बोली,

"देख लेना दीदी देख लेना, बस अब यही मेरे घर में होना है। मैं पक गई हूँ। कचुआ गई हूँ .... अघा गई हूँ ....

इसके बाद एक बड़ी लबी सांस पेट तक खींच कर - जैसे फोड़े का, पीठ के फोड़े का सा दर्द सहती हुई बोली -

"और ..... और मैं भी झूठा ही बयान दूंगी .... मैं भी कहूंगी स्टोव की टंकी फट पड़ी, हां।"

मैं मुंह फाड़ कर उसे देखती हूँ मेरी आँखे उसके मुंह पर टंगी रह जाती है। वह फिर दर्द का घूंट गले के नीचे उतार कर कहती है -

"और क्या ? .... और क्या ?.... ये छः छः पैदा हो गए हैं। भगवान ने छाती पर धर दिए हैं। इन्हें को समेटेगा ? का होगा इनका ?"

मैं निःशब्द हूँ, वह बैठी बैठी सांसें खींच रही है। यह कैसा जीना है। अधर में लटकने जैसा, न इधर न उधर। आदमी की ज्यादती बर्दाश्त नहीं होती तो आग लगाएंगी, जल मरेंगी। बच्चे अनाथ न हो जाएं इसलिये आदमी को बचाएंगी, कहीं जेल न हो जाए। सह्य और असह्य के बीच की ये कैसी पिसन है ?

ऐं .... शशि ने जो किया अब तारा उतारू है वही करने पर । जाने कितनी शशियां, ताराएं यही कर रही हैं । यह कैसा अधबीच है ? क्या इसके अलावा कोई राह नहीं ? आगे अलाव है ? क्या है ? ये सिलसिला कब तक चलेगा ? करुणा और पाषाणत्व के बीच का, सह्य और असह्य के बीच का, सैलाब और हिमनद के बीच का, सवाली आँखों और निरुत्तर जवाब के बीच का ? फासलों का ये विस्तार कब तक, कहां तक, कितनी दूर तक ? कहां मिले कड़ी का जोड़ ? मैं सोच रही हूँ बैठी-बैठी । शशि को भूल तारा को सोच रही हूँ ।

दो वरदान कैकेयी के

अरे कुछ दूर नहीं, बस पिछवाड़े दो चार घर छोड़ और अगर ऊपर वाली छत की बांयी तरफ वाली मुंडेर पर से से देखूं तो बस समझो आंख के सामने ही है वह मकान, बहुत छोटा सा, कच्चे दो कमरे, एक टपरे नुमा दालान है, पुराने किवाड़े लगे हैं, पुरानी सी खिड़की है ऊपर, पहले कभी ज़रूरत ही नहीं समझी थी उस तरफ गौर करने की, पर अब तो सब कोई करेगा, सबके कान खड़े होते होगें और फिर मैं तो ठहरी संगीत पर प्राण छिड़कने वाली। कभी तबला, कभी जलतरंग कभी बंशी। काम में मन नहीं लगा, दो चार दिन समझ में नहीं आया कि ये धुन कहां से आई ? ये किसका स्वर है ? आवाज़ के सहारे छत पर जा कर देखा तो आश्चर्य हुआ दलान में दरी बिछी थी, साज़ रखा था पर कोण ऐसा बनता है कि स्वर सुनाई देता है स्वरकार नहीं दिखता, उसकी पीठ तथा हाथ ही दिखते हैं।

एक दिन परिचय हो ही गया जी, हो नहीं गया, मैने परिचय किया, क्यों ? जाने क्यों ? शायद असमय दफ़न न होने को तैयार मानसिकता का हठ, बस यही समझें । घर के सब लोग कहीं गये हैं, संगीतकार कुछ अचकचाता है -

"नमस्ते ! नमस्ते ! आइये बैठिये जी इधर इधर"

वह सोचता है मैं अपने बच्चे को उसके नव संगीत विद्यालय में भर्ती कराने के सिलसिले में आाई हूँ वह खुश सा दीखने लगता है ।

"हुंह बच्चे !"

उसे पता नही मैंने अभी अपने अंगो में लगी हल्दी की गंध नहीं पहचानी, मेरी तर्जनी ने अभी सिंदूर का स्पर्श नहीं जाना, मैं बत्तीस वर्षीया कुंवारी हूँ, चारों भाई ब्याहे जा चुके हैं, घर में चार भाभियां हैं दो नई, दो बच्चे वाली, नई वाली दोनों शाम के चार बजते ही बेचैन होने लगती हैं, भाईयों के आते ही खिल कर गुलाब का फूल हो जाती हैं । आंखों आंखों में इशारे हो जाते हैं । दोनों अपने अपने कमरों में जाने के बहाने ढूंढती हैं । चाय की केतली उठाकर आगे पीछे के दरवाजे से अपने अपने कमरों में घुस जाती हैं । मैं सब देख लेती हूँ फिर साबूदाने के पापड़ और आलू के पापड़ चिप्स तलने लगती हूँ । प्लेटें लगा कर ऊपर दे आती हूँ, नीचे बड़ी भाभियों के बच्चों को देती हूँ । बाबू जी को बाहर दे आती हूँ, थोड़ी देर में बड़ी भाभी दोनों बच्चों को लेकर लेट जाती हैं, शाम को बच्चे रोते अधिक हैं । मैं सब्जी काटती हूँ रज्जन मसाला पीस दे तो ठीक वरना मसाला पीस कर सब्जी बनाती हूँ, तब फिर कोई एक भाभी आकर सिर्फ रोटी बेल देती हैं । अम्मा की मृत्यु के बाद से यही दिनचर्या है मेरी । बाबू जी रिटायर हो चुके हैं, उन्हें उपन्यास पढ़ने का शौक है वे मेरे लिये कमरे के भीतर लड़का ढूंढ़ते हैं ।

संगीतकार का चेहरा बुझ जाता है जब वह सुनता है कि मैं सिर्फ उससे मिलने आई हूँ, बच्चे को ट्यूशन लगवाने नहीं । मैंनेबाकायदा, शिष्ट और सौम्य भाषा में बता दिया है कि मैं अविवाहित हूँ पर उसे कुछ भी कौतूहल, आश्चर्य, अथवा सहानुभूति नहीं । वह केवल ट्यूशन चाहता है, छात्रवृद्धि की बात

भर करता है अजीब किस्म का आदमी दिखता है ।

समझ में नही आता कि नारी मन की बनावट कैसी है, बुनावट कैसी है, वह उसके पीछे ही भागती है जो उसके पीछे नहीं भागता इस छाया वृत्ति का रहस्य नहीं समझ में आता ।

३२ - ३३ वर्ष तक किसी के जीवन में एक बार भी आंधी न आये ऐसा शायद नहीं होता । बड़ी भाभी का एक ममेरा भाई अंशुमाली यहाँ रह कर पढ़ता रहा था । जब वह चला गया था, थोड़ा कसका था, बस इससे अधिक कुछ नहीं, जब कि उसने मुझे बहुत चाहा था, बहुत बहुत चाहा था, बहिन की ननद थी मैं, रिश्ता तो हो नहीं सकता था मेरा । यूं बाबू जी ने रिश्ता भी चाहा था । खैर उसके जाने की पीड़ा दुखद न हुई थी पर .... पर यह क्या है, इस बार क्यों ऐसा लग रहा हैं ? शायद इसलिये कि बुझने से पहिले दिया फड़फड़ाता है, बस दिया ही बुझने जा रहा है, मन की चाहत का दिया, उमर की बहारों का दिया । बत्तीस वर्ष बहुत होते हैं, मतलब इस माने में बहुत होते हैं कि जब सावन लगते ही मेंहदी रचाने को मन हो आये, फागुन में होली के दिन साड़ी सूखने ही न पावे, युवा उमर को देख कर गली घाट में ही शरीर लाज से दुहरा जाये.... आदि आदि । इसीलिये तो शायद मन के भीतर कुछ गुनने बुनने लगी हूँ, वरना वो सामान्य सा दिखने वाला संगीत मास्टर ! मेरा मन उसे दिन भर न याद करता । रात को, दिन को, सांझ को, सुबह को भीतर कुछ होता रहता है । अब तो तन्मय और चिन्मय को स्कूल के रिक्शे पर चढ़ाने मैं ही जाती हूँ, लौटते वक्त पाँच मिनट वहाँ ज़रूर हो लेती हूँ ।

"सर, आपके ऊपर वेशभूषा को छोड़ और कोई प्रभाव बंगाली संस्कृति का नहीं दिखता ?"

"क्यों दिखे ? दिखेगा कैसे ? बंगाली तो हूँ नही मैं ?"

"फिर"

"मैं तो विशुद्ध बघेलखंडी हूँ, रींवा रियासत का ।"

"अच्छा .... ऐसा ।"

"जी हाँ, जब प्रवास बड़ी उमर में होता है, संस्कारों के संपुष्ट होने पर

होता है, तो अन्य संस्कृतियां हावी नहीं हो पातीं.... मेरा प्रवास २० वर्ष की आयु के उपरान्त हुआ था । आपने मुझे कलकत्ते से आया सुन कर बंगाली समझ लिया ? वाह !"

फिर धीरे धीरे रुक कर बोला –

"मेरी पत्नी भी बुन्देल भूमि की थी, यहीं झांसी की.... महारानी लक्ष्मीबाई के देश की.... पर.... पर वह वीरांगना नहीं थी । बिलकुल नहीं वह कायर थी, बड़ी कायर निकली, जरा सा घाव नही खा सकी, छोटे से आपरेशन में ही चल बसी ।"

उसकी ठंडी सांस निकल गयी, आखों मे कुछ कण, कुछ तरलाने के लक्षण दिखे ।

"तो आप..आप.... "

"जी हाँ मैं विधुर हूँ, दो बच्चे हैं, एक को मेरी बहन ले गयी, दूसरे को उसकी बहन । पल रहे हैं बुआ और मौसी के पास में, खर्च भेजता हूँ जितना हो सकता है.... ।"

मेरी आखों ने न सोने की कसम सी कर ली है, मैं अपने को धिक्कार लेती हूँ । तैंतीसवीं चल रही है, अब ये सब क्या.... पर क्या करूं अवश हो गई हूँ, नींद बहुत दिनों बाद उड़ी या ये कहूँ पहली बार उड़ी है । मैंने बताया न कि अंशुमाली के जाने पर मैं थोड़ी कसकसाई थी, जब कि वह दिनोरात छाया बन कर मेरे पीछे घूमता था ।.... अब तो सुबह होते ही रिक्शे वाले का इन्तजार रहता है, कब वह बुलाये-

"तन्नू भैया, चिन्नू भैया ऽ ऽ "

इसी आवाज़ की ताल पर बाहर हाथ नाचते है, भीतर धड़कनें नाचती हैं, सब कुछ मेरे लिये केसरिया बसंती हो गया है, नीम गुलाब दिखती है ।

हिम्मत करके पूछ ही लिया एक दिन -

"सर, आपने दूसरा विवाह नहीं किया ?"

"ऐं.... ?"

"आपकी आयु तो.... कुछ अधिक नहीं.... क्यों नहीं किया... थाली तो परोसी मिलती.... "

"थाली .... थाली परोसी हुई... बहुत भारी पड़ती .."

वह गहरी निश्वास के साथ कहता है -

"मीना के मरने का जख्म बच्चों का मुंह देख कर भर लेता हूँ... पर रोज का गृह-कलह, द्वंद, झींकना-खीजना मुझसे सहन न होता.... मर जाता बिना मौत .... जी तो रहा हूं कम से कम ।

" मास्साब ! सब एक सी नहीं होतीं, विमाताएं भी हृदय वाली देखी गई हैं.... ऐसा नहीं है जैसा आप सोचते हैं.... वो मेरे मामा की बहू की ...."

"ऊंह ! कहीं सैकड़ों बल्कि हजारों में एक कोई होती होगी "

"पर होती तो हैं, हर विमाता पत्थर नहीं होती ...."

"कहा न मैंने कि हजारों में एक ! और मान लीजिये जो मेरे घर आई वह नौ सौ निन्यानवे में से हुई तब ? अरे छोड़िये, मैं सितार के.... इन.. .. स्वरों में..... किन्हीं जुझारू वाद्यों का संगम नहीं करना.... चाहता... मैं गा लेता हूँ और इसी के सहारे जिन्दा हूँ... ये तार.... ये स्वर.... जो मुझे - मीना की मौत.... के.... बाद भी जिन्दा रखे है.... इनमें !... फिर एक बात और है विधु जी ! मेरे साथ एक विडंबना और है विधु जी !...."

पहली बार संगीतकार ने मेरा नाम लिया है मैं पुलक उठती हूँ अपने आग्रह में पूरी दम से आत्मीयता उड़ेल कर पूछती हूँ -

"वह कौन सी सर ?"

"विधु जी, मेरा बड़ा लड़का बीमार रहता है और रहेगा.."

"क्या मतलब ? रहेगा ? रहेगा ही ? क्यों रहेगा ?" -

बहुत गहरे पेट तक ठंडी आह भर कर कहता है -

"विधि का विधान, मैं तो हर तरफ से मारा गया हूँ न, मेरे बच्चे को को कोई हृदय रोग है तीन वर्ष की आयु से.... वह.... वह कोई काम नहीं कर सकता.... बैठा ही रहता है बैठा ही रहेगा.... मेरे बाद उसे बैठे बैठे कौन खिलायेगा.... ?"

"उफ ! सर ! आप तो जान बूझ कर अपनी चिंतायें बढ़ाते हैं । अरे लड़का है कोई लड़की तो नहीं, कोई यह तो नही कह सकता कि लड़का घर बिठाये हैं । बैठा है.... अरे बैठा है.... चार रोटी ही खायेगा न ? आप

तो किसी सामान्य लड़की से शादी कर लीजिये और बच्चे अपने पास बुला लीजिये चिंताओं को अकारण बढ़ावा मत दीजिये, चिंताये घटाने से घटती हैं बढ़ाने से बढ़ती हैं।"

मेरा स्वर इतनी आत्मीयता में डूबा है, इतनी अधिक आत्मीयता में कि वह हिल सा जाता है भरपूर दृष्टि से वह मुझे देखता है, आज पहली बार .... मैं कुछ हंस कर कहती हूँ -

"ये संगीतकार, लेखक, कवि कुछ अजीब ...."

"सनकी होते हैं।"

वह मेरी बात को पूरी कर देता है। आज खुल कर वह हंसी मे शामिल हुआ है, पहली बार, हंसी थमने पर बोला -

"विधु जी ! मैं चवालिस वर्ष का हूँ।"

"जी अभी आपको चौंतीस वाली मिल जायेगी ...."

कहते कहते मेरे पूरे बदन में झुनझुनी सी चढ़ जाती है, पहली बार .... आज पहली बार। थोड़ी देर फिर हंसी होती रही।

मेरे चारों ओर याद के रेशमी जाल बुन गये हैं, दिनभर उन्हीं में उलझती सुलझती रहती हूँ।

घर वाले चौंके -

"ऐं क्या ? कौन है ? किस जाति का है ? कहाँ का है ? क्या करता है ? प्राइवेट ट्यूशन ? क्या मिलता होगा ? बच्चे ! ऐं, बच्चे वाला ? क्या मतलब ? क्या सूझा ? दिमाग तो ठीक है ?"

प्रश्न पिता और बड़े भाई की ओर से हैं, छोटे भाई तटस्थ हैं भाभियां असमंजस में हैं, चली जाये वरना .... तीस चालीस हजार से कम कोई बात नही करता। अब बुढ़ा आई लड़का मिलेगा कहाँ .... हाँ घर बिलबिला जायेगा। बाप रे बाप ! कौन समेटेगा इतना बड़ा घर। कितना काम है इस घर में ? सासू जी चली गई पर ये ससुरा जी तो बैठे हैं इनके मारे कितना काम पसरा रहता है। एक जन उनके पीछे ही लगा रहे । ये भाभियों का दबा दबा सा मन्तव्य था।

पिता सिर्फ लबादा भर नैतिकता का ओढ़े हैं बस, और वह एकदम चमकीला रेशमी, भड़कीला, जड़ाऊ और कामदार है, बाकी उस लबादे के नीचे सब उखड़ा, खुरदुरा, उच्चा निच्चा हैं, न उसमें कोई दम है न असलियत, इसलिये मेरे उत्तरों की, एक सिर्फ एक बौछार उन्हें बिछा देती है ।

"हिन्दू है, ईसाई मुसलमान नहीं, बघेलखण्ड का है, संगीत विद्यालय चलाता है, खाने भर को खूब मिल जाता है । दो बच्चे हैं सिर्फ, बड़े बड़े, बच्चे वालों के भी विवाह होते हैं, एकले से दुजहे बहुत ख्याल रखते हैं, दूसरी पत्नियां बड़े सुख में रहती हैं, ज्यादा मान पाती हैं । मैं खुद संगीत जानती हूँ, एम० ए० हूँ, खर्च की कमी पूरी कर लूंगी, बच्चों से द्वेष गंवार और जाहिल विमातायें करती हैं पढ़ी लिखी सभ्य महिलायें नहीं ।"

सागर मंथन

मैं ससुराल आ गई हूँ, ये मेरी ज्यादा परवाह नहीं करते । अब भी सर कह देती हूँ, मुंह से निकल जाता है । पीछे पीछे वे नहीं फिरेगें, यह तो तभी मालूम हो गया था, वे तो जल की मछरी थे वंशी लेकर तट पर तो मैं आई थी । खैर, जो कुछ जैसा है अपना तो है । वहाँ तो कभी कभी हफ्तों महीनों हाथ से सिक्के या नोट की छुवन नहीं जानी जाती थी । सब कुछ करके भी मैं पराया धन थी । यहाँ की ईटों से भी अपनापन जुड़ गया है, अधगिरे, कच्चे मकान को हाथ घिस घिस कर लीपती पोतती हूँ, कूड़ा कर्कट साफ करती हूँ, उतना ही इनके लिये ट्यूशन और अपने लिये नौकरी ढूंढती हूँ । अब तो अपने पैतृक घर फिर आ गई हूँ न ? कुछ सिलसिला वहाँ जमा था पर पिछवाड़े मायका था न, सो मैंने वहाँ रहना नहीं चाहा अब जमते जमते जमेगा, रात रात नहीं लगती, दिन दिन नहीं लगता । दौड़ भाग, उफ़ ! एक पग वनवास, एक पग रनिवास, इस तरफ पतझार, उस तरफ मधुमास.... घर की रानी हूँ, फिर भी मन वनवास दिया सा । अपना घर अपनी फुलवारी, फिर भी कामनाओं के पत्ते पीले पड़ कर झरते जा रहे हैं । अक्सर तबियत उदास हो जाती है, ये भांप भी लेते हैं पर पूछते नहीं कुछ, हाँ चुभता तो है पर करूं क्या, वही बात दुहरा लेती हूँ, वे तो जल की मछरी थे, वंशी ले कर तो तट पर मैं आई थी ।

कल रात सिर में बड़ी पीड़ा हुई थी कहीं से ढूंढ़ ढांढ़ कर एक गोली "आनन्दकर" की मिली, जाने "आनन्दकर" थी जाने क्या, सिर दर्द के लिये खाई पर थमा नहीं। मैं इधर से उधर, उधर से इधर करवटें बदलती रही और ये एक बजे तक राग विहाग बजाते रहे

"कौन करत तोरी बिनती पियरवा ऽ ऽ ऽ।"

मेरे मुंह से उसांस निकल जाती है, हाँ ठीक ही तो है विनती तुमने कहाँ की थी, विनती तो मैंने की थी।

घर में तनाव रहने लगा है, बस खर्च, खर्च, हर समय खर्च की समस्या मुंह बाये रहती है, जो सोचा था उलटा हुआ, मैं नौकरी ढूंढ़ रही थी और यहाँ घर संभालना मुहाल हो रहा है। घर में सिर्फ रोटी बन पाती है और वह मुझे सुहाती नहीं, दाल भात अच्छा नहीं लगता, बस कुछ खट्टा-खटाई मिल गई, कैथा आंवला इमली, तो खा ली एकाध रोटी उसी के साथ वरना मुंह बांधे पड़ी हूँ। खाना पीना तो महीना डेढ़ से यूं ही छूटा था। पर उस दिन मैं अपने आप को रोक नहीं पाई फफक फफक कर खूब रोई, जी भर रोई। मेरी हर उमंग पर पानी फिरा है। पर यह उल्लास बेल यूं कतर दी जायेगी, निर्ममता से कतर दी जायेगी इसका एहसास न था, कभी कल्पना में भी न आया था।

मैंने तो गर्व और खुशी की खबर सुनाई और ये सुनते ही स्याह हो गये, बड़ी देर गुमसुम रहे फिर बुझ कर बोले - "क्या करना था दो तो काफी थे।" मेरी पीठ पर नहीं कोख पर घूंसा सा पड़ गया। लाज से गुलाबी होती हुई आंखे गुस्से से लाल अंगार होने लगती हैं, तिलमिला कर रह जाती हूँ। धरती पर जनम लेने के पहले ही मेरी संतान यूं अदर गई, अरे! जनम तो ले लेने देते उसे..............

खंड खंड विश्वास

दिन भर कमर पिराती है, शान्तुन के होने में मेरी देख रेख हुई है क्या? जचगी कराने को तो चार भौजाइयां हैं, कोई भी आ जाती पर घर का यह तमाशा किसे दिखाती? भाभियां हैं मां तो नहीं,.... भाभियां आतीं फिर

खिल्ली उड़ातीं -

"किया था न प्रेम विवाह ? रीझी तो थीं सरगम के सुरों पर, वंशी की धुन पर !"

मेरे भीतर भी कुछ जागा, कुछ उफनाया, न मैंने घी छुआ न मेवे, सूखी गुड़ की दो चार डली खा कर उठ आई । चार दिन में मूंग की दाल रोटी खाने लगी, अब कमजोरी किसे आये मुझे न आये तो.... ? कमजोरी तो तभी से आ गई थी जब नंदन को बोतलों खून दिया । पत्थर लग गया था, सिर से खून के फौव्वारे छूट रहे थे, कलेजा मुंह को आ रहा था, "नंदन.... नंदन.... मेरा बेटा ।" मैं इन्हें उठा कर मेज पर लेट गयी थी । ग्रुप मिल रहा था.... फिर मुझे पीलिया हो गया था.... चलो लड़का तो बच गया.... हां नंदन मेरा लड़का है, बनमाली मेरा लड़का है, दोनों लड़कों पर प्राण देती रही पर.... शान्तनु इनका लड़का नहीं, मैंने हाट से मोल खरीदा है न.... ?

दीवार में ईंटें जुड़ने लगीं

राम जाने क्या है, सारी किंवदंतियां झूठी पड़ गयीं, जग रीतियां उल्टी हो गयीं । औरतें कहा करती हैं - कि जब घर में मां दूसरी आती है तो बच्चों के लिये बाप तीसरा हो जाता है । आंखें चार हो जाती हैं दूसरी औरत से, तो पहली के बच्चे बाप को देखे नहीं सुहाते, पर यहां तो सब उल्टा है, जो प्यार बाप का बनमाली और नंदन पर बरस रहा है, उसकी छाछ भी मेरे शांतनु को नहीं मिलती ।

कपड़े इधर उधर अलगनी में टंगे रहते हैं, बाक्स कम हैं, कम क्या दो ही हैं । नया बाक्स ? बाप रे ! किसकी हिम्मत है ? ऊपर कबाड़ खाना पड़ा है, वहां एक टीन का बाक्स पड़ा है उलटे सीधे कागज, संगीत की गाइड, फटी पुरानी किताबें और अटर शटर पड़ा है । लाओ इसी को खाली कर लूं .... मैंने सामान उठाया - गर्द झाड़ी - ऐं ? ये.... ये क्या ? एक पुराने लिफाफे से गिरती है एक चिट्ठी साथ में एक फोटो - ऐं ? मैं चिट्ठी छोड़ फोटो देखने लगती हूँ.... आंख खुली रह जाती है मेरी, यह परी चेहरा यहां सड़े टीन के बाक्स में ? और बहुत पुरानी तो नहीं लगती.... मेरी धड़कनें तेज़

हो जाती हैं, हाथ झूठे से पड़ जाते हैं। पत्नी ?.... नहीं, कतई नहीं, यह पहली पत्नी हरगिज़ नहीं है। उनकी फोटो बाकायदा मढ़ी फ्रेम में ड्राइंग रूम में लगी है, पीछे के आले में अगरबत्ती और माचिस रखी है, नहा कर बीनू धूपबत्ती सुलगाता है, कभी नंदन और कभी दोनों न हुये तो मैं लगा देती हूं। परलोकवासिनी से क्या द्वेष ! द्वेष ! मुझे किंचित्.... किंचित् किसी से भी नहीं पर इस फोटो को देख कर मथानी सी चल पड़ी है। आखिर कौन है यह ? रखने का ढंग स्पष्ट बताता है कि यह गाढ़ा छिपाव है, वरना.... खैर पता तो लग ही जायेगा। जो छिपाया जाता है वह जरूर दागी होता है।मुहल्ले वालियां तो मुझसे बोलने को फिरती हैं, मैं ही रिज़र्व रहती हूँ। अरे जब मैं ब्याह कर घर यानी यहां आई तो झुंड के झुंड औरतों के आते थे, मैं सोलहवाली तो नहीं थी जो घूंघट के भीतर लाज से लाल होती, पूरे बत्तीस की थी सो पल्ला थोड़ा खींचकर सिर झुका लेती थी। किस किस को बताऊं ? किस किस को अपने प्रेम चर्चे सुनाऊं ? और किसे मायके से मिला दो पैसे का दहेज दिखाऊं?

इसी से कटती थी सबसे, पर अब तो बहुत दिन हो गये, कोशिश करूंगी शायद सफलता हाथ लगे। फोटो के पीछे बड़े बड़े अक्षरों में लिखा है **ANURAGINI PATIL** । दिन भर आज कल विक्षिप्त सी फिरती हूँ।

कहिये मैंने क्या कहा था ? सिलाई सेन्टर वाली माधवी चौरसिया ने राज़ खोल दिया न ? अनुरागिनी पाटिल कलकत्ता की थी, ये चन्द्रकान्त धंधा मिट जाने पर भी बरसों बंधे रहे उससे, फिर चले आये तो पीछे वह भी आई, फिर जब उसे पता चला कि चन्द्रकान्त दो बच्चों का पिता है तो खूब उछली कूदी, चीखी चिल्लाई, चन्द्रकान्त को धोखेबाज कहकर गालियां देती रही रातभर, और फिर दवाइयों के एक एजेन्ट के साथ कलकत्ता लौट गई। पर ऐसा घाव दे गई कि चन्द्रकान्त गमसुम हो गया, नारी जाति के प्रति घृणा खा गया, अपना किया विश्वासघात राई के बराबर और नारी का प्रतिशोध पर्वत मान बैठा... घरबार छोड़ कर भटकता रहा, पीता रहा -जाने अब चन्द्रकान्त क्या है, जो मैंने समझा था वह तो नहीं है।

काश ! यह इतिहास पहले पता होता, मल्हार की धुनों को वंशी पर सुनने -रीझने के पहिले ही यह इतिहास मुझे किसी ने बताया होता ! मुंह दिखाई

के बाद औरतें फुसफुसाई थीं - "कहां परी कहां झरी" । मैं उस समय "परी झरी" का अर्थ न समझी थी -। अब समझी हूँ वह परी थी और मैं झरी, उमर की डाल से झरी पीली पत्ती ! क्या करूं ?

अब इनके मुंह मरोरे रहने का अर्थ मेरी समझ में आ गया है । जिन्दगी जिन्दगी सी नहीं लगती । अभी छोटी भाभी, भैया आये थे, दोनों बच्चे भी । जितने दिन रहे -इनका मुंह फूला रहा, ये शेर की तरह तने मैं बकरी सी नमी ! हमेशा यही होता है जब कोई मायके का आता है । चार भाई थे, चाहते तो अच्छा खासा ब्याह कर सकते थे, पर ऐसे विवाहों में भला कोई दहेज देता है ? एक एक साड़ी देकर भाभियों ने छुट्टी पाई, इसीलिये और चिटचिटाते है ।

जाड़ा शुरू हुआ है, बीनू के लिये एक जैकेट आ गई है और नंदन के लिये हाफ स्वीटर । पूछा मैंने -

"शांतनु के लिये ऊन लिये आते, तो मैं घर पर बुन लेती ।"

लापरवाही से बोले -

"अरे वह तो अभी बहुत छोटा है उसे कौन कहीं जाना है ।"

दलील तो अच्छी खासी है । दांत पर दांत चढ़ाकर मैं किटकिटा उठती हूँ –

"शांतनु को निकल कर बाहर नहीं जाना तो जिनके लिये जैकेट आई है उन्हीं को कौन जैकेट पहिन कर लाम पर जाना है ? चौबीसों घन्टे बैठा ही तो रहना है ! ओढ़ कर चदरा बैठा ही रहता है न ?"

आज मेरे मन का लावा फूट पड़ता है, कहां तक न जी जले, दिन भर सांड़ सा बैठा रहता है । आठ रोटी और चार चमचा भात ठूंस लेता है और हृदयरोग है, पथरा है .... मैंने आज तक कभी मूड़ पिराते नहीं सुना. ... तन्दुरुस्ती तो देखो .... तीन को दाब दे तीन को !

मेरे अन्दर कुछ न था कुच्छ नहीं.... कुच्छ नहीं, मैं तो निर्मल नीरा गंगा सा मन लिये वहां से आई, इनके दोनों बच्चों के लिए अपना जी निकालकर धरने को तैयार थी.... लेकिन इन्होंने मुझे काट कपट की किताब पढ़ाई -अपने

पराये का हिस्सा बांट मुझे इन्होंने सिखाया । तेरे मेरे की दीवारें इन्होंने उठाईं। मैं कहती हूँ - हर दुर्गुण नारी मर्द से सीखती है.... नारी का चरित्र अगाध समुद्र है.... नारी अवगुणों की खानि है.... नारी पैनी छुरी है... नारी भुजंगिनी है.... हां ये हमारे आदर्श ग्रंथों में भी लिखा मिलता है, क्यों कि इसे लिखने वाले भी मर्द थे न ? हुंह ! पुरुष ने अपना सारा अहम्, सारी क्रूरता, सारी विलासिता, अपने सारे अवगुण कूट पीस कर नारी को पिलाये हैं, वह तो कहो कि नारी ने उन्हें छान छान कर पिया है तभी वह नारी रह पायी है अन्यथा.... ? रामायण कहती है - कैकेयी को मंथरा ने भड़काया है... सरस्वती ने बुद्धि फेरी है । सब कुछ झूठ.... मैं कहती हूँ सोलहों आना राजा दशरथ का दोष था, नगर में उत्सव होने लगे और कैकेयी को सूचना मिलती है मंथरा से ? जितनी देर नगर वासियों को उत्सव की तैयारी में लगी उतनी देर में राजा दशरथ कैकेयी के महल में जा कर यह शुभ सूचना नहीं दे सकते थे ?.... अयोध्या में मंगल बधावे.... राम युवराज हो रहे हैं.... और भरत का अता पता नहीं ? वशिष्ठ तो त्रिकालदर्शी थे - राज्याभिषेक का दूसरा मुहूर्त निकाल लेते ? उन दिनों तो वायुगामी रथ होते थे, भेज देते भरत के पास ? कुछ नहीं.... राजा दशरथ को कैकेयी से कोई प्रेम न था, कोई मोह न था.... वहाँ केवल दैहिक आकर्षण था, केवल रूपज आसक्ति थी.... और

कहते हैं - 'किस राजा को रंक बना दूं.... किस रंक को राजा बना दूं... तेरी प्रसन्नता के लिये.... ?'

और मंथरा ? वह सिर्फ.... काले अक्षरों में इतिहास में इसलिए लिखी गई कि वह नारी थी.... नारी थी.... और दासी थी.... इस पुरुष प्रधान समाज में.... । वह पुरुष अपनी कालिख हमेशा नारी के दामन में.... पोंछेगा.... खुद.... धुला धुलाया रहेगा.... ।"

हद है भाई हद है, हद हो गई है, बुद्धि में कैसे पत्थर पड़े हैं, दुनिया नौकरी को मरती है और ये मिलती नौकरी को लतिया रहे हैं, रेल्वे का डाक्टर शाम सुबह चक्कर लगा रहा है मेरे। एक हाथ से नौकरी दे रहा हैं दूसरे हाथ से बिटिया दे रहा है, और बिटिया अकेली नहीं करारा दहेज । टी० वी०, कूलर, पंखा, सोफासेट और जाने क्या क्या ? पर क्या कहें इन लोगों की मति मारी गई है । अरे तो रेल्वे की नौकरी कोई हौआ है ?

कौन फावड़े भांजना है ? कौन तोपें चलाना हैं ? अरे कोई रेल का इंजन कंधे पर रख कर दौड़ना है ? आफिस में बैठ कर बाबूगिरी ही तो करनी है। लड़की का पिता तो खुद डाक्टर है, वह कहता है - कि लड़के को कुछ नहीं है उसका हार्ट बिलकुल दुरुस्त है। लड़का कहता है - मैं बिलकुल ठीक हूँ मुझे करने दो नौकरी, पर बाप तैयार नहीं.... लुगाइयों की तरह रो लिये, भांड़ों की तरह सांरगी बजा लिये, चाहे चटनी रोटी दे दो चाहे नमक रोटी. ... तीन रोज हो गये, अरहर की दाल नहीं है, दस रुपया किलो मिल रही है कहाँ से लाऊँ ?.... रात को आलू का भरता बनाया था.... आज वह भी नहीं..... ।

किया आखिर वही जो मैंने कहा था, लेकिन पहले न किया। झुके, वही बाद में झुके, पहले न झुके। लड़ाई झगड़ा किल-किल, चिक चिक.... मेरा जी खट्टा किया, घर में चूल्हा न जला, दुनिया की नाटकबाजी की, अंत में नौकरी लड़के को कराई और शादी भी हुई। लड़की वाला तो कहता ही था एक हाथ से रोटी एक हाथ बेटी। अरे -आज कल घर बैठे अच्छे अच्छों का गुजारा नहीं होता, फिर हम लोग तो रोज कुंआ खोद कर पानी पीने वालों में से हैं, हाथ पैर भी तो बैठे बैठे पंगु हुये जा रहे थे.... ।

डाक्टर की बिटिया सांवली है ज़रा पर चेहरा मोहरा बड़ा अच्छा है, काम भी खूब करती है, हर काम उसे आता है खूब चुस्त दुरुस्त है, लड़का अच्छा भला काम पर जाता है। आराम ही आराम है, पूरी तनखा ला कर हाथ में धर देता है। अपने लिये या बहू के लिये कुछ काटता नहीं उसमें से, तो मैं उसके हाथ में जबरन रख देती हूँ। मुझे शर्म सी लगने लगी है.... तीन चार महीनों में ही मुझमें अंतर आ गया है, ब्लाउज बाहों में कसने लगे हैं.... अब सजे सजाये ड्राइंग रूम में मैं चाय का कप लेकर बैठती हूँ तो कुछ फुरफुरी सी छूट जाती है। कभी कभी जब मैं हरी साड़ी, हरे ब्लाउज और जूड़े में वेणी लगाये बड़े बड़े काजल में बहू को ऊपर जाते देखती हूँ तो मन के किसी कोने में वह चित्र बनने लगता है जब.... जब मुझे चिन्नू और तन्नू.... के स्कूल के रिक्शे वाले की पुकार का इन्तजार रहता था.... दोनों को रिक्शे पर चढ़ाने के बाद अनायास पाँव इनके संगीत विद्यालय की ओर मुड़

जाते थे.... । एक दिन भाभी भैया की शर्ट पर प्रेस कर रही थीं, मैंने कह मारा 'भाभी ! दद्दा धोती कुरता पहिनें.... तो बड़ा अच्छा व्यक्तित्व दिखे ।' भाभी ने मुंह बिचका लिया, उन्हें क्या पता कि मैं क्यों यह कह रही हूँ ? उन दिनों तो संगीत मास्टर की अंगूठा छूती नीची नीची धोती और घुटनों तक लंबा बंगाली कुर्ता बसा था न मन में ?

आजकल ये सब बातें फिर ताज़ी सी होने लगी हैं.... मैं कभी-कभी चाय का कप ले कर इनके पास जा बैठती हूँ, अब मुझे इनका तानपूरे पर वह गाना बड़ा भला लगता है- "चल अकेला चल अकेला" प्रकट में मैं कहती हूँ -

"अरे भाई अब तो अकेले नहीं हो दुकेले हो.... दुकेले भी नहीं तिकेले हो.... घर में बहू भी आ गई है.... कभी तो हंस लिया करो ।"

मैं पास खिसक आती हूँ, मुंह तरफ देखती हूँ इनके, पर इनके मुंह में फीकी सी मुस्कान आ कर लौट जाती है, कहते हैं.... "हंसी की उम्र तो चली गई" मैं बुझ जाती हूँ । मुंह में आता है कह दूं - हंसी की उम्र चली गई अनुरागिनी के साथ । .... मैं तो भीड़ बढ़ाने आई हूँ.... पर निगल जाती हूं सब कुछ.... ! मैं कलह को वश भर बचाती हूँ.... घर में खाना पीना बढ़िया बनने लगा है, दही जमा लेती हूँ रायता बन जाता है । कभी भरवां करेले बन जाते हैं कल कोफ्ते बनाये थे ।.... कभी कभी जब बहू कहीं चली जाती है, मैं उसके श्रृंगारदान से एकाध चीज़ निकाल कर उपयोग कर लेती हूँ । ऐसे कि उसे पता न चले, अरे भाई एक तरह से तो मैं भी नई हूँ, मन से तो हूँ ही.... मेरे और बहू के नयेपन में अभी अंतर ही कै साल का है ?

लगभग ११ बजे हैं । बहू कुछ अस्वस्थ लेटी है, मैं उसके सिर में तेल ठोंक कर ऊपर से उतर आई हूँ । बाथरूम में कपड़े बहुत हो गये है सो धो रही हूँ ।..... ऐं ? द्वार पर भीड़ सी मालूम होती हैं ? हाँ हाँ ये समवेत-स्वर, चीख पुकार ? हाँ हाँ मेरे दरवाजे पर ही तो है, क्या हुआ ? किसी से झगड़ा लड़ाई.... तो नही ? नंदन क्यों चिल्ला रहा है ?

"खोलो मास्साब चन्द्रकान्त जी ।" क्या ? कैसे ? कब ? राम.... उफ़... ये कैसे शब्द है.... ? ऐं -अरे जा कर देखो तो । ये हारमोनियम छोड़कर बाहर जाते हैं । मैं कपड़े निचोड़ रही हूँ ।...." बीनू ऽ ऽ बेटा ऽ ऽ अरे अरे..."धरती को कंपा देने वाली हृदय विदारक चीख तो इन्हीं की है,

राम ! क्या हुआ ? मैं गीले कपड़े पटक कर धोती निचोड़ती बाहर भागती हूं । अरे राम ! अरे राम ! ये कैसा दृश्य है ? बीनू रक्त में तरबतर स्ट्रेचर पर रखा है, सफेद ओढ़ाया कपड़ा लाल हो रहा है.... ये बीनू के शव से लिपट कर स्ट्रेचर पर सिर दे दे मार रहे हैं, मैं पागल सी दौड़ पड़ती हूँ, इन्हें हटा कर बीनू से लिपटना चाहती हूं । इन्होंने मुझे इतनी जोर का धक्का दिया है कि मैं लुढ़क कर पीछे भरभरा कर गिर पड़ी हूं मुंह के बल । सामने कम से कम पचास आदमी हैं, पूरा रेल्वे का कर्मचारी वर्ग है । मैं उठ कर भीतर आ जाती हूँ..... । बस मेरे आंसू जहां तक लुढ़क कर आये थे उसके आगे नहीं बढ़ पाते मैं.... मैं.... किवाड़ पकड़े बैठी हूँ.... सब. ... सब सुन रही हूँ.... आज सुबह जब वह ड्यूटी पर गया था.... उदास था.... हाँ.... थका सा.... वहीं दिल का.... दौरा पड़ा था.... सीना दबाये डाक्टर के यहाँ गया था.... किसी.... को बुलाया नहीं.... अकेला गया.... अकेला लौटा.... माल गाड़ी के एक.... इंजन से टकरा गया ।.... 'अरे बीनू, अरे बेटा ! मीना की एक निशानी, मीना.... की अन्तिम निशानी....' इनकी चेतना फिर लौटती है । नंदन को कुछ लोग पकड़ कर ले गये हैं, कुछ इन्हें लिवाये जा रहे हैं । मैंने.... अपने को ढंक लिया है.... न मैं किसी को देख रही हूँ और न कोई मुझे देखे बस.... मैं कुछ बोल नहीं पा रही कुछ सुन नहीं रही बस.... तभी दूसरी गाज गिरती है - गर्भवती बहू धड़धड़ा कर अटारी से उतरती है, पाँव फिसल जाता है, धड़ाम से नीचे आ जाती है । मुहल्ले की औरतें उसे थामती हैं, उसका पिता मृत दामाद को छोड़ अपनी बेहोश होती हुयी लड़की के पास दौड़ता है । मेरा पूरा मुंह ढंका है कोई मत देखो.... मत देखो मैं कैकेयी हूँ.. .. मैंने दोनों वरदान मांग लिये हैं - मिल चुके हैं, एक से बीनू की नौकरी दूसरे से बीनू का ब्याह । हाँ ! राम का वनवास सावधि था, सिर्फ चौदह वर्ष का पर.... बीनू के वनवास की कोई मियाद नहीं, वह निरवधि है.... कोई मेरा मुंह मत देखो.... मैने खुद ढांक रखा है.. .. मैं कैकेयी बनाई गई हूँ.... मैंने तो धाय बनना चाहा था पन्ना सी.... पन्ना सी.... ठीक है, बनी हूँ, या बनाई गई हूं, कौन मानेगा ? कोई न मानेगा। बहरहाल मैं कैकेयी हूँ.... मुझे न कोई देखना न कोई छूना ।

⌘

मैं बयान बदलती हूँ

"अनिल ! इधर आओ – नीचे उतर कर, सुनो – मैंने तुमसे एक बार, अरे ! अभी परसों कहा था न कि 'अपना घर' नारी मन की आदिम चाह होती है, लड़की का विवाह उम्र पर हो जाना चाहिए, हर उम्र का एक धर्म होता है ..... कहा था न ? पर .... पर .... आज मैं अपना बयान बदलती हूँ; लिख लो कि इस घिनौने समाज में किसी लड़की को अपनी आदिम चाह को पालने पोसने की जरूरत नहीं है, धीरे धीरे जन्म भर गले की नसें छीलते रहने से अच्छा है एक बार आदिम चाहों का गला घोंट दो, विवाह की अनिवार्यता भी खत्म हो जाये, लड़की कुंवारी भी जी लेगी ।

सुबहों से शाम तक, गलियों से लेकर गांवों तक, शहर के हटवाहों से लेकर सूनी सड़कों तक, मन्दिरों से लेकर मदिरालयों तक उसे ढूंढा गया था पर वह नहीं मिला था, देवा छाती पीट पीट कर रोई थी । वह मानिनी यशोधरा तो थी नहीं, मामूली युवती थी । वह भी सिद्धार्थ तो नहीं था जो जरा-मरण के निदानार्थ निकला हो । वह पीता भी था और नशे में कहीं निकल गया था, यही उसके इतिहास ने बताया था । राजकुमार और राजकुमारी की कथा तो थी नहीं ये, बल्कि मामूली से भी काफी नीचे उतर कर घर का स्तर था यहां पर ।

जहां पेट, भूख, रोटी ही सब कुछ हो वहां शोक, वियोग, दर्द, विरह और दर्द कथाएं ज्यादा पांव नहीं पसार पातीं । पसरने और पसारने की औकात

भी तो चाहिए । उसे यूं इस हद तक सताया गया कि उसके गुम हो जान का सारा आरोप उस पर लगाया गया । वह सास ससुर सब के आगे गिड़गिड़ाई थी – "अम्मा ! मैं नहीं लड़ी थी – नहीं अम्मा मैं नहीं लड़ी – मैंने कुछ नहीं कहा था, – कुछ नहीं अम्मा .... वो यूं ही मुझसे बिना बताये चले गये ..... मैं नहीं लड़ी थी अम्मा, सच अम्मा .... बाबू .... वो जाने क्यूं चले गये"

और इस पर उसकी सास ने हाथ में ली हुई मथानी उस पर फेंक कर मारी थी – 'कुलच्छनी, अभागिन, चंडी .... मुंह लड़ाती है .... रांड़' उसके माथे से मथनी की मार से खून बह पड़ा था और तब से यानी सोलह साल से मायके की रोटियाँ तोड़ते तोड़ते वह तीस साल की हो गई है । हां ! .... रोटी खाने के लिये तो मुंह में ही जाती है और जाती तो पेट में ही है, पर रोटी खाने और तोड़ने में बड़ा फर्क हो जाता है । खाने में चाहत का घी चुपड़ा होता है – तोड़ने में रोटी चट्टान–हथौड़े के रिश्ते में आ जाती है । चाहत उसके नाम पर मर चुकती है और उसकी चाहत के मरते ही उसका सब कुछ मर गया था ।

उसके मुहल्ले का वह पीपल – लंबी लंबी जटाओं वाला – अचूक हरे रंग का होते हुये भी देवा के लिये ठूंठ था, बदराता - भूमि को जलमय बनाता सावन उसके लिये सूखा होता, उसकी गुट्टा चपेटा खेलने वाली दालान सिर्फ जमीन का सूखा टुकड़ा है और झूला मेंहदी का एहसास भरा हुआ है, जिन्दगी की कहानी सिमट कर छोटी सी पोटली हो गई है – जो दीन सुदामा की पोटली से भी जीर्ण है ।

चैत खत्म हो चुका है । माधव मास में टेसू जंगलों को आग और सूरज किये डालता है – लाल, नारंगी दग्दग् । द्वार से रोज बारातें निकलती हैं और अब तो उसके खुद के चौथे भाई की बारात जाने वाली है । देवा दिन भर तीनों भाइयों और भाभियों की प्रेम कहानी देखती सुनती रहती है, अब तो चौथे की देखेगी । भाइयों की नौकरियां छोटी मोटी है पर कलेजे तो छोटे नहीं । रूमाल, चूड़ियां और सस्ते इत्र तो आते ही रहते हैं, कभी

कभी पिक्चर भी दिखा लाते हैं। गुलाब न सही –गैंदा कनेर सी तो तीनों भाभियां खिली ही रहती हैं।

'सो बिनु बादरन झर लागी मोरी आली
माथे में मौरें राजा बनरे को सोहैं
सो सेहरन कलियां गुंथाओ मोरी आली – ।"

आंगन में गेहूं बिन रहे हैं और औरतें लोकगीत या 'बन्ना' गा रही हैं। देवा गेहूं तो बिनवा रही है, पर बन्ना गाने की ताब नहीं है उसमें, और सेहरे से उसका कोई नाता नहीं रहा। वे सपने की तरह आकर चले गये हैं, सपने कभी दुबारा न आते हैं न आयेंगे एक सपने की पुनरावृत्ति कभी नहीं होती।

फिर चौथी भाभी भी आ गई है।

मेरी मेज़ में पुस्तकों का ढेर लगा है, मैं उलट–पुलट रही हूँ। आज मैंने देखा-मेरा बुक लिफ्टर अनिल बहुत प्रसन्न है, किताबें उठाता है, गर्द झाड़ता है, फिर धरता उठाता है। फिर वह मेरे पास आकर खड़ा हो जाता है। मैं पुस्तक से सिर उठाकर प्रश्न वाचक दृष्टि से उसे देखती हूं।–

"दीदी" –

वह मुझे मैडम नहीं कहता शुद्ध भारतीय रिश्ते से दीदी कहता है।–

"हूं, क्या है अनिल" ?

मैं पूछती हूँ।

"दीदी ! देवा के बारे में तो आपको मालूम ही है न ?"

"हां ! तुम बता तो चुके हो ....."

"दीदी ..... फिर .... हमने सबने मिल कर तय किया है कि उसका .... रिश्ता दूसरी जगह कर दें .... इसी बीस तारीख को विवाह की तिथि बनी है ..... "

मैं आंखें फाड़ कर देखती हूं – इस परिवार को इतनी सुमति कहां से आ गई ? ऐं ?

वह कहता रहा –

"हां दीदी .... पास में तो नहीं है, है तो बड़ी दूर गांव में ... पर क्या है अपने घर पहुंच जायेगी, सुख से रहेगी । जवान बिटिया है -- कब तक हम घर बिठाये रखेंगे ? सो ब्याह किये देते हैं । कुछ ऊंच नीच हो जाये तो ... हम जनम भर थोड़े ही तकेंगे ..... "

मुझे उसकी बात जंचते जंचते रह गई । उसकी बुद्धिमानी से जो मेरे मन में अभी-अभी सन्तोष उपजा था — धुलने लगा । मुझे भाई के मुंह से बहन के लिये "ऊंच-नीच" शब्द अच्छा न लगा ।

चिढ़ कर बोली --

"ऊंच नीच का क्या सवाल है जी ? क्या इसी डर से उसका दूसरा घर बसा रहे हो ? बस .... वरना नहीं ? उसकी भावनाओं और उसकी उम्र का कोई अर्थ नहीं है ?"

अनिल सकते में आ गया था — बोला कुछ नहीं ।

मैं आवेश में आगे बोलती गई —

"हर उम्र के साथ उसका धर्म जुड़ा होता है, कौन लड़की नहीं चाहेगी ? अनिल ! कि उसका विवाह उम्र पर हो जाये, उसका अपना घर हो, अपना पति हो, अपनी गृहस्थी हो, अपनी संतान हो .... यदि वह दारू पी कर भग गया तो वह सोलह बरस की लड़की सधवा — सुहाग का सलीब ढोए, बिछिया सिंदूर समेटे जबरदस्ती का सुहाग मनाया करे ... ऊंच नीच ... ऊंच-नीच — व्यर्थ की बकवास" ।

मेरे माथे पर पड़े बल कुछ कम हुये तो भयभीत अनिल कुछ आश्वस्त हुआ — मैंने पूछा -

"लड़का क्या करता है ?"

"जी - खेती करता है ।" "उसका पहिला विवाह है ?"

"जी .... जी नहीं, है तो दोजहा .... मगर पहिली जल्दी मर गई थी सो उमर ज्यादा नहीं ..... "

"बच्चा है कोई ?"

"जी नहीं"

अनिल खुशी से बताता रहा —

"दीदी .... उनके खेती बाड़ी खूब है, आदमी पैसा वाले हैं..... सम्पन्न हैं ।"

मैं हां हूं करती रही । इसी बीच लड़के लड़कियां आकर किताबों की मांग करते हैं, शोरगुल मच जाता है । अनिल दो दिन की छुट्टी लेकर चला गया है, साथ ही संकोच के साथ यह भी कह गया है

"दीदी आना जरूर" ।

२० तारीख — मैंने अपने सारे काम सुबह से निबटा लिये हैं, शाम को अनिल के यहां जाना है उसकी बहिन का विवाह है ... देवा के विवाह में । उसका घर यहां से ५ किलोमीटर दूर है, मैंने साथ में नौकर "भज्जू" यानी भजनलाल को ले लिया है । कुछ उपहार देने को रख लिया है । अपरान्ह चली तो गाड़ी मुश्किल से ढाई मील चली होगी कि जाने क्या हुआ — भज्जू की नाक से खून आ गया । मैंने घबरा कर गाड़ी रुकवाई, प्राथमिक उपचार किया, अंत में गाड़ी का रुख अस्पताल की ओर किया गया ।

जिस समय मैं अनिल के यहां पहुंची, रात कुछ अधिक हो गई थी पर अधिक नहीं ..... यही कोई ग्यारह बजे होगें । मैं आंखे फाड़ फाड़ कर देख रही हूँ ..... ये अनिल का ही घर है न ? विवाह का कोई चिन्ह नहीं, ऐसी कैसी मुर्दनी छायी है? मैंने ऐसा तो आज तक नहीं देखा .... अभी क्या कुछ देर हुई है ? विवाह की तो सारी रात हलचल की होती है — वहां घड़ी घंटे का कोई महत्व नहीं होता । लेकिन यहां तो द्वार पर मौत का सा सन्नाटा ? मैं घर तो नहीं भूल रही ? नहीं – घर तो यही है । मैं विवाह की तारीख तो नहीं भूल रही ? नहीं — वह भी दुरुस्त है । तो ऐसी शादी तो मैंने जिन्दगी में नहीं देखी, बन्दनवार के नाम पर एक ठो आम का सूखा पत्ता तक नहीं .... कोई रोशनी नहीं .... अपना ही मुंह देखता हुआ चौराहे का बल्ब है .... बस ! मंदिर से ... कोर्ट कचेहरी से विवाह होना नहीं था ....फिर ?

थोड़ी देर में मुझे कुछ आहट मिली है — मैं आंख गड़ा कर देखती हूँ — ये ..... ये ..... लोग कौन है ? आठ दस मजदूर या उसी किस्म के लोग जमीन पर लेटे हैं — निचाट जमीन पर, नीचे कुछ टाट पट्टी तक नहीं । कहीं कोई काम तो नहीं चल रहा आस पास ? कौन हैं ? कहां

के हैं ? सब मैले कुचैले चीकट .... सब निरक्षर, निपट गंवार, फतुही या बंडी पहिने ... मैं अपना कौतूहल दबाती भीतर चली जाती हूँ। भीतर भी सन्नाटा है.... आंगन में मंड़वा के नाम पर एक टीन में एक लकड़ी खोंसी है .. उसके पास वैसा ही मजदूर सा दिखने वाला व्यक्ति बैठा है, मैं अंधेरी – गैलरी में नीम के पेड़ से कुछ हट कर खड़ी हूँ। किससे बोलूं .... वहां तो उस आदमी के सिवा चिड़िया का पूत भी नहीं है ?

सहसा मकान मालकिन दिख जाती हैं, मैं उससे थोड़ी परिचित हूँ – बुला कर पूछती हूँ–

"अनिल कहां है" ?

वह कह देती हैं –

"पता नहीं ....बड़ी देर से दिखे नहीं।"

वह मुझे अपने घर आने का इशारा करती है, बाजू वाले कमरे में रहती है। मैं उसके साथ उसके कमरे में चली जाती हूँ, वह मुझे पानी देती है, हाथ का पंखा देती है। मैं पूछती हूँ —

"अनिल की मां कहां हैं ?"

"मां नहीं आई .... ।"

वह कहती है –

"क्यों ? मां तो झांसी में हैं न ?"

"हां .... हैं तो ... पर आई नहीं .... यह विवाह उनकी मर्जी के खिलाफ है, बिटिया को तेल दोबारा नहीं चढ़ता।"

इतना बता कर वह चुप हो जाती है।

और मैं सोच रही हूँ.... मां के बारे में, हां ! मैंने भी यह कहावत सुनी है

"तिरिया तेल हमीरहठ, चढ़ै न दूजी बार .... ।"

तिरिया को तेल दुबारा नहीं चढ़ता .... पर .... ये मां कह रही है ? मां ... मां .... जिसकी कोख में वह नौ मास रही है ... वह मां ऐसा कह रही है ? ममता की निधान मां ऐसा कह रही है ? मां इतनी निर्मम हो जाती है ? ये औरतें .. औरत ही औरत की दुश्मन है.... मां चाह रही है – बेटी का ब्याह न हो, अपने 'स्वत्व' का गला घोंट कर वह यूं ही जिये .... ।

मैं दांत पर दांत चढ़ा लेती हूँ, मेरी आंखों में चिनगारी फूटने को आ जाती है — ऐसी मांओ को तो .... पर जाने क्यों मां को गाली देने जाकर मैं तरल होने को आ जाती हूँ .... मां औरत है ... औरत में ये मानसिकता किसने भरी ? किसने ? पुरुषों ने ही न ? जिसे सदियों से ... युगों–कल्पों से पैर के नीचे दबाया गया हो, वह तलुवों की बनावट ही समझेगी, वह क्या जाने ललाट कैसा होता है ....माथे की बनावट कैसी है ? उसको तो उसकी मां ने और उसको उसकी मां ने यही सिखाया है कि औरत दासी है — औरत मर्द से हीन है .... मर्द के मरने के बाद उसके लिये लाली हराम है, सेंदुर, महावर की छुअन पाप है, उसके लिये दुबारा पुरुष की परछाई छूना नर्क की गली है, स्वर्ग घुटन में है या सती होकर फुंक जाने में..... उसकी मां ने कार्तिक की पोथी में यही सुना है – क्योंकि पोथी लिखने वाले पुरुष थे न ? इसीलिये जो पोथी कहती है वही सत्य है, वही नारी धर्म है, क्योंकि पुरुष उसका रचयिता है ।

सहसा आंगन में आहट हुई है, आवाजें आई हैं खामोश खामोश सी, मैं आंगन में आ जाती हूँ..... फिर मैं आंख फाड़ कर देखती हूँ — आंगन में मंड़वे के नीचे पंडित है, पीली धोती लपेटे देविका यानी देवा है, और पास में पटे पर वह बैठ गया है .... वर ..... वर ...... वर.... वर.... ? तो ये देवा का वर है ! काला, बदसूरत, गंवार, बेसलीका ....

मैं गिरने को आ जाती हूँ, मैं मां का ख्याल छोड़ कर वर को देख रही हूँ, गुन रही हूँ, नीम पकड़े मैं खड़ी हूँ, मैं अवाक् हूँ, वर का मतलब - योग्य, अनुरूप पात्र, श्रेष्ठ या खूंटा ? उठाई रस्सी और धर बांधी ? ऐं.....? अब मैं समझ गई हूँ — वे लोग जो दरवाजे पर लेटे हैं — बाराती हैं । देविका के मुंहपर जो घूंघट है वह एक हाथ से कम का नहीं है । ठीक है ... उच्च वर्ग का ब्राह्मण, विधवा बेटी को भंवरों से ले रहा है तो वर पक्ष में भी कुछ खोट होगी .....खोट नहीं होगी, कमी होगी ...।

अरे ! अनिल ! एक बार तो हम लोगों से सलाह ले ली होती ! अरे अनिल ! एक बार तो उस लड़की को पढ़ाने की कोशिश की होती, एक बार

तो उसे आगे बढ़ाने – उठाने की बात सोच ली होती .... बाप ही तो मरा है लड़की का, भाई तो चार चार जिन्दा हैं। अब मैं सोच रही हूँ – मान लो यह लड़की, यह शहरी लड़की..... वहां न निभ पाई तो.....? न निभा पाई .... तो ? फिर ? मुझे लगता है — इस लड़की के जीवन में — जीवन के बियावान शहर में सिर्फ तिराहा आयेगा — चौराहा या दोराहा नहीं, सिर्फ तिराहा — या तो ताउम्र घुटन या निष्कासन यानी पुनः परित्याग और या फिर आत्महत्या। वे सब यानी — अनिल और तीनों भाई क्या इस हादसे की काली छाया का संकेत कहीं से न पाये होंगे ?

अनिल कहता था – कहीं ऊंच नीच न हो जाय यानी ऊंच–नीच क्या ? कहीं किसी से प्रेम न कर बैठे, कहीं प्रेम विवाह न कर बैठे, कहीं बलात्कार की शिकार न हो जाये ..... यही न ?

इसी समय भांवर के लिये वर–वधू खड़े हुये हैं, उफ़ ! देवा से डेढ़ फुट ऊंचा बिलकुल हरवाहा या चरवाहा है ! अब मैं आवेग में आ जाती हूँ लगता है, चीख पड़ूं – कहां है अनिल .... मैं चारों तरफ देखती हूँ। अनिल कहीं नहीं है, किसी ने मुझसे बैठने के लिये नहीं कहा, कहे कौन, वहां है ही कौन, मैंने ऐसा ब्याह पहिली बार देखा है। मैं उसी नीम के गोलेनुमा चबूतरे पर बैठ जाती हूं —काफी तैश में हूं।

मुझे याद आ गई घटना, एक बार इस घर में सत्यनारायण की कथा हुई थी तो अनिल मुझे ले आया था। मैं कालेज में लाइब्रेरियन हूँ, यही अनिल बुक लिफ्टर है, मुझे बड़ी बहिन सा मानता है, दो बार अपने घर लिवा लाया है। हां ! तो कथा के बाद देवा ने मुझे प्रसाद खिलाया था, और शायद एक भजन सुनाया था – शायद मीरा का था

"पिया तुम कित गये नेहा लगाय......
बिरह समंद में छोड़ गये हो —प्रीत की नाव चलाय" .....

बड़ा मीठा गाया था, शांत, सौम्य, और आठवां दर्जा पास इस भोली लड़की ने .....। तो इसी 'पिया' का इन्तज़ार था उसे ..... ऐं ? मेरी आंख भर आने को होती है तभी मेरी नज़र ऊपर जाती है, गैलरी में

मोढ़ा डाले अनिल बैठा है, वह आंगन की ओर देख रहा है, वह विवाह का कार्यक्रम देख रहा है और उसके मुंह पर ऐसी निश्चिन्तता है जैसी मैंने गल्ला मंडी में पल्लेदारों के मुंह पर पीठ से बोरा उतारने के बाद देखी है । मैं फिर तैश में आ जाती हूँ - मेरी संवादहीन चीखें निकल जाती हैं ।

अनिल ! इधर आओ, सुनो - मैंने तुमसे परसों कहा था न - 'अपना घर' नारी की आदिम चाह होती है, वक्त रहते लड़की का विवाह होना ही चाहिए, हर उम्र का एक धर्म होता है कहा था न ? तो मैं आज अपने बयान बदल रही हूँ, लिखो - इस सड़े गले, घिनौने, कुष्ठगलित समाज में किसी लड़की को - किसी मजबूर लड़की को, आदिम चाह पालने पोसने की जरूरत नहीं है, ब्याह की कोई अनिवार्यता नहीं - ब्याह कतई अनिवार्य नहीं, वह कुमारी जी सकती है - जी ले.... कुमारी ! हां तुमने एक शब्द कहा था न "ऊंच नीच न हो जाय" तो ऊंच नीच क्या होती है ? प्रेम तो भगवान की पूजा है, प्रेम विवाह यदि असफल होते हैं तो..... पारम्परिक विवाह भी असफल होते हैं - कभी कभी ऐसे असफल कि चिन्दी चिन्दी छितरा जाते हैं । और रहा बलात्कार ..... तो वह तो निहायत निरीह, बेबस, अकेला और असहाय है, बस -उसके हाथ की बैसाखियां छुड़ा लो - एक बेइज्जती की और दूसरी अपवित्रता की । कह दो बलात्कार से कि कोई कुमारी अपवित्र नहीं होती, कह दो - बलात्कार से किसी घर की इज्जत नहीं जाती, बस.... वह तो मिमियां कर मुंह के बल भरभरा कर गिर जायेगा । बड़ा कायर होता है.... उसका वजूद.... । वह तो दुर्घटना है - कैसी ? जैसे कोई बस से कुचल जाये, आग से जल जाये, या पानी में डूब जाये.... बस जिस दिन उसकी रिश्तेदारी इज्जत और पवित्रता से टूट जायेगी वह खुद ग़ैर बिरादरी का अछूत हो जायेगा - जाति बहिष्कृत ।

"अनिल । उतर कर इधर आओ..... मैं इधर बैठी हूँ काफी देर से ।"

जो चाहो सज़ा देना

तुमने, तुमने, तुमने ....।

"मैंने !"

'हां-हां तुमने । लड़के की बर्बादी का कारण तुम हो तुम । उस समय तो मेरे बाप की सम्पत्ति बड़ी प्यारी लगी थी । हां-हां भेज दो, भेज दो ननिहाल, भेज दो ननिहाल, नाना-नानी की सेवा करेगा और अब जब लड़का हाथ से बाहर हो गया तब दोष माथे मेरे मढ़ दिया । तुम नहीं जानते थे कि ननिहाल में बच्चे बिगड़ जाते हैं ? न मां का दाब वहां रहता है न बाप का । वे किससे डरें ? दिन भर लड़के को कोसते हो, जब तक भर-भर बोरे अनाज वहां से आता रहा तब तक लड़के को बुलाने की कोई जरूरत नहीं समझी .... ।'

बस करो ....अब तो वो तुम्हारे पास है अब तो उसे गलत राह जाने से रोक सकती हो ?'

'बिगड़ी बात बनाये बनती है ? अब वह चौबीस साल का हो गया है, मेरे सुधारे सुधरा जाता है ? बताये देती हूँ, अब न मुझे दोष देना न लड़के को गाली । मेरा जी अघा गया है, मैं किसी दिन अपना सिर फोड़ लूंगी ....।

'वह तो रोज की धमकी है ।'

तो ठीक है मेरी मिट्टी ही देखनी है तुम्हें, चलो तो यही सही ....।

'बस करो अम्मा चलो भीतर ।'

मां और पिता के झगड़े में छोटा लड़का राजन आ खड़ा होता है । मां का हाथ खींचकर भीतर ले जाता है वह झगड़ा नित्यचर्या का अंग बन चुका है, इस दम्पति के घर का ।

पत्नी सरोजा खेतिहर घर की बेटी है । उसके कोई भाई नहीं है । पिता की सारी संपत्ति अंत में उसी की है । पति शारदा प्रसाद को सरोकार माता पिता से नहीं, उनकी सम्पत्ति से प्यार है । बड़े पुत्र रमाशंकर को ननिहाल भेज दिया, जाओ नाना की सेवा करो पर दुर्भाग्य भी छप्पर फाड़कर टपका । सरोजा के विवाह के बाद चौदह वर्ष कुछ नहीं हुआ, पन्द्रहवें वर्ष सरोजा के भाई हो गया । शारदा बाबू को रमाशंकर को वहां रखने में कोई आकर्षण नहीं, बुला लिया, क्योंकि वहां तो सम्पत्ति का दावेदार पैदा हो गया था । रमाशंकर बीड़ी पीता है । नौ बजे, कभी-कभी दस बजे सोकर उठता है, नहाता है कभी-कभार । पढ़ाई ! पढ़ाई के नाम भाड़ के चने-सा चिट-चिटाता है । कुछ बोलते ही चढ़नदार हो जाता है । दिन दिन भर घर नहीं आता, शालिग्राम अग्रवाल के वीडियो पर बैठा रहता है । खाने के टाइम जब बुलाया जाता है तो उसके तेवर और तीखे हो जाते हैं, भृकुटी चढ़ाकर पूछता है –

'काहे को बुलाया है । ये माया काहे को दिखा रहे हो तुम लोग, खाओ पियो तुम लोग, तुम्हारा तो घर है मैं तो ऐरा-गैरा हूँ । बचा-खुचा खा लूंगा .... मेरे लिए किसी साले को बैठने की जरूरत नहीं .... ।'

अब यह चौबीस वर्ष का हो चुका है । बुजुर्गों की नेक सलाह यह है कि शादी कर दो ठीक हो जायेगा, मां बाप को भी बात जंच रही है, नाक में नकेल पड़ने पर काबू में आ जावेगा । काठ में पांव पड़ा और अपने आप गली बदल गई । ऐसा सोचना है उनका । बहरहाल प्रस्ताव सर्व सम्मति से पास हो चुका है । अंधेर कि उसका छोटा भाई राजन उतना ही शांत, सौम्य, शिष्ट, विवेकी और भावुक है । वह रमाशंकर जैसा सुदर्शन नहीं, राजन दुबला पतला सांवला, हल्के चेचक के दागों वाला है । रमाशंकर का रूप तो बस, गोरा-चिट्टा, बलिष्ठ, सुडौल, पर ऐसे रूप को क्या करें जो घर जलाये !

फिर एक दिन द्वार पर बैंड बजने लगे । धूमधाम, बंदूकें-छूटने लगीं, शहनाई बज उठी । वो दस औरतें जा रही हैं, वो बीस औरतें आ रही है, साड़ी लंहगे, सलवार, चूड़ी बिंदी, पैजामे, सजी-सजाई गुड़ियाँ, परियां, ग्राम्य बधूटियां, पहले बेटे का विवाह है । बारात निकलने ही वाली है । एक पुरानी धुन बैंड पर बज रही है 'झिलमिल सितारों का आंगन होगा ..... रिमझिम बरसता .... ।'

इस दुनियां में अभागियों की कमी नहीं है और बिटिया के बाप से बड़ा अभागा भी कोई नहीं है और जब ब्याहने को बिटिया बैठी हो तब और क्या है ? बस यही है कि न अपने हाथ से ज़हर खिला पाता है न अपने हाथ से कुंए में धकेल पाता है । पचास किलोमीटर की दूरी क्या दूरी है । लड़की के बाप को रमाशंकर के बारे में क्या कुछ नहीं मालूम है ? सब मालूम है पर करे तो क्या करें ? एक नहीं, दो नहीं, चार नहीं, छः है । करें तो क्या 'भाग्य बेटी का' कहकर संतोष कर लेता है । अभागों का सबसे बड़ा टीहा भाग्य होता है । सारा पुरुषार्थ उसी में आकर सिर फोड़ता है और फोड़कर लौट जाता है ।

द्वारचार हो गया है तो बारात खाना- खाने जनवासे में लौट आई । खाना चल रहा हे, साथ-साथ पीना भी चल रहा है यानी खाना-पीना चल रहा है । रमाशंकर की यह मित्र-मंडली ऊपर के कमरों में है, नीचे बुजुर्ग रिश्तेदार या राजन के दो-चार मित्र हैं । कोलाहल और वाद-विवाद के स्वर सुनकर राजन ऊपर गया तो भाई की अभद्रता देख कर गड़ गया । रमाशंकर ने ससुर को धक्का दे दिया था और फिर कालर पकड़ने को हाथ बढ़ा ही रहा था । ससुर गिड़गिड़ा रहा था । बस बात इतनी थी कि बोतलें चुक गई थीं । राजन ने दौड़कर पकड़ना चाहा तो रमाशंकर ने फेंककर खाली बोतल मारी, राजन तत्काल दोनों हाथों की ओट बनाकर बैठ गया वरना ..... ।

वह लौट आया, कुछ लोगों ने बीच-बचाव कर दिया । रमाशंकर धुंआधार गालियां ससुर को दिये जा रहा था और भाई को भी । डेढ़ घंटे हो गये हैं लडकी वाले की ओर से चढाव कर आने की कई प्रार्थनायें

आ चुकी हैं परन्तु रमाशंकर की उल्टियां थमें तब फिर कुछ आगामी कार्यक्रम बनें। एक दो तीन चार पांच छः .... उल्टियों से उसे दम ही नहीं मिल रही। जनवासे के लोग बेहाल हैं। मां की आंखे रोते रोते सूजी जा रही है। भंगिन झाड़ू और बाल्टी लेने बाहर गई है। घबड़ाये हुये शारदा बाबू भी वहीं बैठे हैं, अभी लड़के को गाली दे तो रहे थे पर आखिर लड़का तो लड़का ही है। डाक्टर बुलवाया गया, उसने अधिक पी जाने के कारण ही उल्टियां होना बताया। इन्जैक्शन लगाया और नींद की दवा दी और सख्त ताकीद भी की कि इन्हें कम से कम पांच घण्टे न जगाया जाये।

रात के एक बजने को है चढ़ाव की चौक बिसूर रही है। हल्दी रंगा क्वांरा मंडवा किसी के आने की प्रतीक्षा में टकटकी बांधे है। आम के पत्ते मुंह लटकाये कभी कभी हिल जाते है।। मां की छाती से निकली उसांसे घर भर में घूम रही हैं। लड़की के पिता सुदामा प्रसाद बड़ी हिम्मत करके हाथ में घी शक्कर और जनेऊ का कटोरा लिये जनवासे पहुंचे। उन्हें शायद डाक्टर के कठोर निर्देश का पता नहीं था। उन्होंने एक कातर दृष्टि समधी पर डाली ही थी कि शारदा बाबू कड़क उठे –

'आपको लड़के की हालत नहीं दिख रही है, चढ़ाव-भांवर दिख रही है, वो लड़के की जिंदगी से ज्यादा जरूरी है, मरने दूं लड़के को ....।'

सुदामा दोनों कानों पर हाथ रखकर गिड़गिड़ाये –

'नहीं-नहीं समधी साहब! .... ऐसे .... ऐसे शब्द न बोलिये ....। नहीं .... नहीं ।'

'तो फिर क्या करूं, आप तो सिर पर सवार हैं, उठाइये कटोरा-सटोरा .... ले जाइये अब तो जो होगा कल, आज कुछ नहीं।'

सुदामा प्रसाद दुरदुराये कुत्ते-सा कुर्ते की बाहों से आंखे पोंछता निकल आया .... अगर बारात और दो एक दिन रुकी तो तो .... क्या वह खिला पायेगा ? उसका तो थाली कटोरा भी बिक गया है। उसके हाथ से कटोरा छूट गया। लड़खड़ाते पैरों से लौट चला। इस दृश्य का साक्षी केवल राजन था, बाराती सो गये थे। मित्र मंडली साइकिलों, स्कूटरों और गाड़ियों से लौट गई थी।

राजन की आंखों में नींद नहीं थी । हड़कंप उसे सोने नहीं दे रहा था । गरीबी .... इतनी बुरी होती है । बेटी इतना बड़ा अभिशाप होती है ? समाज की व्यवस्थायें इतनी निर्मम होती है कि..वर पक्ष इतना क्रूर हो जाता है कि... ... क्या इन्हें बदला नहीं जा सकता .....? क्या ये अपरिवर्तनीय हैं .....? क्या यह सदा ऐसी ही रहेंगी .... ? क्यों कब तक .... ? इस व्यवस्था की अन्तहीन उच्छृंखलता के लिये कौन जिम्मेदार है, अखिर ....? कौन ....?

घंटा भर बीत गया इसी मानस मंथन में । तभी एक मोटर-साइकिल लड़की वाले के घर से होती हुई पीछे को मुड़ गई, डाक्टर की । यही डाक्टर सरस्वती चंद्र सिन्हा रमाशंकर को देखने आये थे । राजन के सिर पर हथौड़े की सी चोट पड़ी । उसकी आंखों में वृद्ध सुदामा प्रसाद, उसकी छटपटाहट, उसका कुर्ते की बांहों से आंसू पोंछता कातर मैमने-सा चेहरा घूम गया .... कहीं .... उनकी हृदयगति तो .... नहीं .... रुक गई, दमे का रोगी है ही .... । राजन का सोच इसके आगे नहीं गया । उठकर जूते पहने, घड़ी बांधी, जाकर देखा तो जनवासे में सन्नाटा पड़ा था । बहनोई को जगाया । बोला –

'जीजा चाबी रख लो मैं ज़रा आता हूँ ।'

ऊंघते-ऊंघते बहनोई ने चाबी चुपचाप ले ली । राजन ने जाकर देखा सिर्फ भीतर कुछ शोर है, शेष सन्नाटा है । ये ब्याह का घर है ? ब्याह हो ही कहां रहा था ? ब्याह हो ही किसका रहा था ? सिर्फ एक गाय की बलि दी जाने वाली थी . ... बड़ी छोटी-सी बात ....। वह भी अंग-अंग काटकर । एक दम से गर्दन नहीं काटी जायेगी । वह राजन भी क्यों नहीं उन सब-सा बन गया था । या फिर उन सबको ही क्यों न अपना-सा बना पाया ?

सामने खड़ी नाइन से पूछा तो नाइन सकपकाई । पहचानी हो अथवा नहीं, पर घूंघट खींचकर अदब से बोली-

"बैइटें ....बैइटें, कक्का- कक्की सब भितरे हैं, बिटिवा बेजार हुइ गै रही, हम बोलाइत हैं ।"

सुदामा प्रसाद ने झांका और नाइन से बात करते राजन को देखा तो हाथ जोड़े लपक कर आये । आंखें बह ही रही थीं । राजन ने बड़े दर्द से पूछा -

"पिताजी किसे क्या हुआ ?"

सुदामा प्रसाद ने आवाज में पीर पहिचानी और चटाक से खड़े-खड़े राजन के पैरों पर गिर पड़े.... ।

"छोटे लला बाबू, माधुरी कुंए में कूद पड़ी ......।"

"ऐं, कुएं में ?"

राजन ने दहशत से पूछा ।

"हाँ ....लल्ला बाबू .... माधुरी ने कुएं में छलांग लगा दी थी .... कुएं में ज्यादा पानी न था और बर्तन धोते धीमर ने देख लिया वरना .... वरना ....। सुबह होते-होते मेरी मधु की डोली नहीं अर्थी निकलती .... ।

"वही अच्छा था अर्थी ही निकलती ऐसे घर जाने की बजाय ।"

सुदामा प्रसाद के साले बोल रहे थे । सुदामा प्रसाद ने इन्जीनियर साले को बोलने से रोक दिया ।

राजन ने तिलमिला कर पूछा ....

"अब .... अब कैसी हैं वो .... ? ....जिंदा हैं ...?"

रोते-रोते सुदामा प्रसाद थक गये थे । राजन ने पूछा —

"क्या उन्हें मैं देख सकता हूँ ?"

"आपके घर की दासी है देख लीजिये ।"

दुबारा फिर राजन बोला–

"दासी ....।"

राजन भीतर तक आहत हुआ, मन में कहा दासी से भी बदतर .... पहुंचने तो दो .... दासी ही नहीं, न जाने क्या .... क्या बनेगी, जो न बने वही थोड़ा ....।.... जानते न थे जानकर अनजान बनें ...

राजन भीतर गया तो माधुरी मां की गोद में लेटी थी । राजन को आया देख मां ने उठने-उठाने का उपक्रम किया, तो राजन ने रोक दिया । उफ़ इतनी प्राण लेवा तकलीफ में भी चेहरा लावण्य से भरपूर था, मुरझा भी जाये

तो भी फूल तो फूल है । बन्द आंखों के नीचे का प्रदेश पानी से भीगा था । छोटी-सी नथिया नाक मे अब भी झूल रही है और लिलार की काच की टिकुली जहां की तहां चिपकी थी । निश्वास लेकर उसने मीन आंखें खोलीं फिर पानी छलछलाने लगा । बह-बहकर गालों तक को धोने लगा । उतार-चढ़ाव वाले पतले होंठ भिचे हुए थे । कनपटी पर बंधी पट्टी में खून फिर छलक आया । राजन ने उसे देखा भरपूर और आगत की कहानी के सारे कथानक, उप-कथानक उनकी आंखें में तिर गये । कहां से शुरू होगी । कहां खतम होगी, इसका अनुमान उसे हो गया है, पहले भी था । राजन गम्भीर था और गम्भीर हो गया । शर्बत उससे पिया नहीं गया । गिलास यूं ही रखकर बाहर आ गया । बोला –

"बाबूजी, पंडित कहां गये । गये क्या ?"

सुदामा प्रसाद बोले –

"जी ..... पंडित .... करते भी क्या ? अभी तो दामाद बाबू इस हालत में ही नहीं .... डाक्टर .... ।"

बीचमें टोक कर राजन बोला –

"कितनी दूर रहते हैं ? उन्हें बुलवा लीजिये ।"

"सो तो वो ऊपर ही सो रहे हैं पर .... बुलाने से होगा भी क्या ?"

"आप उन्हें बुलाइये तो, बुलवा लीजिये ।"

राजन ने आग्रहपूर्वक कहा ।

सुदामा प्रसाद अचकचाये, परेशान हुए पर प्रतिवाद नहीं किया । जाकर सूरज नारायण को जगा लाये । राजन ने रूमाल सिर पर डाला, जूत-मोजे उतार कर रख दिये और मंडप के नीचे पड़े पटे पर बैठ गया ।

सुदामा प्रसाद को बुलाकर कहा –

"माधुरी को, जैसी बैठी है वैसी ही उठा लाइये थोड़ी देर के लिये ।"

पूरा घर हक्का बक्का रह गया है । ऐं ये क्या ? आखिर होने क्या जा रहा है ?

राजन ने फिर दृढ़ स्वर में कहा -

"वे आने लायक है ? थोड़ी देर बैठ सकती हैं ? लिवा आइये ।"

और माधुरी को राजन के बराबर बैठाया गया । पंडित समझ गया ।

उसने परात, हल्दी, पानी दक्षिणा मांगना शुरू किया तो राजन ने मना कर दिया –

"पंडित जी, ये सब कुछ नहीं, आप संक्षिप्त मंत्र पढ़िये और सिर्फ कन्यादान व सात-फेरे होने दीजिये ।"

सुदामा प्रसाद ने लड़की के हाथों में हल्दी मली और कुछ ही देर में फेरे हो गये । सिर्फ माता, पिता, लड़की के मामा और मामी इसके साक्षी थे । अभी सुबह की लाली प्राची में नहीं आई थी पर माधुरी की मांग सिंदूर से लाल हो गई थी । राजन ने माधुरी को छोड़ा । जनवासे जाकर एक मित्र बुद्धिप्रकाश को जगा कर कुछ कहा, तो बुद्धि प्रकाश ने एक मोटर साइकिल लाकर सुदामा प्रसाद के द्वारे खड़ी कर दी । राजन ने वहीं बैठकर एक छोटा सा पत्र लिखा और बहनोई को फिर जगा कर थमा दिया । जब रमाशंकर जागें तो उन्हें दे दिया जाये ।

पत्र में लिखा था -

बड़े दादा,

मैंने बड़े-बड़े अपराध किये है और तुमने क्षमा किये । आज एक और अपराध कर डाला है उसे भी क्षमा करना, मैंने माधुरी से फेरे डाल लिये है । दादा ! मां बाप की कसम, मैंने किसी कलुष या आसक्तिवश ऐसा नहीं किया, मैंने तो माधुरी को कभी देखा तक नहीं था । मैंने एक अबला जीवन बचाया है । एक अबला जीवन ही नहीं, एक परिवार बचाया है, एक परिवार ही नहीं, एक परम्परा और एक पीढ़ी का द्वंद्व बचाया हैं । अब तुम क्षमा कर सको तो कर देना या नहीं तो जो चाहो सज़ा देना ।

चरणों में तुम्हारा अपराधी
राजन

रैगिंग

प्रभा के हाथ काम में लगे हैं पर आंखें जा जा कर किवाड़ों से टकराती हैं। मन का उखड़ाव साफ ज़ाहिर है। कुछ धरती है कुछ उठाती है फिर कुछ सोचती है। सोच कर फिर बैठ जाती है। माथे पर हाथ लगा कर संज्ञा शून्य सी, फिर उठ जाती है, यंत्रचालित सी। पिता पुत्र बिना खाये पिये घर से चले गये हैं ग्यारह बजे। इस समय तीन बजना चाहते हैं।

"चच्ची, चच्ची...... ओ चच्ची ! राजा बाबू की गाड़ी आ गई चच्ची..... !"

सामने वाले मुल्ला जी की दोनों छोटी लड़कियां बहार अख्तर और सरदार अख्तर भागती आई और बता कर उल्टे पांव भागीं। उधर से तविन्दर कौर का छोटा छोरा सिर पर का जुट्टा संभालता दौड़ा आ रहा था। लड़कियों से भिड़ गया पर, उसने खबर सुनाकर ही दम ली,

"गड्डी..... गड्डी राज्जा बाबू दी.... ।"

प्रभा कहां बार बार दरवाजा देख रही थी, अब खड़ी है जड़वत् अब कहां गई वो जल्दी। किसने बांध दिये पांव ? किसी ने पांव में मन भर का

लोहे का कड़ा डाल दिया । आंखें चू पड़ीं..... राजा बाबू की तिपहिया गाड़ी आ गई है, कैसे देखेगी वह ?.... वह राजा बाबू को गाड़ी में बैठा कैसे देखेगी । जी के भीतर भभूका सा छूटा । जैसे तैसे वह बाहर आ गई है । चमचमाती नई गाड़ी पर राजा बैठा है । पड़ोस के काफी लोग इकट्ठा हैं । बच्चे खुश हैं । बड़े उदास हैं । वो नायब तहसीलदार साहब गाड़ी के करीब खड़े हैं, ओंकार गाड़ी के पहिये पर हाथ धरे खड़े हैं, प्रभा पीछे घूम गई है..... उसे लगा वह .... कौन सा अनाम, अविख्यात, अलिख, संविधान है जिसके तहत जी रहे हैं लोग .... जिसकी किसी धारा.... किसी नियमावली का किसी को कभी कुछ पता नहीं चलता.... सज़ा .... किसी अपराध की.... कब, कैसे, किसे मिल जाये.... ओफ़ ।

* * * *

"अम्मा .... जरा ठहरो.... अरे.... ये राजवाजदूत किस लाइन में लगती है, बुलट खड़ी करूंगा अम्मा.... पढ़ तो लेने दो मुझे .... फिर फोर व्हीलर .... फोर व्हीलर .... ह ह ह ह ह ह ...."

कच्चे दूध की महक सी निष्कलुष हंसी.... आह.... सब की चिंदियाँ उड़ रही हैं वो... वो... उड़ीं फिर सड़क पर बिछ गईं, नींव खुदी थी.... दीवालें उठना शुरू हुई.... ज्वालामुखी फूटा.... नींव में लावा भर गया, चरित्र.... चरित्रवंत्ता....चरित्र हंता.... ये कैसा समीकरण ! किस्मत कच्चे कांच सी टूटी ।

प्रभा पिता की इकलौती लड़की थी बहुत बड़े आदमी न सही पर हाँ प्रभा रईस की बेटी थी । पर चेचक के दागों ने बचपन में रूप बिगाड़ दिया इसलिये बस सुन्दर वर की आशा छोड़कर सामान्य घर में पिता गौरी शंकर ने ब्याह दिया । ओंकार कलेक्ट्रेट में बाबू थे, प्रभा रूपवती न सही पर सौम्य थी गाड़ी बड़े ठिकाने से चल पड़ी । पर ओंकार के माता पिता न थे, प्रभा का ही घर में एक छत्र राज्य था वह घर की रानी थी, पर एक अभाव उसे भिखारिन कर गया रानी से.... ग्यारह वर्ष बीत गये हैं आंगन में कोई रोया मचला नहीं.... । वह देखती है हर जगह बोर्ड लगे, जगह जगह विज्ञापन लगे... तीन से अधिक कभी नहीं.... दो के बाद.... बसों गाड़ियों में लिखा है.... चिढ़ छूटने लगती है .... यहाँ तो एक भी नहीं.... तीन बार गर्भपात

हुआ। प्रभा के दो बच्चे होते ही दस दस मिनट में ईश्वर के प्यारे हो गये। एक हुआ था माह भर जिया था और वापस हो लिया था.... जहाँ से आया था। घर पर कोई कोंचने वाला तो न था पर अपनी आत्मा की कोंचना क्या कम होती है ? बांझ बांझ बांझ.... अजब दर्द होता है।.... ओंकार तो जैसे तैसे, प्रभा की मां मालती और पिता गौरी शंकर उसे लिये कहाँ नहीं गये ?.... कौन सा पत्थर नहीं पूजा ?.... हाँ तब फिर ११ वर्ष बाद.... चट्टान में दूब जमी थी।.... ये हुआ, यही जो गाड़ी में बैठा है चमचमाती गाड़ी में बैठा है। राम.... ये लड़का रात २ बजे हुआ, प्रभा ने ज़िद पकड़ ली इस लड़के को उठाओ पास वाली देवी जी के चरणों में डाल कर फिर ले आओ.... नर्स ईसाई थी। उसने कड़क कर डाँटा था।

नांसेंस.... ईडियट.... कुछ हो गया बच्चे को तो.... ?

नर्स चली गई तो उसने दाई को ५ का नोट पकड़ा दिया अम्मा.... तुम ले जाओ इसे.... मां की मढ़िया में। दाई ने बच्चे को छाती से चिपटाया ले जा कर दुर्गा देवी के चरणों में डाला और फिर ले आई। बारह वर्ष तक तो इसे अपना बेटा नहीं समझा। इसका नाम रखा गया दुर्गादीन। सब लोग हंसते वाह ! पिता का नाम ओंकार मां का नाम प्रभा और लड़का दुर्गादीन। प्रभा हंस देती, चलो होने दो। फिर स्कूल में लिखाया गया भ्रमर.... पर घर में सब इसे राजा या राजाबाबू कहते हैं.... । कभी कभी प्रभा का दिल दहल उठता है, वह सुना करती थी, बहुत अच्छी चीज़ ज्यादा दिन टिकती नहीं, तो..... तो फिर ?

भ्रमर हर परीक्षा में अव्वल नंबर लाता है। उसकी हर टेस्ट रिपोर्ट "गुड" के साथ साथ आती है..... कक्षा में सर्व प्रथम आता है। मुहल्ले के लड़के उससे जलते हैं क्योंकि वह उनके साथ फिरता नहीं है, हर समय पढ़ता रहता है। अब सब खुश हैं भीतर से। बड़े खुश..... हां उनका प्रतिद्वंन्दी हार गया है ज़िन्दगी के मैदान में। हां, हार गया है जो कि अब भी डटा है अब भी..... पर अब क्या कर लेगा ? देख न सकहिं पराय विभूति', पर किसी का कोसना क्या लग जाता है ? बद्दुआ लगती है ? नज़र लगती है ? कालेज में पढ़ी प्रभा यह सब नहीं मानती पर अब वह "मां" होती है सिर्फ मां जब ..... तब सब कुछ मानती है..... मेरे करेजे के टुकड़े को

ज़रूर हाय लग गई है । पी० ई० टी० का परिणाम घोषित हो गया है राजा का उसमें चयन हो गया है.... आह ! मन की मुराद पूरी हो गई राजा की, उसे इन्जीनियर बनना है.... डाक्टरी में रुचि नहीं है.... वह ख़ूब श्रम करेगा उसे उड़ना है हवा में.... पंख लगा कर.... बड़ी साध है.... बड़ी साध या एक मात्र साध ।

उसके एक मामा हैं उनके पास राजदूत गाड़ी है जब वे आते हैं प्रभा को, राजा को बैठा कर खूब घुमाते हैं । जब बहुत दिन तक नहीं आते मां उदास हो कर कहती है बहुत दिन हो गये, भइया नहीं आया, राजा समझ जाता है मां को घुमास लगी है, इस बार वह ख़ूब हंसा -

"अरे अम्मा राजवाजदूत छोड़ो कहां की राजदूत ? मुझे पढ़ लेने दो अम्मा.... बुलट खड़ी कर दूंगा.... अरे अम्मा बुलट भी क्या, फोर व्हीलर.... ह ह ह ह.... इंजीनियर कम्प्यूटर इंजीनियर - एरोड्रम फील्ड आफीसर.... नहीं नहीं.... स्क्वैड्रन लीडर पायलट ह ह ह ह ह.... अम्मा सुना.... बस मुझे पढ़ाती जाना...."

हंसता हुआ मां के गले में हाथ डाल देता है ।

प्रवेश की तिथि भी आ गई, ओंकार को कोई तजुर्बा नहीं था तो ये नायब तहसीलदार.... ये जो ब्ल्यू सूट और चैक वाली टाई में खड़े हैं, यही लिवा कर साथ में राजा को इंजीनियरिंग कालेज गये थे.... भर्ती करा आये थे, हास्टल में रख आये थे.... फिर खूब अच्छी तरह राजा को खर्च दे कर ओंकार और नायब तहसीलदार साहब लौट आये थे ।

उसके नाम दूसरी मंजिल का कमरा नं० ग्यारह अलाट हुआ था सामने खाली बिल्डिंग है इंजीनियरिंग कालेज की ऊंची दो मंजिली.... भारी मैदान.... आगे चल कर दूर तक चले गये कमरों की कतार यानी हास्टल चारों तरफ घूमते युवक । बड़े बड़े लड़के कुछ तो युवकों की उम्र से ऊपर.... हर पोशाक में सूट में, पाजामा कुर्ते में, पगड़ी धारी सरदार पुत्र भी । राजा थोड़ा भयभीत हुआ पर संभल गया.... उसके आत्म विश्वास ने साथ दिया.... उसका भय कम हो गया, उसका अंक प्रतिशत बहुत अच्छा था बहुत । वह योग्य मेहनती और अध्यवसायी छात्र था उसे अपनी मेहनत पर विश्वास था, पर.... पर.... उस बिचारे को यह नही मालूम था कि यह

वह ज़मीन है जहाँ योग्यता धूल चाटती है, अध्यवसाय पानी भरता है और कर्मठता जलील की जाती है.... ।

खटट्.... खट्.... द्वार पर दस्तक होती रही और सत्रह वर्ष का यह किशोर.... राजा.... यही जो गाड़ी में बैठा है.... दुनियादारी से अनजान, सरल बालक कमरे में निर्भूल सो रहा था । रात के एक बजे होगें.... खट्.... खट्.... खट्.... जब दो तीन बार जोरदार धमाका किवाड़ों पर हुआ तो हड़बड़ा कर राजा जाग गया, आंखें मीड़ते-मीड़ते द्वार खोल कर उसने पूछा –

"कौन ?"

द्वार पर युवकों का झुंड खड़ा था, किवाड़ खुलते ही जोरदार झन्नाटेदार थप्पड़ उसके गाल पर पड़ा । उसकी ऊंघ हिरन हो गई ।

"किस जंगल से आया है ? हमसे पूछता है कौन । बताते हैं हम कौन है .... इंजीनियर बनने आया है ....।"

इसके बाद एक, दो, तीन, चार, पांच, ताबड़ तोड़ ८-१०-१५ तमाचे पड़ते गये वह धूम कर गिर पड़ा सत्रह वर्ष की उम्र में इतना पहली बार पिटा था उसे चक्कर सा आने लगा । उसे इतना भर मालूम कि कालेज में नये लड़कों को बनाया जाता है पर "बनाये जाने" की यह प्रक्रिया उसे न मालूम थी । उसने शायद रैगिंग शब्द सुना हो या न भी सुना हो ....

दूसरी रात खट् ... खट् ... खट् ... उसने उठ कर किवाड़े खोल दिये जी उसका धड़क रहा है .... उसके सब कपड़े उतराये गये, पकड़ कर नल के नीचे खड़ा कर दिया गया .... ठंड से उसके दांत से दांत बजने लगे । फिर वे चले गये ....

तीसरी रात ... वे सब आ गये

"जाओ चौराहे से सिगरेट ले कर आओ ।"

राजा ने घड़ी देखी बारह बजा था, बोला –

"भाई साहब इस समय .... बारह बजे ......"

उसके मुंह से भाई साहब निकला ही था कि वे बोले–

"भाई साहब कहता हैं ? अपने सीनियर को सर नहीं कहते बनता .... सुअर ..... "

"सर .... सर ...."

कांपते हुये राजा बोला –

"इस समय दुकान .... खुली .... न होगी .... ।"

फिर ... पन्द्रह बीस तमाचे तड़ातड़ पड़े .....

"जा चौराहे वाली हीरालाल पनवाड़ी की दुकान खुलवा लेना ..... वह खोलेगा उसका बाप बोलेगा .... तू लायेगा तेरी मक्खियां लायेंगी सिगरेट .... ।"

वह चला गया ।

खट् .... खट् .... चुपचाप द्वार खुल गया आज सिर्फ एक युवक था बलराम । राजा को राहत मिली, सांस मिली ..... पर जब उसने बताया गया कि उसे सिराज सर बुला रहे हैं तो उसकी घिग्घी बंध गई । फर्स्टइयर के लड़के उसके नाम से कांपते थे । उसकी परछाई देख कर छुप जाते थे .... मरता क्या न करता, गया । एक साथ पचास सवाल ।

"नाचना आता है ?

"चुप क्यों है, बोल कुछ तो बोल ?

"काठ के उल्लू बोलता क्यों नहीं ....जैसा बने वैसा नाच ।"

"क्यों बे सूट पहन कर नाचेगा ?"

"उतार सब कपड़े ।"

इसके बाद कम से कम पचास साठ चक्कर उससे बिना कपड़े पहने कमरे में लगवाये गये .... वह गिर पड़ा .... घूमते-घूमते झामा आ गया है ।

दूसरा दिन । फिर सिराज साहब का बुलावा .... फिर प्रश्नों की बौछार, आड़े तिरछे ऊट पटांग ।

"क्यों स्वप्न सुन्दरी देखी है, आई कभी सपनों में ?

सब हंस पड़े, चलो इसे सपनों की रानी दिखा दो सब उसे बाथरूम में पकड़कर ले गए । वहां किसी ने सिने अभिनेत्री का भद्दा सा चित्र कैलेंडर टंगा था .... हुक्म हुआ इसे "विश" करो, –"किस" करो, लड़के की आंखे झुक सी आईं कि भड़ाक से तमाचा पड़ा । पड़ते ही गये, दस बीस पचीस ।

शरमाता है .... हूँ, लड़की है क्या बे ? छोकरियों के माफिक झेंपता है ? ....

इसके बाद उसे घसीट डाला गया ...... ।

रात के दो बजे होंगे .... वह रेल्वे के प्लेट फार्म पर बैठा है । आज वह अपने रूम में नहीं रुका .... बिना कुछ खाये पिये मुसाफिरों की भीड़ में वहीं सिमिटा लेटा है, कहीं कोई यहां भी पहचान न ले ?

तो वह इसीलिये यहां आया था ..... यही है नये छात्र को "शिष्ट" बनाने का ढंग ? यही है यहां की शिक्षा का श्री गणेश .... जहां शिष्टता, सौम्यता और शालीनता की रोज कब्र खोदी जाती है, ज्ञान विज्ञान का हर रोज आधी रात को जनाज़ा निकाला जाता है, ... पुस्तकें यहां कूड़ा हैं, पढ़ने वाले इनके लिये जाहिल हैं, नशा, ऐश, आराम, सिगरेट, ताश, पार्टी, घूमना, सिनेमा और ..... यूं आतंक फैलाना, यही यहां की संस्कृति है ।

गाड़ी चल पड़ी । रास्ते भर बौखलाया सा राजा विचारों में डूबा उतराया क्या करे ..... ? छोड़ दे पढ़ाई .... पर वह और क्या करेगा ? .... इनसे उसे खौफ-बेहद खौफ लगता है .... पर ... जो उसका प्यारा, सबसे प्यारा सपना है उससे कैसे मुकर ले .... वह सपना तो उसके भीतर पल पुस रहा है । उसका क्या करे .... क्या करे .... इधर ये, उधर वो ....

सुबह तड़के जब वह घर पहुंचा बिना किसी सामान के तो मां हक्का बक्का रह गई ... यही है उसका राजा । गुलाब सी देह, बादाम सा रंग - काला सांवला, उदास ... सूजी सी आंखें ? ...... मां बाप ने हा हा की, पुचकारा फुसलाया पर राजा सिर्फ यही कहता रहा ... कुछ पढ़ाई में अधिक मेहनत पड़ रही है ... मां ....। उसने नहीं बताया ... फिर बता कर भी क्या होता ? वहां तो वार्डन और प्रिंसपल के लड़के नहीं बख्शे जाते ओंकार किस खेत की मूल बनेंगे, किस लाइन में लगेंगे, सिर्फ मां बाप का जी दुखेगा .... या फिर पढ़ाई छोड़ दे वह ... नहीं भविष्य की वह स्वप्न साधना यूं नहीं भंग करेगा, ...वह अपनी आकांक्षा को इतनी जल्दी चूर न होने देगा.... वह भले ही चूर हो ले .... उहं जान से .... मार... तो नहीं डालेंगे ? नहीं ... । वह दस दिन मां के पास रहकर लौट गया ।

फिर वही क्रम । आज द्वार पर ताला तो था नहीं, शुरू हुई खट् खट् खट् द्वार पर । राजा ने द्वार खोला आज कुछ नये सीनियर थे, नाम पूछा, राजा हड़बड़ाया तो था ही उसके मुंह से घबराहट में "भ्रमर" न निकल कर निकल गया "राजा" । सीनियर ने जोरदार ठहाका मारा "ओह किंग ह ह ह ह . . . . किंग है, भई किंग . . . . किंग को "माल" खिलाओ, इसके बाद पता नहीं जेब्र से निकाल कर कौन सी गोली उसे खिला दी गई । "किंग ! घड़ी तो बड़ी खूबसूरत है", सीनियर ने घड़ी हाथ में ले ली, जेब से झांकता सौ का नोट भी और इस हिदायत के साथ कि आज तुझे छोड़ देते है, चुपचाप सो जा, सीनियर चला गया । पता नहीं गोलियों में क्या था राजा को रात भर उल्टी हुई, इतनी इतनी ... कि सुबह वह हैजे के मरीज सा शिकस्त निढाल पड़ा रहा, हिल नहीं पाया .... ।

उफ .... राजा रात भर टूटता है, दिन भर जुड़ता है रात भर चरमराता है, दिन भर अपने को सीता है, रात भर डूबता है, दिन भर हाथ व पांव फेंकता है .... आखिर यह सिलसिला कब तक ... कब तक ... यातनाओं का यह दौर कब तक ? आखिर उन्हें क्या मिल रहा है ? दूसरे का दुख इस हद तक किसी के लिए सुखदाई हो सकता है, ऐं ? .....

एक रात बड़ी मनहूस आई । कमरे में सीनियर, सिराज ने बुलवाया था । प्रश्न हुआ -

"बंबई देखी ? कलकत्ता देखा ? तो जापान तो देख होगा ? पेरिस भी नहीं .... ।"

ठहाके चले .... कहकहे चले ... फिर सब उसे लिवा चले, छत की पट्टी इतनी संकरी कि पूरा पांव भी न जम सके, हुक्म हुआ इस पर चलो अगली छत तक फिर लौटो सब दिख जायेगा, जर्मन, जापान,, लंदन, पेरिस .... कैसे चला जायेगा इस पर तो पैर भी नहीं जमा पायेंगे वह भय से पीला पड़ गया । पर अवश था, सात आठ दरिन्दों ने उसे पकड़कर वहां खड़ा कर दिया चल .... चल ..... चल .... बस उसे इतना याद है कि वह मुश्किल से चार पांच कदम रख पाया था और बस एक चीख के साथ ... नीचे आ गया था दूसरी मंजिल से .....।

तार पा कर जब माता पिता पहुंच तो .... आठवां दिन था राजा के दोनों पावं घुटनों के नीचे से काटे जा चुके थे ᵖवायजन फैल गया था। सिर की चोट से होश तो आ गया था पर उसकी फैली फटी आंखें अभी किसी को पहिचानने से इंकार कर रहीं थीं, प्रभा चीख मार कर बेहोश हो गई।

एक वर्ष गुजर गया है बारह वर्षो का। ज़िन्दगी पहाड़ हो गई है। इच्छायें घूर पर सड़ते कूड़े सी अर्थहीन हो गई हैं .... बाप गुमसुम हो गया है। मां अर्धविक्षिप्त, बोलती नहीं है, या बोलती है तो चुप नहीं होती या तो उठती नहीं है या पूरे घर में अकारण घूमती है, राजा के सपनों का चूरा हवा में उड़ गया है, उसके एक कण का भी पता नहीं लगता ...

मुक्तबंदी ... .. परकटा पंछी ... । बीसवें वर्ष का कैशोर्य बैसाखियों पर टिक गया है .... जिसे हवा में उछाल भरनी थी जिसे आकाश में उड़ान भरनी थी, जिसे बादलों में घर बनाने का चाव था, जिसे .....

ये नायब तहसीलदार साहब ... काफी कोशिश करते रहे हैं हलफनामा बना, दरख्वास्त दी गई, कालेज के प्रिसिंपल की टीप लगी है और आज उसे सरकार की ओर से मिलने वाली विकलांगों की तीन पहियों की गाड़ी मिल गई हैं, राजा उसी पर चढ़कर आया है ... विकलांगों की तिपहिया गाड़ी जिस पर राजा बैठा है .... चमचमाती नई गाड़ी बच्चे छू-छू कर देख रहे हैं। मुहल्ले वाले जुड़ गये हैं, नायब साहब पास खड़े हैं, अभी यह तिपहिया गाड़ी चलेगी ... और राजदूत ... बुलेट ... फोर व्हीलर ... इंजीनियर ..... एरोड्रम फील्ड आफीसर, स्क्वैड्रन लीडर .... पायलट ... सब की चिंदियां हवा में ऊपर ऊपर उड़ रही हैं फिर अभी वे नीचे आ जायेंगी ... धूल की परत में बिछ जायेंगी और उन्हीं के ऊपर से राजा बाबू अपनी तिपहिया गाड़ी चला कर ले जायेगा।

⌘

मौत महोत्सव

शालिग्राम नीम के नीचे लुढ़का पड़ा था । छठवें बेटे को सफेद कपड़े से ढाँक दिया गया, दो-चार पड़ोसी जमा हुए और उठाकर ले चले । राजाबेटी ने चीख-चीख कर सिर पीटा, छाती कूटी -

'अरे न लै जाव रे मोरे पुतरा को....रे ! अरे मैं काह करौंगी री-छै छै चले गए मइया विंध्यवासनी .....मेरे पुतरा को अरे रे रे रे रे .....।' बेटे की लाश छुड़ाने के लिए झपटी पछाड़ खा कर गिरी ।

'छोड़ भाई छोड़ ....माटी का लै के कब तक रोइहै माई .... बिटिया केर मुँह देख । वही का देख कै धीरज राखु री ।'

सांत्वना के उठा पटक वाले शब्दों के साथ बच्चे के शव को गाड़ने चले गए लोग ।

शालिग्राम के छः लड़के एक के बाद एक मर चुके है । कोई दो वर्ष का होकर, कोई एक वर्ष का तो कोई तीन माह का, तो कोई जन्म के साथ ही । अब उसके पास एक कन्या है । उसे कुछ नहीं हुआ । मोटी नाड़ी की होती है बिटिया । लड़कियों को कुछ नहीं होता । इसे कुछ नहीं होगा बिटिया अमरौती खाकर आती है ऐसा लोग कहा करते है । राजा बेटी कलपी रोई धोई फिर कुछ दिनों में जैसी की तैसी सहज हो गई ।

सुबह बिटिया चन्दन उसे रोटी बना कर बाँध देती, माँ खेत पर चली जाती है। लौटती तो चन्दन पानी लिए बाहर खड़ी मिलती, हाथ मुँह धुलाती, भुट्टों का गट्ठा उठा कर भीतर धरती। सानी पहले से तैयार, बैलों को कुट्टी मिला कर डाल देती। रोटी खा कर राजा बेटी पड़ रहती है ओसारे में और चन्दन — बारह तेरह वर्ष की, चन्दन, गुट्टा-चपेटा नहीं खेलती, घर में बाप के काम में हाथ बंटातीं है, बाप डोरी बंटता है।

'हमार चन्दनिया जबै घर से चली जाई घर अंधियार हुइ माई। हमार हात पाँव टूट जइहैं हम अपंग हुइ जब। मोर हीरा, मोर मोती, मोरी पुतरिया, मोर लाठी .... मोर दिया कै बाती' .... और जिस दिन राजा बेटी साहूकार के तकाजे की चोट खाकर आती; मालकिन की दस बीस गाली खाकर आती, दिन भर बेगार करके आती– गुस्सा चंदन पर उतारती . .... 'खाय लीन्हेंसि छै छै ठा, खाय लीन्हेसि। याकौ न पनपै, अस तोर जनम भा कि याकौ न बचा ..... छै छै ठा चले गे ..... लरिका होत त हम काहे खितिर मजूरी करतिन, लरिका कमाय के खवावत न ?'

चन्दन दोनो हाथ सिर पर रख घुटनों के बीच मुंह डाल कर रो उठती, तो राजा बेटी उठाकर फिर छाती से चिपका लेती।

चन्दन बड़ी हो रही है, १३ वर्ष की चंदन १६ वर्ष से कम की नहीं दिखती, भरे पूरे चेहरे पर बड़ी-बड़ी टका सी आँखें, लंबाई खासी गोराई खरी लाल। कमर की उतार और देह की गठन - बस मूरत खजुराहो की।

चौहद की पूरी होते न होते मुहल्ले की चौपाल, पड़ोसियों की गपशप औरतों का पनघट, सब एक स्वर में बोलने लगा -

"चंदन का भाई अब ब्याह करो सालिगराम। खूब सयानी है, जमाने की हवा खराब है। लेकिन भाई सालिगराम ! एक बात का ध्यान दीजो, बिटिया शहर मा दीजो । अब गंवई गाँव में उसकी जिनगी मत खराब कीजों। सिरकारू नौकड़ी वाला कोई लड़का देखियो। चंदन को सहरी लड़कों की कमी नहीं है, चंदन साच्छात लक्ष्मी है। सुख में दीजो, आराम में दीजो, खेत खरहान में अब दीजो मत ..... हाँ।"

शालिग्राम और राजाबेटी दोनों पुलक जाते, फिर चिंता में डूब जाते हैं।

फागुन आया, चौतरफा फगुनहट बिखरी, खेती में सरसों फूली, जंगल में टेसुआ की ललछौहीं कतारें जवान हुई। दिन में सर्दी-गर्मी के मिले जुले गुलाब खिलते, रात को कचकचा कर आसमान में तारे मेला लगा लेते।

चंदन की सगाई एक दूर के कस्बे में हो गई है। महेश्वर उसे देखने आया था। रंग हलका सांवला, लच्छेदार बाल और कपड़े उफ, लक़ दक़, जैसे डिप्टी कलट्टर हो। खुशबू आती थी उसकी कमीज से। झकाझक पतलून कमीज। हाँ थोड़ा कमजोर लगा। उसके साथ उसके मम्मा भी आए थे। मम्मा बता रहे थे, कई दिन से महेश्वर सैर पर गया था। जगह जगह का पानी बदला है तो जुकाम खाँसी और सर्दी है, बुखार भी आया है। सब हवा पानी के कारण है। कुछ दिन में ठीक हो जाएगा। आप कहो तो विवाह की तारीख आगे बढ़ा दें, बैसाख जेठ कर दें .... मम्मा ने दांव देख कर पाँसा फेंका।

"नहीं - नहीं, भ्याजू साहब ! मिती सिती अब न बदलावो। छोटा-मोटा सर्दी जुकाम तो होतै रहता है सबको।"

गरीब बाप तारीख बदलाने के नाम से घबड़ा उठा। अब ऐसा वर कहां ढूँढेगा। देखते सुनते का रूपवान, बसों के दफ्तर में नौकर है, टिकिट बाबू है। और फिर द्वार सजा। शहर से लाउडस्पीकर आया, गैस बत्तियाँ जलीं, कलसे भरे, नाइनें द्वार पर खड़ी हो गई, गीतों की गूँज, दूर बड़ी दूर तक गूंजी --

'ऊंची अटरियां रंग भरी चंदन जड़ी हैं किवरियां .... कोट नबै, परवत नबै।'

रात को ही चढ़ाव भांवर हो गया। सुबह कुँवर कलेऊ के बाद गाड़ी आ गई।

चंदन के ब्याह में अपेक्षाकृत रोना धोना बिदा में कम हुआ। गाँव की बेटी गांव की सीमा तक रोती जाए, ऐसा नियम है गाँवों का ! यानी इसी में लड़की का मान हैं, पर कार तो फुर्र से उड़ गई, गाँव के गंवइयां जीप, कार टैक्सी का कुछ अंतर नहीं जानते, जाने भी तो क्या ? चंदन ससुराल आई। मुंह दिखाई खूब मिली। पास में लगा एक ठाकुर टोला है। गाँव के यादव और गिने चुने ठाकुरों का यही निवास है, "चार बाड़ा" कहलाता है। रात को गाड़ी में चार बाड़ा की

औरतें आई थी । चाँदी के जेवर दे गई थीं । पांव के बिछियां, पांवपोस, अनौटा, हथफूल वगैरा । आखिर ठकुरास ठहरी । नेगचार हुए । सत्यनारायण की कथा बंची । सुहागिलें हुई । गाँव भर की मढ़ियों में "हाथा" लगवाए गए पर जैसे चंदन के हुलास को रह-रह कर कोई ठंडे पानी के छींटे मारता रहता उसकी गर्म-गर्म महकी-महकी सासें उसासों में बदलना शरू हो गईं । होंठ मुस्कराते-मुस्कराते सिकुड़ जाते । हँसती बड़ी-बड़ी आँखो ने ऊपर-ऊपर देखना छोड़ दिया । सघन बरौनी वाली पलकें नीर भार से झुकी रहने लगी हैं । अलबत्ता तुलसी चौरा में नीर चढ़ाकर, दिया धरकर हाथ जोड़े खड़े रहने का समय बढ़ गया है ।

महेश्वर टिकट बाबू नहीं किसी प्रायवेट चलने वाले ट्रक का ड्रायवर है । टिकट बाबू तो "मम्मा" हैं । ये मम्मा कौन है पता नहीं । चंदन के सास,-ससुर और दो काली कलूटी ननदें हैं । दो छोटे-छोटे देवर हैं । ननदों को गौरांगी चंदन से जलन है । दिन भर माँ से डांट लगवाने का मौका ढूँढती है -

"अम्मा कामेन्द्रसिंह कक्का साहब के घर से जीसाब आई थी, भौजी ने पांव ढ़ंग से नहीं पड़े । ऐसे ही पड़े लाला ब्राम्हनों के जैसे पड़े जाते हैं ।"

माँ कहती –

"का जाने ससुरी अदब कायदा । लै कै खुरपी खेतन में घास छोलती रही । ढोर चरावती रही । भूखे टूटे घर की आय न ..... ।"

चंदन सिसकारी भर कर रह जाती है । सबसे दुखद तो यह, है कि घर के सर्वेसर्वा "मम्मा" हैं । भगवान जाने क्यों ? कौन जात है यह भी पता नहीं, पर मालिक हैं । कभी १०० कभी १०१, कभी १०२ बुखार महेश्वर को बना ही रहता है । सास कहती हैं, ब्याह में सड़े गले तेल की लुचई पूरी खिलाई है नासपिटों ने, तो लड़के का जुख़ाम बिगड़ गया है, खांसी आने लगी हैं । दिन भर ठसकी थोड़ी-थोड़ी आती है । कफ़ भी निकलता हैं, पर रात बाहर बजे के आसपास जब नव परिणीता के सपनों में रंग भरने का समय होता है, प्रेम निवेदन के मूकालाप का समय होता हैं, खांसी का दौर जोर पकड़ता है । प्रीत की जलतरंग बजने के पूर्व चुप हो जाती है । चंदन खपरे में राख भरकर चारपाई के नीचे रख देती है और जब महेश्वर के थूक और कफ से वह खपरा भर जाता है, तो बाहर फेंक आती है । फिर पिछवाड़े के खपरैल से खड़े-खड़े

एक खपरा निकाल लेती है, चूल्हे से राख भर लाती है। इलाज बस मम्मा करा रहे हैं। कभी कफ के साथ हलकी ख़ून की लाली भी आती है, पर कहीं बाहर नहीं ले जाते। यहीं इलाज कराते हैं। बिना "मम्मा" की मर्जी के घर में पत्ता नहीं डोल सकता, पता नहीं क्यों ?

एक दिन मम्मा ने शर्म, हया, लिहाज़ सब ताक पर रख दिया और सास से बोले,

"बैना, बहू की खाट अपने पास डाल ले।"

चंदन को लगा कि धरती फट जाए तो वह इसी में समा जाए। वह नीचे गड़ सी गई। रात भर महेश्वर के पांव सहलाती है, दर्द होने पर छाती मलती है। कपड़ों में कफ का जरा-सा छिछड़ा गिर गया तो चादर बदलती है और रात भर महेश्वर की खटिया के नीचे बोरा बिछाए पड़ी रहती है। वह तो महेश्वर को दो बोल बोलने को भी मना करती है ओर सुबह की पौ फटते ही, चिरैयों की चूं चाँ सुनते ही उठ कर तुलसी चौरा के पास आ खड़ी होती है,

"ओ माई तुलसा, ओ मोरे महादेव औढरदानी .... ओ मोरी विंधवासनी माँ .... लाली राखे रह्यो मोरे सेंदुर की ..... माई बाप .. परभू ..... ।"

डेढ़ वर्ष का समय तो गुज़र गया, पर ये मर्ज कब वैद्यों के चुटकी पुड़िया से अच्छा होने लगा । एक दिन उलटी हुई उसमें ख़ून के छीछड़े आ गए। मम्मा किसी ओझा को ले आए। ओझा ने देखा, माथा सिकोड़ा, उंगलियों में कुछ गिना, धरती पर कुछ चित्र बनाया और एक बाल्टी पानी मँगाया- किसी दुश्मन ने "दिनारी" खिला दी है .... अभी निकल जाएगी। पानी पी . ... पी .....पानी और पी ..... और पी ....कितना पानी उस केवट ने पिलाया मालूम नहीं, पर जब वह पानी उलटियों से निकाला गया, तो उसमें आधा पानी आधा ख़ून था।

झाड़ने वाला उठ खड़ा हुआ "दिनारी नहीं है, "औंता जहर" खिलाया गया है। बड़ा भयंकर होता हैं। पांच मिनट रुको, अब इसे मेरे गुरु अच्छा कर सकते हैं, मैं नहीं। मैं गुरु को लेकर आता हूँ।"

वह भाग खड़ा हुआ । इसके बाद कितने पांच मिनट बीते, कोई हिसाब नहीं ।

रात के ११ बजे गए । इस बस्ती के लोग अपने अपने घरों में घुस गए, कुछ ब्यालू की तैयारी में कुछ सोने की तैयारी में । बहरहाल सन्नाटा है । कुछ दूर के घरों से जागने की आहट मिल रही है, खास तौर से चारबाड़ा में । चमार चमरौधा जूता बजाते लाठी लिए उस तरफ जाते दिखे ।

इस समय महेश्वर की हालत ये है कि उसे आँखे खोलने में कष्ट है । उलटियों ने उस बेचारे का दम निकाल दिया है । थोड़ी-थोड़ी देर में फेन-सा आ जाता है । चंदन आंचल से पोंछ देती है । सहसा उसकी उठती गिरती छाती की धौंकनी रुकी । घर भर में शोर हुआ । चंदन ने दौड़ कर सास के पांव पकड़ लिए, रोती सास पांव छुड़ा कर मम्मा को बुलाने दौड़ी । मम्मा डाक्टर के यहां दौड़े .... ननदों देवरों की पुकार 'दादा' 'दादा' कमरे में बिलबिला उठी । महेश्वर ने आधी आंखें खोलीं । मम्मा के साथ डाक्टर ने चौखट पर पांव धरा ही था कि एक लंबी हिचकी सुनाई दी .... हिच्च . ... हिच्च .... और महेश्वर के मुंह से खूनी फेन बह पड़ा, आंखे बन्द हो गई । चंदन ने चारपाई की पाटी पर चीख कर सिर दे मारा । 'अरे मेरे मालिक', कह कर बेहोश हो गई । डाक्टर फीस लेकर लौट गया । मम्मा ने दोनों हाथों में महेश्वर का शव उठा कर जमीन पर धर दिया और आँगन में टिकी बल्ली पकड़ कर जाने किस सोच में डूबे रहे । रोए नहीं । लड़के लड़कियों को चुप करा कर बिस्तर पर भेज दिया और जाने क्या सोचा ... पता नहीं फिर भाई बहन दोनों ने बेहोश चंदन को उठा कर एक कोठरी में जहाँ कंडे लकड़ी भरे रहते थे, डाल दिया और सांकल चढ़ा दी । आध घंटे के बाद ही माहौल ऐसा हो गया, जैसे यहाँ कुछ नहीं हुआ । वैसे भी यह छोटा टूटा घर अकेला-सा पड़ता है । यहां का शोर दूर पहुँच नहीं पाता और यहाँ तो पहुंचने ही नहीं दिया गया ।

चंदन बंद कोठरी से होश आने पर पुकारती रही -

ओ खोल दो ..... तुम्हारे .... पांव पड़ूं अम्मा, मम्मा .... अरे देख लेने दो रे, कहां गए .... अकेला छोड़ कर ..... अरे जिज्जी

.... बइया .... कोई द्वारा खोल दो रे .... अरे कहां गए रे .... ।

वह चीख तो रही है, पर स्वर साफ नहीं । लगता है मुंह बंधा है, जाने क्या, गों गों जैसी आवाज़ निकल रही है । भीतर कमरे में अम्मा और मम्मा की चुपचाप मंत्रणा चल रही है ।

यह रूप, यह जवानी और रांड़ होकर बैठ गई । अब इसे कौन तकेगा ? क्या हो ? .... कुछ ऊंचा नीचा कर बैठी तो ? मुंह में कालिख लग जाएगी । न ... न मेरी दो .... दो .... छोरियां, जवान छोरियां कौन बियाहेगा ? किसके गले बाँधोगी बैना ? सोच लो .... सब आगा पीछा है ... बस है आज की रात .... सुबह पानी सिर से गुजर .... चुकेगा .....बैना .... ।

मंत्रणा समाप्त हुई दोनों उठकर भीतर आए । कुठरी खुली चंदन के बंधन ढीले हुए तो सास को सामने पा कर चंदन ने गुहार मार दी

'....अरी माई .... चले गए अभागन को छोड़ गए री, मोरी माता , मैं अकेली रह गई दैया । सारे जनम रोने को .... मैं ....'

सास ने छाती से चिपका लिया और रोते रोते बोली

'तू अभागन नहीं बैठी रहेगी । तू तो बढ़भागन की तरह साथ जा सकती है । देख-देख बेटवा की अधमुंधी आँखे तुझे देख रही हैं री । बेटवा अपने पास बुला रहा है । अभी यम के दूत उसे ले भी नहीं पाए । लिए जा रहे हैं री, मेरा बेटवा तरफरा रहा है तेरे लिए । जा जा सती हो जा । तेरा लोक परलोक दोनों बनेगा । तू देवी देवतन में ही गिनी जाएगी री । सती हो जा । पूजा होगी तेरी । जग में पूजा होगी ।

मम्मा बोले –

'बैना बहू सती होना चाह रही है, होने दो । होने दो । उसका तो परम धरम है बैना । रोको मत सती का सराप भी बुरा होता है । होने दो सती .. .. होने दो, होने दो । '

मम्मा और सास ने फिर मुंह बाँध कर उसे कुठरी में डाल दिया और मम्मा चारबाड़ा की ओर निकल गए दबे पांव । जब लौटे, तो साथ में एक शक्ति समूह था । षडयंत्र की संरचना पूरी हो चुकी थी । सास ने किवाड़े खोल दिए । कुठरी में घुसते ही कामता सिंह ठाकुर बोले - 'जय सती की, जय सती मैया की' । बदहवास चंदन की समझ में कुछ नहीं आ रहा, भला ये सब क्या

है । बिलाही बिसूरती हुई भी चंदन ने अपरिचित भद्र देकर माथे पर की साड़ी नीची करनी चाही । तीनों चारों पुरुष बोल उठे -

'नहीं नहीं सती माता को किसी से पर्दा नहीं करना चाहिये । सती देवी होती हैं, देवी वरदान दो ।'

कुछ पल बीते । कुछ घडियां और ..... चंदन फिर से हिचकियां लेने लगी । उसके मुँह से सिसकी निकली ही थी, गजराज सिंह राजपूत ने बंदूक की नली सीधी कर दी -

'चोप .... बिलकुल चोप .... उठ चुपचाप नहा धो कर सिंगार कर । सूरज निकलने के साथ ही सती हो जा । वह किलप किलप कर मरा है, तू साथ जा, नहीं तो उसकी आत्मा सांत न होगी और तुझे कोढ़ निकलेगा, सती सीधी बैकुंठधाम पहुंचती है ।'

शक्ति समूह जा चुका था .... अब घर में रोना पीटना खुल कर मचा ....। माँ ने छाती कूटना शुरू किया

.....मोरा महेसुर .... आँख का तारा, मोरा पूतरा री .... अरी री...... री ....

दोनों बहनें, छोटे भाई चीखने लगे, 'अरे दादा हो मेरे दादा ! आसपास के लोग आए, क्या हुआ ? कैसे हुआ ? अरे बेटवा तो गया री बहू भी हाथ से जाती है, रोके नहीं रुक रही .... । पौ फटते-फटते उजाला होते-होते मुहल्ले में जलती आग सी बात फैल गई । मुहल्ले वालियाँ आने लगीं, पर भीतर प्रवेश निषिद्ध था । दिन निकला, तैयारियां हुई, भीड़-भाड़ एकत्र हुई, पर महेश्वर की मौत का किसी को ग़म न था ।

आज इस भीड़ में एक कौतूहल था । मम्मा की बहू सती हो रही है । देखें सती को चेहरा आज कैसा है ? कैसे भाव चेहरे पर है ? कैसे चलेगी ? कैसे निकलेगी । और राम नाम सत्य के साथ, जब महेश्वर की अर्थी उठी, तो सबकी आँखों ने आश्चर्य, कुतूहल, भय और श्रद्धा से देखा चंदन को। ब्याह का लाल पीला जोड़ा, पूरे जेवर, माँग पूरी सेंदुर से भरी, काजल, टिकुली, महावर, सब श्रृंगार और दोनों हाथों में दूब दोना । चंदन अर्थी के पास आ खड़ी हुई, तो भीड़ चिल्लाई -

जय सती माता की .... जय सती मैया, जय सती चंदन ।

श्मशान पर पूरा इंतजाम आनन फानन में हो गया था, क्योंकि पूरा शक्ति पुंज भीतर से सक्रिय था। चिता के कई गज दूरी पर रस्सी बांध दी गई थी। कोई मैया के पास नहीं आ सकता था। औरतें गिरती पड़ती चली आ रही थी। जो जैसी थी वैसी ही उठ आई थी, औरतें दूर से चिल्लातीं

"माता हमें कुछ कहे जाओ, मैया कुछ दिये जाओ ..... माता, मन कामना पूरन करियो, मैया एक बालक दे दीजो।

चिता पर चंदन बैठी है, महेश्वर के सिर को गोद में लिये। आकाश की ओर आँखे टँगी हैं। सास पास खड़ी है

'देवी, कुछ चूड़ी उतार कर फेंक दो। इनके खातिर। सती माता के चुनरिया छुआ के फेंक दो।'

देवी मैया सास के आदेश पर संज्ञा शून्य, पर दमदमाने लगी। चंदन ने कुछ चूड़ियां बाहर फेंक दी। औरतों ने बीन लीं, एक कपड़े में पैरों का आलता पोंछ कर फेंक दिया। दौड़ कर औरतों ने उठा लिया। बस बस .... चलो .... हटो ..... हटो भाई देर हो रही है अब।

महिलायें हटा दी गई हैं महेश्वर के छोटे भाई सुरेश्वर ने दाह क्रिया प्रारंभ की और चिता के ऊपर लकड़ी चढ़ने लगी। धीरे धीरे चिता इतनी ऊँची हो गई कि सती मुंद गई। केवल एक हाथ उठा, थोड़ा-सा दिख रहा था। ढोल नगाड़े बज रहे थे और अन्य वाद्यों के अभाव में पूरा परिवार काँसे की थालियां बजा रहा था। जैसे ही सुरेश्वर ने चिता में आग दी, कि भक से पूरी चिता ने लपट छोड़ दी। मिनट नहीं लगा। पेट्रोल और मिट्टी के तेल का एक जोरदार भभूका छूटा। लोग बाग चौकन्ने हुए पर तत्काल घी, कपूर, धूप अगरबत्ती और चंदन बूरा ने अपना प्रभाव दिखाया। कपूर और धूप गंध चारों तरफ पसर गई। फल, गजरे, पान सुपाड़ी बताशे, दुपट्टे चिता पर फेंके जाने लगे। जय सती मैया .... जय चंदन। श्मशान गूंजने लगा .....।

डेढ़ घंटे बाद जब सब कुछ राख हो गया, पुलिस की गाड़ी का हॉर्न सुनाई पड़ा। लोग बाग खिसक लिए कोई इधर से कोई उधर से। वैसे प्रत्यक्ष दर्शियों के अनुसार यह पुलिस गाड़ी बहुत देर से चारबाड़े पर खड़ी थी। राजपूत साहब के नाती हुआ है सो वहां मेवे के लड्डुओं का नाश्ता कराने के

बाद ही थानेदार साहब को इधर आने दिया गया। सास, जिससे पूरा मोहल्ला बात करना पसंद नहीं करता था, जिसे 'मम्मा' की रखैल कहता था, आज औरतें उसके पांव पड़ रही हैं, 'माताराम, हमारो नारियल भी सती मैया की सेवा में पौंचा देओ... मैया हमारो और हमारो भी।' पचासों नारियल आ रहे हैं; नारियलों, कपड़ों चुनरियों के, चूड़ी और सिंधौरों के ढेर लगे हैं।

कैसा संयोग है। मेरे पति का तबादला इसी नगर में हो गया है तहसीलदार होकर। कोई एक केस निपटाने जाना है। एक सती चौरा है उसके पास एक बहुत भारी मकान बना है। कुछ लोगों ने दावा किया है कि हमारी ज़मीन दबाई गई है। पति के साथ मैं भी जीप में चली आई हूँ। सोचा, सती मंदिर के दर्शन कर लूँ। चारों तरफ लोग बाग खड़े हैं। उस अधबने मकान से एक औरत निकल आई है। औरत सामान्य है पर बेहद लदी फंदी कपड़ों- जेवरों से। कमर में भारी करधनी, हाथों में सोने के चूरा, गले में भी खासी सुतिया है। खूब हाथ नचा रही है -

ऐ बाबू साहब! हमने किसी की तनक सी भी जागा नहीं दबाई है, सब मेरा है मेरा। मेरे आदमी ने जनम भर की कमाई लगा दी है साहब इसमें।'

चारों तरफ चार तरह की बातें हो रही हैं और वह बूढ़ा राजगीर मुझे इतिहास सुना रहा है एक तरफ ले जाकर –

"बाई साहब, फिर दस दिन चिता जलती रही। बाई साहब, हजारों नारियल आये। सैंकड़ों दुपट्टे ओढ़नी आये। फिर मंदिर बना, तो पच्चासों रुपए की मन्नत-चढ़ौती होती रही रोज़ की, बाई साहब। इसका मर्द तो आज भी गुजरात में मुनीमी में झक मार रहा है, सरकार ये गुजरात की कमाई नहीं। एक मासूम लड़की की जान की, उसकी कुर्बानी की कमाई है, सरकार। सैकड़ों रुपयों के नारियल बनियों को बेंचे गए। चढ़ी चादरें, दुपट्टे बाजार में बिके। एक मासूम गरीब बिचारी, ओफ! बेचारी गरीब मासूम लड़की चिल्लाई थी, चीखी थी, सरकार। उसकी चिल्लाहट मैंने सुनी थी। सोलह सत्तरह बरस की मुंहबंद कली ..... मासूम बच्ची .... । मैनें उसे तड़फड़ाते देखा था। वह चिल्लाई भी थी। उसकी चिल्लाहट मैंने सुनी थी, सरकार। उसे फड़फड़ाते .... देखा सरकार। उसे तड़फड़ाते ..... **देखा था** सरकार उसे तड़फड़ाते देखा था मैंने। मैं झंडा गाड़ने के लिए गड्ढा खोद रहा था।

मोर पुतरिया मोर चिरइया

मत्स्यवेध हो गया है, अर्जुन ने तेल में परछाईं देख कर मछली को वेध दिया है। द्रौपदी अर्जुन के गले में वरमाला डाल चुकी है। अब वे दोनों कुटिया के सामने खड़े हैं। साथ में युधिष्ठिर, भीम, नकुल व सहदेव – चारों भाई हैं। युधिष्ठिर मां को पुकारते हैं –

"मां ! आज हम बड़ी सुन्दर भिक्षा लाये हैं।"

मां कह देती है भूल से –

"तुम पाँचो मिल कर आपस में बांट लो।"

और द्रौपदी पांचों पाण्डवों की पत्नी बन जाती है। सब प्रसन्न हैं, द्रौपदी प्रसन्न है, पाँचो पति प्रसन्न हैं, सास कुन्ती प्रसन्न हैं .... और कहीं कुछ भी नहीं है ? आह ! महाभारतकार ने कितनी सहजता से यह सब लिख दिया। जितनी सहजता से उन्होंने लिखा, काश ! उतना सहज हो कर जिया जा सकता, तो सब जी लेते। मैं भी जी लेती .....। कहीं कोई द्वन्द नहीं ? कहीं अस्वाभाविकता नहीं ? कहीं कोई एकाधिकार की भावना नहीं ? ऐं?

मैं महाभारत के पृष्ठ बन्द कर देती हूँ। उठाकर आलमारी में रख देती हूँ। काम में लग जाती हूँ। पर मन द्रौपदी के पीछे हो लिया है। मैं कैसे

मान लूं, कुसुमकमनीया द्रौपदी के मन में इस निर्णय को सुन कर कोई आलोड़न नहीं हुआ होगा ....कोई थर्राहट नहीं हुई होगी ? नारी सुलभ एकाकी समर्पण के टुकड़े उसने हँस कर किये होंगे ? अर्जुन को वरमाला डालते समय जो सुख - गंध भभकी होगी मन के भीतर, क्या पाँच भाइयों में बंटते समय उड़ न गई होगी ?

उसके आत्मार्पण की अलकनन्दा सी अबाध बहती धार का सैलाब अचानक इस निर्णय को सुन कर रुका न होगा ? जरूर रुका होगा, हिमखंडों की तरह वह जम गई होगी, तरल नहीं। मन दस-बीस तो होते नहीं न ? आराधन एक मन से एक का होता है। पाँच जगह बंटते समय ज़रूर आत्मा कचकचाई होगी। मन पिछड़ा होगा।

आप मेरी बात का विश्वास करें मैं सच कहती हूँ। मेरी बात मान लीजिये। मैं कसम खाती हूँ इस स्थिति में आने के लिये मैं बिलकुल ज़िम्मेदार नहीं। मुझमें कोई ऐसी कमी नहीं थी, कोई दुर्गुण न था कि मैं इस स्थिति में पहुंचा दी जाती जहां मैं आज हूँ। मैं द्रौपदी के बारे में कभी न सोचती। क्या लेना देना था मुझे द्रौपदी से ? मेरा कुसूर सिर्फ यही है कि मैं एक उपेक्षिता मां की लड़की हूँ। एक गरीब बदनसीब मां की। बात यह थी कि जब मेरे पिता के विवाह को ग्यारह साल बीत गये, और इतने दिन तक कोई सन्तान न हुई, तब वंश - परम्परा के मोह से इन पहली अम्मा ने स्वयं अपनी राजी से पिता का दूसरा विवाह करवाया – एक निपट गरीब लड़की से। अरे भाई ! गरीब की लड़की तो मिलती ही। पिता मास्टर थे, फिर अधेड़ आयु के, तिस पर छाती पर बैठी कर्कश सौत। कौन अच्छा खानदान अपनी लड़की देता ? वैसे मेरे पिता ने मेरी मां को माना था; पर भाग्य ने कहा - भला ऐसा कैसे होगा ? हरगिज़ न होगा, जो मैं चाहूंगा वही होगा। और बारह वर्ष से बन्ध्या बैठी मेरी पहली अम्मा यानी बड़ी अम्मा को पुत्र रत्न की प्राप्ति हुई, और ऐसी कि मेरे एक के बाद एक तीन भाई होते चले गये। मेरी मां सूनी कोख लिये बर्तन मांजती रह गई। फिर वर्षों बाद किस्मत ने एक चोट और मारी। मैं एक जुड़वां बहिन के साथ जन्म ले बैठी। मां के दुर्भाग्य में चार चांद लग गये।

पर खैर, मां की कहानी का अन्त बड़ा सुखद है। बड़ी अम्मा की गालियां, बाबू की दुत्कार, बड़ी अम्मा के बच्चों की चुगली सुनती, घर भर के जूठे बर्तन मांजती, सारे घर के कपड़े धोती, बिना किसी नाश्ता कलेवा के तीन बजे दुपहर में बचा खुचा जूठन खाती, क्षय रोग से पीड़ित होकर मुंह से खून उगलती इस दुनियां से वह जा चुकी हैं।

जी, ये कहानी, ये तो मेरी मां की थी। मेरी तो अभी जहां की तहां है। हां, तो मैं सयानी हो चुकी हू। खासी भरी पूरी देह है। पिता हर आने जाने वाले से कहते है – लड़का बताओ। पर जहां कहीं लड़का बताया जाता है, बाबू कभी जाते नहीं। वर्षो से यह क्रम चल रहा है। दरअसल वे मेरा विवाह करना नहीं चाहते। बड़ी अम्मा के अभी भी दो छोटे मुन्ने गोद में हैं। भाभी उनसे दबती नहीं, अलग होने की धमकी देती है। अब ये घर कौन समेटे ? मुझ सी बेदाम की गुलाम कहां मिलेगी ? वैसे बाबू का सुरक्षा कवच बड़ा मज़बूत है। उन्होंने बचत की बड़ी मज़बूत दीवार अपने चारों ओर उठा ली है। कोई उंगली नहीं उठायेगा। बाबू कहते हैं –मैं मंगली हूँ, मेरी कहीं कुंडली नहीं मिलती'। खैर, सच बताऊं, अब विवाह की आकांक्षा भी नहीं। हर चीज की एक अपनी उम्र होती है। अब मेरे मन की चट्टान पर क्या दूब जमेगी ?

जी, अध्याय उलट दीजिये। काफी लम्बा समय गुजर चुका है और मेरा मंगलीपन उतर चुका है। मतलब बाबू ने मेरा विवाह तय कर दिया है। कहीं मेरी कुंडली मिल गई है। कितने हेमंत मेरे सिर के ऊपर से निकल गये हैं, गिनाने से क्या होगा ? उम्र के बरस तो कम न हो जायेंगे ! पर विवाह के नाम से अब कोई खुशी नहीं हुई। खुशी ! हुंह ! उसे बहुत पहिले लकवा मार चुका है। हां, विवाह की बात सुन कर एक नारी सुलभ बेफिक्री थोड़ी सी जरूर हुई। कुछ तो अपना होगा। "अपना घर" शायद नारी मन की चिर सनातन भावना है। शादी कहां हो रही है, क्या, कैसा, कुछ है, मैं आपको बड़ी अम्मा के शब्दों में **ही** दुहराये दे रही हूँ, जो वे मुहल्ले भर से गाती फिर रही हैं – "अरे नौकरी, हुंह, उन्हें नौकरी वौकरी का क्या करना, घर में आटा चक्की लगी है, खासी आटा चक्की, घर का पक्का मकान है दुमंजिला, घर में सास है,

दो बेटे हैं, एक ननद है, ननद ब्याही बरी है, देवर भर कुंआरा है । खासा छोटा परिवार । अरे ....हमारी बिंटिया के तो ठाठ हैं ..... बिंदिया राज करेगी ।"

मैंने बड़ी अम्मा के मुंह से इतनी बड़ी उमर में पहिली बार मीठे बोल सुने हैं । वाह रे बाबू ..... वाह रे मेरे करम ..... वाह रे भगवान । उबाल नहीं आता अब, खून में बर्फ घुल गया । विदा होकर ससुराल आ गई हूँ और घर का वैभव देखकर दंग हूँ । एक पुरानी आटा चक्की है, पीछे टीन उतरी है । चार फुट का आंगन है, ऊपर एक कोठा है, एक अटारी है रसोई के नाम पर एक परछट उतरी है, बगल में एक दालान है – बस, अगर यह इस बरसात में नहीं गिरी तो अगली में तो बात तय है । परिवार के नाम पर पति के अलावा एक देवर है एक परित्यक्ता ननद है । सास बुढ़िया हैं । पड़ोस भर में मेरी चर्चा है – हाय । कैसी सुन्दर बहू हैं गोरी नारी, लम्बी फूलछड़ी सी । मरी-किस्मत को कोई नहीं सराहता,, किस वीराने में बैठकर लिखी थी ऊपर वाले ने कि झमाझम बारिश में भी अंकुर नहीं फूटता ।

विवाह की छोटी मोटी रस्में पूरी हो चुकी हैं, नाते रिश्तेदार जा चुके हैं, आया ही कौन था ? ये इक्कीसवां दिन है, विदा की कोई चर्चा नही आयी मायके से । चैत लग गया है । कभी कभी पिछवाड़े से उठती महुओं की गंध खेतों की ओर से लहर मार जाती हैं । द्वार पर की नीम में खूब फूल आ गये हैं, उड़कर भीतर तक आ जाते हैं ।

रात हो गई हैं, चांद आंगन में तो नहीं आता, पर उजाला है । मैं रसोईघर में घुटनों में सिर दिये बैठी हूँ । पति, देवर खा चुके हैं, ननद ने नहीं खाया, वह खा ले तो फिर मैं लेटूं । बदन टूट सा रहा है ।

"भाभी ऽ ऽ ऽ ऽ ऽ " ऊपर से देवर की आवाज़ आई ।

"जी" मैंने धीरे से उत्तर दे दिया ।

"भाभी ! आना ऊपर ज़रा" देवर ने फिर पुकारा ।

"आई" कहती हुई मैंने रोटी का डिब्बा बन्द कर दिया, तसले की सब्जी ढांक कर रख दी, सिर पर पल्ला खींच ऊपर पहुंच गई । देवर

कुन्दनलाल लम्बा चौड़ा पठान सा बिस्तर पर पड़ा बीड़ी पी रहा है। मैं उधर की तरफ खड़ी हो कर पूछती हूँ –

"कहिये"

कुन्दन ने बिस्तर पर एक ओर सरक कर मेरे बैठने को जगह कर दी है। "बैठो भाभी"।

मैं हिचकिचाई-सी खड़ी हूँ। सगा देवर सही, पर कैसे बैठ जाऊं।

"बैठो भाभी बैठो"

और कहने के साथ ही उसने हाथ बढ़ा कर मेरी साड़ी का छोर पकड़ कर खींचा। मैं थरथरा जाती हूँ। उसने मुझे अपने पास पलंग पर बिठाना चाहा है।

"बस, बस, मैं यहीं ठीक हूँ" कहती हुई मैं नीचे पड़े बोरे पर बैठ जाती हूँ। सहसा द्वार के किवाड़ बन्द हो जाते हैं। मैं ताज्जुब में हूँ। यहाँ तो कोई ननद जिठानी या मुझसे हंसी करने वाला भी नहीं है फिर ? मैं तो देवर के कमरे में हूँ .....हवा से बन्द हो गये होंगे। और इससे ज्यादा मैं क्या सोचती ? तभी कुंदन ने हाथ पकड़ कर मुझे ऊपर खींचना चाहा है। अब मैं झुंझलाती हूँ -

"लल्ला ....क्या करते हैं – छोड़िये भाई, ऐसा मज़ाक मुझे पसन्द नहीं हैं, हां ऽऽऽऽ।"

"मज़ाक ! मज़ाक कौन साला कर रहा है ?" बीड़ी का धुंआ फेंकते हुये कुन्दन निश्चिन्त स्वर में कहता है। मेरे हाथ की पकड़ मजबूत होती जा रही है।

"छोड़िये, छोड़ दीजिये मुझे, भाई साहब नीचे हैं"

"हां, भाई साहब नीचे हैं यह मुझे मालूम है और मैं ऊपर हूँ यह उन्हें मालूम है।" विद्रूप से कुन्दन हंसता है। फिर एकदम उसके तेवरों पर बल पड़ गये। उसने मुझे दोनो हाथों से उठा कर पलंग पर बिठा दिया है। चीखने के लिये मैं मुंह खोलना ही चाहती हूँ कि उसने मेरा मुंह भीड़ दिया है। मैं कुछ कहूं इससे पूर्व ही उसने मुझे चारपाई के नीचें फेंक दिया है। मैं समझ रही हूँ, उससे विद्रोह का कोई परिणाम नहीं।

मैं हाँफ कर पूछती हूँ –

"आखिर आप चाहते क्या हैं ?"

वह बहुत नर्मी से पर गंभीर होकर कहता है –

"सुनो, तुम्हें मालूम हो या न हो, घनश्याम मेरा सौतेला भाई हैं, सगा नहीं; लूला, अपाहिज और दमे का मरीज़"

"अब वे लंगड़े हों या लूले, मेरे लिये देव....ता"

"मुझे देवी देवता नहीं सुनना, मेरी पूरी बात सुनो"

कुंदन कड़कता है-

"तो मैंने अपनी शादी इसी वजह से नहीं की – कि ये सड़ी सी चक्की मेरे और घनश्याम के परिवार का बोझ नहीं उठा पायेगी। मैं, मेरे बीबी बच्चे, घनश्याम, तुम, मां और जिन्दगी भर को छाती पर बैठी छोड़ी हुई बहन ....इन सबका पेट ये चक्की भर देगी ? और सुनो, ये चक्की मेरी है, मैंने लगवाई है। मेरी बीबी कभी पसन्द नहीं करेगी कि मेरी कमाई में जेठ जिठानी पलें, समझीं ? मैं विवाह करूंगा तो दूसरे दिन घनश्याम को निकाल दूंगा घर से। फिर सोच लो, यह अपाहिज, दमे का मरीज़ बिना खुराक के आठ दिन में दम तोड़ देगा। इसीलिये मैंने शादी नहीं की, समझीं ? यह न समझना कि मेरी शादी नहीं हो सकती थी, पचास लौट गये"।

"तुम शादी कर लो कुन्दन बाबू ! मैं मजदूरी नौकरी करके अपना और उनका पेट पाल लूंगी", मेरी सुबकी फूटने को है।

"बड़े बड़े बहे जांय, गाड़र पूछे कित्ता पानी" कुंदन ठहाका मारता है।

"नौकरी करोगी तुम ! हाईस्कूल पास को किस दफ्तर में रखी है नौकरी ? हां, मजदूरी कर लोगी, पर बाइज्ज़त ? इस जमाने में, ये रूप और ये उम्र लेकर ? सुनो, दस दरवाजों से गुजरोगी तब भी डलियाँ ही ढोने को मिलेंगी समझीं? बाहर की दुर्गति मंजूर है, सड़कों पर बिकना मंजूर है, पर घर की पूजा मंजूर नहीं। अरे ! तुम्हारे मैके में तो कोई जूठे टुकड़े को पूछने वाला भी नहीं है।....फिर सोच लो ....समय दे रहा हूँ, खिड़की के बाहर की हवायें और सूरज की किरन भी न जान पायेंगी कि तुम मेरी भी पत्नी हो। मैं समाज में तुम्हें बाकायदा भावज की प्रतिष्ठा दूंगा। जाओ ... जाओ, सोच कर जवाब देना।"

मैं गिरती पड़ती दरवाजे तक आती हूँ, दरवाजा खोल दिया गया है। मैं जीना उतर कर हांफती हांफती चक्की की तरफ जाती हूँ।

सहसा मुझसे कोई टकराता है, मेरी टांगों से लिपटता है। पहिले मैं डर कर चीखना चाहती हूँ, पर .... ये मेरी सास हैं। मेरी टांगों को जोर से जकड़कर पकड़े हैं –

"मोर बहुरिया, बेटा मोर पुतरिया ! मोरे घर के लाली राखे, घनस्याम भूखन मर जाई .....घनस्याम भूखन मर जाई, मोर चिरैया"।

मैं सास को धकियाती हुई चक्की चली जाती हूँ। वहां घनश्याम बैठे हैं – मेरे पति। उनके मुंह पर कोई विकार नहीं है। मेरी लाल आंखें और सफेद चेहरा देख कर भी कुछ नहीं पूछते। उन्हें सब मालूम है। अनजान तो मैं थी। शर्त–समझौते पर सबके हस्ताक्षर हैं, सिर्फ मेरे न थे। अब करने पड़ेंगे। मैं घनश्याम की पत्नी हूँ। कुन्दन की पत्नी हूँ। चने के चून की तरह भीख में चुटकी चुटकी बंट गई हूँ। जी हां, मैं दो-दो में बंट गई हूँ। इसी से उस दिन द्रौपदी को पूछा था। पहिले रो लेती थी, अब तापमान इतना घट चुका है कि आंसू बनते ही नहीं। प्रश्न उछालती हूँ – मैं क्या हूँ ? भिक्षा हूँ ? भिक्षा पात्र हूँ ? पतिता हूँ ? चरित्रहीन हूँ ?

औरत के लिये कोई न्याय, कोई न्यायाधीश या कोई अदालत नहीं। नहीं जीना .... मर जाओ। समाज के ठेकेदारों ने जो उच्चतम न्यायालय बना रखा है, ये उसी का फ़ैसला है। बड़ी अम्मा ने बुढ़ापे तक बच्चे पैदा किये, उनकी गंदगी बटोरने के लिये मुझे पढ़ने न दिया गया। अरे ! आजकल घसियारों तक के बच्चे स्कूल जाते हैं। जब उनके बच्चे समर्थ हो गये तो ब्याह दिया मुझे लंगड़े लूले से, जब मैं अधबूढ़ी हो गई मन से। मायके में बड़े भइया के ब्याह में बाबू ने ठनाठन गिनाये एक हजार, रूपया कम पड़ा तो लड़की वालों के दरवाजे पर नंगा नाच दिखाया बाबू ने। और मुझे अपने घर से कंगले मंगतों की तरह निकाल दिया। भाभी तो पराई जाई ......भइया के मुंह से न फूटा कि बाबू जो कुछ मेरी ससुराल से मिला है उसी में से कुछ बिंदिया को दे दो। कैसा ताना मारा था कुन्दन ने ?

हाईस्कूल करने के बाद ....मुहल्ले के एक परिचित से मैने कहा था –

"चच्चा ! आप मुझे अपने शिशु मन्दिर में लगा लो, छोटी क्लास तो

पढ़ा ही लूंगी । बाबू मान जायेंगे, बड़ी अम्मा को भी मना लूंगी ।"

वह बोला – "अच्छा, परसों दिन में तीन बजे आना" । मैं जब गई, ओफ ! घर में सन्नाटा था । मालूम है उसने मुझसे क्या प्रस्ताव रखा ? थू . ... हत्तेरे की, पापी, नीच, तेरे मुंह में आग लगे । मैं तो चच्चा कह रही हूँ और यह चच्चा का बच्चा ....हत्तेरे की । मैं बाहर भाग गई । जैसे तैसे घर आई थी ।

कुंदन ठीक कहते हैं – दस दरवाजों से गुजरोगी तब भी डलियां ही ढोने को मिलेंगी । ठीक हैं .....बस जैसी हूँ – ठीक हूँ । खबरदार ! किसी ने मुझे कुछ कहा ।

मेरा माथा घूमने लगता है, खीज उठती हूँ, आक्रोश में भर जाती हूँ । कुछ नहीं ..... मैं पयस्विनी हूँ, मैने कोई पाप नहीं किया ... कोई पाप नहीं किया .....। मैं "हां" और "नहीं" की अगल बगल रखी चट्टानों पर बारी बारी से अपना सिर पटकती हूँ । प्रश्न और उत्तर के अंधेरे कमरों में भड़भड़ाती फिरती हूँ ....और फिर जब इस तरह से जीते नहीं बनता तो वह रात अपने पास बुला लेती हूँ जब चांदनी आसमान पर चढ़ रही थी और मैं जीने से उतर रही थी, सास टांगों से लिपट कर कहती है – "मोर बहुरिया .....मोर पुतरिया ..... घनस्याम भूखन मर जाई .....घनस्याम भूखन मर जाई ।" सास गिड़गिड़ाती है टांगों से लिपटी हुई ।

"नई दुनिया" रविवारीय २६ मई १६८५ को प्रकाशित ।

मैं सुदामा नहीं

तुलसी के पौधे में छोटी छोटी कोंपलें फूट रही हैं, मैं जल चढ़ा रही हूँ, संभल-संभल कर, कहीं जल प्रवाह के जोर से छोटी छोटी पत्तियाँ - टूट न जायें, बलाबल का संतुलन यहीं देखा जाता है । तुलसी की पत्तियों ने मुझसे ऐसा करने को कहा तो नहीं था । खैर पूजा में आज मन नहीं लग रहा, आंचल पसारा है, शिवलिंग के सामने, आंख मीच कर ध्यान किया है, पर ध्यान में आज शिव पार्वती नहीं आये । अभी ध्यान में कल की गुजरी शाम है .... हड़कम्प अभी शांत नहीं हुआ .... रमोला का वह बिकाऊ रूप और मेरी सफेद धोती ...... ऊंह । शांत हो जायेगा मन .. .... दो चार दिन में । ये मार कौन पहली बार पड़ी है, सैकड़ों बार पड़ी है, रस्सियों की इतनी रगड़ लगी है कि पत्थर पर लकीरें ही नहीं बनी दरारें तक हो गई हैं.... एक और सही । पर अब ये रगड़ रगड़ नहीं, छाती पर कुटते घन सी लगने लगी है .... बूढ़ी छाती अब घन की चोटों से तिलमिलाने लगी है .... वरना ... ये तो दधीचि की हड्डियों से क्या कम थीं, वरना

जीती होतीं ? कब की मिट गई होतीं। मिट तो गई हूँ पर आंशिक। मेरा संपूर्णत्व अभी नहीं मरा .. .. इसी से ... इसी से तो मैंने अभी तुलसी के पौधे में ऐसे पानी डाला है कि छोटी पत्तियां कुचल न जायें।

कनिष्क अभी मुझे गरम चाय का प्याला पकड़ा गया है, बिना कुछ बोले ही। वह जम कर मुझसे नाराज़ है, मैं रुलाई और हिचकी भरी मुस्कान से उसके फूले मुंह को देखती हूँ .... वह ऊपर चला गया है। ये मेरा छोटा लड़का है और कल जिसके यहां से लौट कर आई हूँ, वह मेरा बड़ा लड़का है कान्ह, एक लड़की है कौमुदी, विधवा हो गई है, वहीं ससुराल में, किसी प्रायवेट स्कूल में पढ़ाती है। कभी साल दो साल में आती है। देखिये मैंने आपको बिना पूछे अपने पूरे परिवार का पता दे दिया है अब और कोई जिज्ञासा मत उठाइयेगा ... मतलब मेरे बच्चों के पिता के बारे में,उनका नाम पता मत पूछियेगा। कसम है ..... पर ..... पर पूछना ही है तो मुझसे मत पूछिये, पूछिये मेरी उंगलियों के छिदे पोरों से जो आज भी उनसे खून चुचुआ रहा है। नासूर बनते जा रहे इन घावों से पूछिये।

मैंने रात-रात भर जगकर मुहल्ले भर के कपड़े सिये हैं झबले, जंफर अन्डरवियर। .... मशीन ! हूँ ! क्या बात करते हैं दो जून की रोटी को आधा किलो आटा तो जुड़ता न था मशीन कहां से खरीदी जाती, पूरी-पूरी रात, सुबह की चिड़ियां बोल जातीं और मैं मिट्टी के तेल की ढिबरी जलाये काज, बटन, बखिया, तुरपन करती हूँ और जब कपड़े दे कर घरों से लौटती तो इन बच्चों के पिता बड़ी बेसब्री से मेरा इंतज़ार करते होते। फौरन पीछे भीतर आते, मुस्कुराते और पूछते -

"कित्ती मिली है सिलाई कल रात तुम बिलकुल नहीं सोई .... दिखाओ, देखें क्या मिला ?"

"लाओ कुछ दे दो, कुछ देदो .... अच्छा एक पउवा ! सिर्फ एक पउवा, तुम्हारी कसम अन्नू ! अगर एक पउवा से ज्यादा पीऊँ।"

मैं न देती तो घिघियाते, मिमियाते फिर छाती मलते जैसे बड़ा दर्द हो, जब छाती मलते ओठ चाटते लंबी लम्बी सांसे भरते और झिलगा खाट पर गिर कर आंख मींच लेते तो मैं धोती के छोर में बंधे कुछ पैसे निकाल कर फेंक देती

और बच्चों जैसी सरल दृष्टि मुझ पर डाल कर बाहर चले जाते, मेरे गुस्से और बिगड़ी आकृति का उन पर कोई असर न होता। मैं आटा गूंधती फिर रोटी बनाकर प्याज की चटनी पीसती। तीनों बच्चों को वह चटनी रोटी में चुपड़ कर उन्हें पकड़ा देती । ऐसे पले हैं बच्चे मेरे।

एक दिन ..... एक दिन मैं द्रोणाचार्य हो गई, याद है न आपको वह कथा द्रोणाचार्य वाली, जब अश्वत्थामा दूध के लिये मचला, बहुत मचला, तब द्रोणाचार्य की पत्नी ने उसे आटा या खरिया घोलकर पिलाई। यही गति एक दिन मेरी हुई, ये कनिष्क पड़ोसी लड़के वसु को दूध पीते देख आया, अब माने ही न किसी तरह माने ही न, मैंने कान्ह के बस्ते से खरिया निकाली पीसकर घोलकर पकड़ा दिया कटोरा, हे राम। एक सांस में गटागट पी गया, जितनी देर वह पीता रहा मैं पीछे को मुंह किये रही। कैसे देखती। ऐसे पले हैं, ये मेरे बच्चे और मेरा नाम है अन्नपूर्णा। एक बात बताऊं अब बच्चे बड़े हो गये हैं। उम्र ढल चुकी है तो कहते शर्म आती है, अच्छा नहीं लगता कहते हुये। वे पीते थे सब कुछ करते थे पर मुझे प्यार बहुत करते थे, बेहद। पैसे मांगते थे बिलकुल निरीह बनकर गिड़गिड़ा कर। उन्हें पैसे मांगने के बड़े बड़े तरीके आते थे। मालूम, है कैसे ? ऐसे ....

"अन्नू तुम्हारे तन बदन पर एक छल्ला नहीं ..... अरे छल्ला दूर साबित धोती नहीं, पर तुम्हारे माथे पर लगा ये चवन्नी बराबर ईंगुर का टीका हजार गहनों के ऊपर है। तुम्हारे गोल मुंह पर ये टिकुली गजब ढाती है। लेकिन अन्नू, तुम जानती हो मैं .....बिना पिये जी नहीं सकता। मैं नहीं जी सकता ..... अगर न मिलेगी ..... मैं किसी दिन मर जाऊंगा और तुम्हें ये ईंगुर की टिकुली पोंछना..... ।"

"बस करो"

मैं चीखती और दुअन्नी, चवन्नी, अठन्नी, रुपया जो होता मैं फेंक देती और वे खुश हो कर उठा लेते। मैं टिकुली पोंछने की कल्पना नहीं कर पाती।

मेरे पिता राम मंदिर के पुजारी थे, मिडिल तक मुझे पढ़ा गये और रामायण पढ़ना सिखा गये थे बस .... सो द्रोणाचार्य तो कौरवों के राजगुरू

बने अतुल संपत्ति के स्वामी ..... और मैं अब्दुल सत्तार की दाल मिल में दाल दलने और फटकने का काम करने लगी, तिथि त्यौहार एक हलवाई के यहां उर्द की दाल पीस आती, रात को मुहल्ले के कपड़े सीती ..... ऐसे पले हैं मेरे बच्चे ।

एक रात का हाल बताऊं ..... उफ् । वह रात । बच्चे रामलीला देखने गये थे, मैं इनका रास्ता देख रही थी १२ बजे तक ये न आये तो मैं लुढ़क गई दिन भर की हारी । सहसा द्वार में कुछ आहट जैसी हुई । पूनों की शरद चांदनी आंखों को धोका नहीं दे सकती .... मेरी हड्डियां कांप गई, मैं थरथराती, कंपकंपाती खाट के नीचे दुबक गई, फूंक मार कर दिया बुझा दिया ..... उस शारदीय रात में मुझे पसीना छूट गया । सत्तार ने मझे ढूंढ़ा, टार्च का प्रकाश डाला, मद्धिम प्रकाश कमरे भर में फैल गया, कुछ बुदबुदाया ... "जाने ... कहीं चली गयी इस अधरात में .. भगतन .... रामलीला .... देखने. .... खुले किवाड़े .... छोड़ के. ...." और किवाड़े बंद कर निकल गया .... बाबू कहा करते थे - बेटा राम की बाहें बड़ी लंबी हैं ..... सो उन्होंने मुझे समेट कर छुपा लिया लेकिन अगले ही क्षण मेरे पति भी प्रकट हो गये जिधर से सत्तार गया था ....

बस इस रात इन्होंने मुझे बुरी तरह मारा बुरी तरह, लेकिन मारा था पहली बार । मैं कुछ नहीं बोली पिटती रही पिटती रही, मैं कुछ न बोली, न सफाई दी, न कसमें खाई, न कुछ कहा था, क्या कहती । बात बढ़ती शोर होता फिर ..... ये तीन बच्चे, फिर मैं सत्तार के यहां कैसे जा सकती थी ? फिर ये तीन बच्चे दो हम, पांच प्राणियों का पेट और प्याज की चटनी, रोटी भी छिन जाती न फिर..... फिर ...... फिर ..... और में रोती सिसकती-रात भर जागी और मारकूट कर वे सो गये, सुबह उठ कर माफी मांगी और एक अठन्नी मुझसे छुड़ा कर चले गये ।

"बाजी, कल कहां चली गई थी आधी रात ?"

मैंने देखा छः फुट का सत्तार मेरे सामने खड़ा था कह रहा था -

"मैं रात को तुम्हारे यहां गुलगुले ले कर गया था कि बच्चों को खिला दूँ पर मैं धीरे से गया था ..... बारह बजे, तुम्हारे किवाड़ उढ़के थे ।

ऐसा न किया करो, -बाजी ! मैने तो ज्यादा जोर से इसलिये नहीं पुकारा था कि वह पिये हुये पड़ा होगा धुत्त, मुझे पकड़ पायेगा तो घंटों मेरा भेजा चाटेगा......... ।

मेरे हाथ का चलता सूप रुक जाता है । उफ्.... सचमुच ये जिसने भी कहा सच कहा - विश्वास जीवन है संदेह मौत । राम !....इस आदमी को देखकर क्या क्या सोच डाला था । जब मैंने सचमुच सोच लिया अनर्थ.. .. तो अनर्थों में जीते आदमी की, शराब में पागल आदमी की औकात अर्थ लगाने की क्या है !.... छिः.... अपने पर ग्लानि हुयी । सत्तार फिर बोला-

"बाजी ! ट्रक बम्बई जा रहा है सामान लाने, कान्ह को भेज दो न ! साथ चला जाये ।"

मैं थोड़ा सिटपिटाई -

"भाई जान ! अभी तो कान्ह बहुत छोटा है ।"

"फिर बीस पचीस आदमी तो साथ में जा रहे हैं जाने दो । कुछ सीखेगा, समझेगा, सीख साख जाये तो हम उसे अपने यहां काम पर रख लेगें अब्बा से कहेगें हम ... . ।"

मेरी बरसाती आंखों के पानी से सूप की दाल भीग गयी । वाह रे इंसान ! .... । रात को जब ये घूम घाम कर आये तो धरती पर पांव ही न पड़ते थे, बोले –

"सत्ता मिला था ... ... वाह भाई वाह ! क्या दिलेर आदमी है ... ... बस अपना कान्ह तो लग गया ठिकाने से, वाह ... ... !"

मेरी पीठ पर पड़े,गालों पर पड़े तमाचों के निशान फिर से कचोट उठते हैं, न मैं उस दिन कराही थी न आज । वे कहते हैं -

"अच्छा अन्नू .... ला .... बस इसी बात पर ला ... कुछ तो ला ... मेरी अन्नू .... "

मैं चीखती हूँ जाने किस दम से .... पता नहीं आज कहां की हिम्मत मुझमें आ गयी है - -

"अरे बाबा !.... मेरे पास जहर खाने को पैसे नहीं है ... मेरा गला घोंट दो, दोनों-तीनों बच्चों का घोंट दो ... फिर जो तुम्हें दिखे वह ले आओ .... सब मर जायें तब तुम जुड़ा जाना .... एक थाली है एक लोटा है उठाकर उन्हें ताप आओ .... "

मैं बड़बड़ाती हुई दाल मिल चली गई ... बस वो दिन था ... वह सुबह थी, वे गये तो फिर नहीं लौटे आज की तारीख तक। मैंने गली मुहल्ले देखे, घर-घर द्वार-द्वार देखे, मंदिरों के ही नहीं मस्जिदों तक के चबूतरे देख डाले, गन्दी गली व जगहें, सार्वजनिक शौचालय देख डाले। पर कान्ह के बाबू नहीं आये, नहीं मिले, मैं रात के अंधेरे में बहुत रोई हूँ। छाती फाड़ कर रोई हूँ, चारपाई की पाटी पर सिर रगड़ रगड़ रोई हूँ .....।

सच बताऊं बड़ी उमर हो गई है तो कहते शरम आती है वे मुझे बहुत चाहते थे .... बहुत। मैं क्या बताऊं कि नशा उतर जाने के बाद वे मेरे लिये क्या हो जाते थे। ये सर्दीली रात। क्या ओढ़ा होगा क्या बिछाया होगा क्या खाया होगा .... बालक की श्रेणी में रखे जाने वाले इस बाल बच्चेदार आदमी ने .....। तीन चार दिन हालत खराब रही, पांचवें दिन जब टीन में आटा न दिखा तो गली पकड़ी दाल मिल की .... वही सूप वही चलनी.... वही रोटी चटनी, कभी कभी की दाल, रोज़नदारी पर हूँ न। .... कई दिन पूजा में मन नहीं लगा जाने क्यों, पर .... शायद अंतिम अवलंब के बिना आदमी जी नहीं सकता, हमारा अंतिम सहारा भगवान होता है। मैं पूजा घर में गई तो पूजाघर से जनम जिंदगी पुराना तांबे का लोटा, पीतल का आरती दान और चांदी की शिवा जलघरी गायब थी ... थोड़ी सी राहत मिली, ये सामान काफी पैसों में बिका होगा, भूखे न सोये होंगे .... पर ... कै दिन ? अब तो महिनों गुज़रे जा रहे हैं।

पीड़ा घट भर रहे है मैं जी रही हूँ, इस नये दर्द को छाती में समेटे बच्चे पाल रही हूँ, जीना है इनके लिये, तो खाना है पहिनना है काम पर जाना है, उफ् .... कंघी कै दिन न करूंगी .... क्या करूं ? कंघी करती हूँ और .... अपने आप हाथ की तर्जनी ईंगुर की डिब्बी पर पहुंच जाती है और ईंगुर भरी तर्जनी माथे पर आ जाती है और घूमकर चक्कर लगाती हुई चवन्नी बराबर हो जाती है और इसी पर मुहल्ले वालों को इतराज़ है टिकुली लगाना छोड़ दूँ। क्यों ! आखिर ऐसा क्या हो गया है राम ! इतना बड़ा अनर्थ कैसे कर दूँ। उस दिन करवा चौथ पूजी एक पड़ोसन के यहां, पूजा के बाद गौरी जी का सुहाग लिया तो औरतें मुंह फेर कर हंसीं ...

अब बताओ मैं क्या करूं । औरतों को मुस्कुराते देख छाती पर घूंसा सा पड़ा उठकर चली आई । मेरे माथे की टिकुली और महावर तो नहीं छूटने का .... कहो .... कहो जिसे जो कहना हो, मैं अब अखंड सुहागिनी हूँ। कान्ह और कनिष्क की बहुओं से कह दूंगी कि मुझे श्मशान ले जाते समय लाल कफन से, मांग **भरकर** भेजना बेटियों .... ।

दर्द की चादरें बढ़ती जा रही हैं । मेरा कान्ह बी० ए० पास हो गया हैं । मैं आज खूब रोई हूँ । कोई बेटे के पास होने पर रोता है । पर मैं रोई हूँ .... किसी के यहां आती नहीं जाती नहीं फिर भी ज़हरीली भाषा हवाओं के साथ आकर कान में घुसती हैं –अभी तो बी० ए० पास कराया है अब -देखना अफसर बनाया जायेगा। सीधा इशारा सत्तार भाई की तरफ है । खून का घूंट पी गई, कोई मुझसे आकर साफ साफ पूछे तो मैं दूं जवाब..... !

आठ वर्ष खिसक गये लंगड़ाती, घसिटती, चोट खाई जिंदगी के । लोगों के मुंह अचानक बंद हो गये, बरसों बीत गये..... किसी ने मुझे कुछ न कहा । अब तीजा की रात औरतें मिल पहुंच जाती हैं मुझे लिवाने..... गाने के लिये.... चाची..... वह गाना गाओ ढोलक पर 'गौरा अरज लिये ठाढ़ी महादेव ने एकउ न मानी" " मादी राचनू सौदागर लाल " । – हलछठ को बिना मांगे मुझे भैंस का दूध और खोया औरतें भेज देतीं । मालूम क्यों ?

मेरा कान्ह सत्तार की एक शराब की बहुत बड़ी फर्म का कोई बहुत बड़ा अफसर हो गया है । बम्बई में है और सत्तार की चक्की बहुत बड़ी मिल बन गई है । अब मैं तनखा काफी पाती हूँ, सिर्फ सामान निकलवाती तुलाती हूँ सूप चलनी सब छूट गये हैं ..... मैं तो कान्ह के लिये आने वाले रिश्तों से हैरान हूँ । अब काफी समय घर पर रहती हूँ । रामायण का पाठ व कभी कभी और कोई धार्मिक किताबें पढ़ती हूँ ।

आखिर कब तक टालती । मैंने अगहन में कान्ह का ब्याह कर डाला, बहू अच्छी है रूप रंग की .... मिजाज की । अभी मैंने उसे बंबई नहीं भेजा, अभी दो एक बार की आई गई हो जाये । मैं प्रसन्न हूँ, पूर्ण शांति में तो

नहीं पर हां अच्छी हूँ भगवान के यहां देर है अंधेर नहीं । कुछ कान्ह बंबई से भेज देता है, मुझे भी तनखा मिलती ही है । मिल जाते समय रमोला गर्म रोटी सेंक देती है.मुंह में कौर डालते समय आंख तरल हो जाती है,जाने कहाँ होगें। ... ...उन्हें ... ... ये सुख न बदे थे ... .. पर मैं मन का गीलापन ऊपर नहीं आने देती,तत्काल हंस कर कहती हूँ, "रमोला, तू सब्जी बहुत अच्छी बनाती है मसाला खूब भुन जाता है'... .... वह शरमा जाती है,बस अब चिंता कौमुदी के ब्याह की है, खूब है शादी लायक,पर लड़का कौनढूंढे ! कनिष्क को अभी क्या तमीज ... ... !

मैंने सत्तार भाई से कहा

"भाई जान । दो चार दिन की छुट्टी दे दो । कानपुर में एक लड़का है देख आऊं ।"

"चली जाओ .... मगर एहसान अली को काम समझाये जाओ ।"

सत्तार ने कहा । मैं चली गई पर तीन दिन बाद जब लौटी तो रमोला बदली बदली मिली - मेरे दिमाग में ठनाका सा लगा । किसने क्या कह सुन दिया । कनिष्क एक सप्ताह से बाहर है । कौमुदी ने बताया -

"अम्मा, जब तुम चली गई थीं, सुधा की अम्मा और सुधा दोनों भाभी के पास दिन भर बैठती थीं । मेरे कालेज जाने से लेकर लौटने तक बैठती थीं ।"

फिर पीड़ाघर में दरार पड़ी ...... फिर दर्द का रिसाव शुरू हुआ । किस्मत ने कहा तुम और चैन । ये कैसे होगा । रमोला मुझसे दो तीन बार सत्तार भाई के बारे में पूछ चुकी घुमा फिराकर ।

सावन का महीना था । राखी के एक दिन पहले एक सूती साड़ी और मीठा प्रतिवर्ष आता है सत्तार भाई के यहां से । जब से कान्ह के बाबू गये ...... इस बार भी आया ...... पर रमोला ने धोती और मीठा देखकर मुझसे जो प्रश्न किया मेरे एड़ी से चोटी तक आग ही तो लग गई, लगा

इस छोरी के मुंह पर खींच कर झापड़ मार दूं - पर मैं जहर पीते पीते नीली पड़ चुकी हूं। गुस्सा या तो आता नहीं कभी आता भी है तो उग्र नहीं हो पाता, फिर भी आज मेरी आंखों में खून आ गया मैंने चीख कर कहा -

"पूछ पूछ, रमोला ! पूछ, तुझे सत्तार के बारे में क्या पूछना है पूछ पूछ, आज ही पूछ ! सारे प्रश्न आज ही पूछ अभी – मैं भी तो तेरे प्रश्न सुनकर समझ लूँ कि तू अपने बाप के घर से कौन से संस्कार लेकर आई है। मैं भी जानू लूँ कि तेरे संस्कारों में क्या घुला है। मुझे भी तो पता चले, कि तू कैसे लोगों के बीच पली है, तेरे बाप के घर में भाई बाप बहन बेटी को किस नजर से देखते हैं, मैं सुन लूँ कि तेरे मायके में बहू बेटियाँ, बाप माँ, को किस नजर से देखती हैं, मैं जान लूँ कि तेरे बाप ने तुझे क्या शिक्षा दे कर भेजा है। तेरी मां के खून में क्या घुला है जो तुझे मिला है। मैं भी जान लूँ कि तेरे खून में .... क्या बह रहा है .... सुन सुन सत्तार की मिल में ... मजूरी की है मैंने मजूरी, देख मेरी तरफ .... आंख मिला मुझसे .... मैंने सिर्फ मजूरी की है। मेरे ये बच्चे मजूरी के पसीने से नहाये हैं ..... ।"

रमोला नीची नजर किये खड़ी है ... मैंने नजर घुमाई तो लाल आंखें किये कनिष्क खड़ा था। भौजाई से कुछ कहने जा रहा था कि मैंने आंख से मना कर दिया।

कुछ दिन में सब सामान्य हो गया। फिर रमोला ने मुझसे कुछ नहीं पूछा, न ही कभी नजर मिला कर बात की, पर दरार जो उस दिन मनों में हम दोनों के पड़ी सो पड़ी। फिर कान्ह के साथ रमोला चली गई बंबई। कुछ दिन पत्र आते रहे फिर वह भी बन्द हो गये। ... . पर मैं अपनी तरफ से डाल देती हूँ। हां ! दोनों बच्चे उसके मायके में हुये मैंने एतराज नहीं किया ... . यहां जगह भी तो नहीं, पर जब वह बच्चों को लेकर आई है मैंने ढोलक बजवाई है मुहल्ले में बतासे बांटे हैं।

चार वर्ष का लंबा समय गुजर गया .... कान्ह के पत्र भी आने बन्द हो गये हैं .... उफ् ..... जैसे तैसे कौमुदी को ब्याहा है।

कान्ह ब्याह में भी नहीं आया, नाराज़ है, मैंने कौमुदी की शादी बिजली विभाग के एक क्लर्क से कर दी है तो उसकी बेइज्ज़ती हो गई ...**अकेले इतने** बड़े ब्याह में मैं मारी ..... मारी फिरी .... जिस तिस के दरवाजे .... आंखों में रह रह कर बस वे दिन घूम जाते हैं .... सुबह चिड़ियों की चूं चीं .... मिट्टी के तेल की टिम टिम ढिबरी .... सुई धागा .... फिर .... सत्तार की चक्की, मन मन भर के अरहर की दाल को .... फटकते-फटकते बाहें हार गई .... फिर.. ... कौमुदी का मंडवा .... टीका ..... द्वारचार. ... फिर रही हूँ इधर-से उधर .... बर्तन लदवाती, शामियाने ढुलवाती..... वाह री किस्मत ! किस स्याही से लिखी थी ..... कन्यादान करने लगी तो पंडित ने उठा दिया "आप अकेली कन्यादान नहीं ले सकतीं' आंसू आये, तत्काल छोर ने सुखा दिये, कन्यादान कनिष्क ने लिया । कान्ह विवाह में नहीं आया, उसकी बेइज्ज़ती हो गई है । मैने कौमुदी का विवाह बिजली विभाग के कर्मचारी से कर दिया ... ... बस उसकी शान घट गई इसीलिये वह नहीं आया .... मुझे "अफ़सर" ढूंढ़ना था ! अफ़सर ऐसे ही मिल जाते हैं न ! क्या कहूँ ! वाह रे इस पीढ़ी का गुस्सा .... गुस्सा गुस्सा . .... बस दूध का उफान ! चलो वह भी सह गई यह पत्थर छाती ! यह घाव भी पर्तो में ढक गया, कितनी मोटी खाल है मेरी !

एक बार कान्ह आ गया घर । ऐं । जैसे सपना दिखा, नहीं सच था, वह किसी पेशी पर आया था । इतना बदला कि पहचानना मुश्किल लग रहा था । खूब गोरा खूब मोटा खूब सुन्दर ! बड़ी इच्छा थी कुछ अच्छा बनाकर अपने हाथ से परोस कर खिलाऊं, पर अभाग्य ! खाट पर पड़ी हूँ ! पेट में फोड़ा हो गया है गरीबी में आटा गीला । बस आज ग्यारह बजे आपरेशन होना है ।

•

उफ़ कैसा भयानक लगता है अस्पताल में, ये नर्सें । भगवान सीधे मुंह बात नहीं कर रहीं जी धड़क रहा है । खैर कान्ह आ गया है । सब संभाल लेगा, बड़े लड़के का आसरा ही बहुत होता है, वह किसी नर्स से कुछ कह रहा है । कान्ह मेरे पास आकर खड़ा हो गया है । ..... मेरी बैंच के

पास तभी कनिष्क आया बोला–

"दादा तांगा आ गया है ...... ।"

कान्ह ने कुछ इधर देखा कुछ उधर देखा फिर मेरे पैर पड़े मैंने घबराते हुये पूछ लिया -

"कहां"

कान्ह बोला -

अम्मा ! "मैं बंबई जा रहा हूँ। रमोला को सर्दी जुकाम में छोड़ आया था वह परेशान होगी ...... तुम आपरेशन के बाद का सब हाल लिखाकर पत्र डलवा देना .... और .... और कोई खास बात हो तो . ... लिख देना .... अच्छा .... ।"

खड़ खड़ खड़ तांगा जा रहा है .... मैं सिर्फ दीवार पर नजरें टिकाये हूँ। कुछ नहीं सुन रही कुछ नहीं बोल रही...... जो सोच रही हूँ वह कुछ अव्यक्त है ..... अनाम है, खास बात कान्ह के लिये ! अब खास बात बस यही हो सकती है उसे कभी कनिष्क का तार मिले ..... फलां दिन .... मां नहीं रहीं फलां तारीख को शुद्धता है ...... पर यह भी जरूरी नहीं कि यह खबर भी कान्ह को खास लगे ।

२ वर्ष और गुजर गये । एक दिन कान्ह की बीमारी की एक चिट्ठी मिली .... भला हो डाक वालों का आज बारहवें दिन मिल रही है ।

"बेटा कनिष्क जाने दे मुझे और तू भी चला चल राजा बेटा ! जिद मत कर, मैं सत्तार भाई से पेशगी तनखा मांगे लाती हूँ चल ।"

बताये पते पर मैं कनिष्क के साथ बंबई आ गई हूं। पर दरवाजा खोलने पर बारह वर्षीया बालिका ने पूछा –

"आप कौन हैं ? कहां से आई हैं ? क्या काम है ? मम्मी पापा क्लब गये हैं ।"

बालिका हमें अविश्वास से देख रही है, हम कोई चोर उचक्के बदमाश तो नहीं आ गये। खैर ८ बजे शाम को कान्ह आया, चौंका .... मैंने देखा गोल मटोल .... मुंह से शराब की गंध हल्की सी। थोड़ा खुश हुआ पैर

भी छू लिये मैंने पूछा " रमोला " । उसने बताया कि वह एक सहेली के यहां रुक गई है अभी आ जायेगी । खैर कान्ह बात चीत करता रहा .... ऊंघता रहा चार साल बाद मां से मिलने का कोई उत्साह नहीं । लेटे लेटे वह सो सा गया .... ।

सहसा गाड़ी रुकने की आवाज आती है । मैं उठकर छज्जे पर आ जाती हूँ। नीचे की ओर द्वार के समीप एक कार रुकी है .... मेरे दिल की धड़कन बढ़ जाती है, हाथ से रेलिंग छूटने को होती है .... मैंने देखा खूब देखा ... एक औरत गहरी नीली साड़ी पहने कंधों तक कटे बाल, बिना बाहों के ब्लाउज में एक सूट बूट धारी बलिष्ठ पुरुष के सहारे गाड़ी से उतरी है...... उतरने पर भी उस व्यक्ति के कंधे पर सिर टिकाये है, रमोला है ..... अगर वह रमोला है तो.... और कंधे पर सिर टिकाये हाथ पकड़े ही वह जीने पर चढ़ी है ....

फिर मुझसे आंखें चार होते ही वह सूट बूट वाला अलग हो गया ..... फिर मुझे घूरता उतर गया है । .... मेरे कानों में वह पिघला गरम सीसा फिर बह पड़ता है जो.... बरसों पहले रमोला ने उड़ेला था ....

"अम्मा मिल वाले पठान आपको राखी पर साड़ी और मीठा भेजते हैं । क्यों ? ऐसा क्यों ? क्या रिश्ता ? हम हिन्दू .....वे मुसलमान ।"

इसी ने पूछा था .... मेरी इसी बहू ने .... आज आज ... अगर में कुछ पूछूं तब ! छिः ! मन भर आया .... लेकिन मैं नहीं पूछ सकती ... आज के व्यक्तिवाद का तकाज़ा है । बस व्यक्ति प्रधान है उसका अंह प्रधान है, अहम् पैसे से जन्मा है पैसे के आगे सारे रिश्ते, सारे संबंध, सारे जीवन मूल्य, सारी मर्यादायें, सारे अदब-कायदे, सब तुच्छ हैं । कोई सास नहीं, कोई बहू नहीं, कोई किसी का पुत्र नहीं, कोई किसी की मां नहीं, परिवार-कुटुम्ब जेल की कोठरी, घर वाले अजनबी हैं । मैं नहीं पूछ सकती कि तू किस की बाहों में झूलती आ रही है ..... मैंने देखकर अनजान बनने का अभिनय किया, रमोला ने मुझे देखते ही कहा -

"आप, आज आईं ! इत्ते दिन में .... अब तो वे अच्छे भी हो गये, आफिस भी जाने लगे ......।"

एक बार फिर छाती पर घूंसा सा पड़ा।

रात को सब लोग कमरे में बैठे हैं, सब सबसे बोल रहे हैं पर सबके गले संडसी से दबे हैं। सब हिल डुल रहे हैं पर सब अचल हैं एक खून के एक गर्भ के भाई भाई बेटा मां सब एक दफ्तर के से कर्मचारी हैं। हरेक हरेक से कतरा रहा है .... । रात ब्रह्मा की सी कटी, खाने में मैंने सिर्फ एक पराठा खाया है खाया ही नहीं गया ......। थोड़ी देर तक मैं अपने बिस्तर पर बैठी "सुन्दर काण्ड" के पेज उलटती रही, झिलमिल देह दर्शी गाउन पहने रमोला कहीं जाती दिखी और खट से कमरे की बत्ती बुझ गई। मैंने अंदाज से टटोल कर सुन्दर कांड टेबिल पर रख दिया।

सुबह से ही पानी रिमझिम कर रहा था। ११ बजे की गाड़ी तो न मिली ४ बजे शाम जाना तय हुआ। लगभग ढाई बजे मेरी जरा आंख लग गई थी। अचानक बेडरूम में तेजी से बातचीत सुनाई दी .... काफी गरम गरम ... मैं जानती हूँ पति पत्नी की बात छिप कर नहीं सुननी चाहिए पर ... मेरा जी न माना तो सुनी ही।

"आखिर ऐसी अटक क्या थी कपड़ों की .. ... भागते चले गये पानी में .... भीगते चले गये, फिर कभी कपड़े दे देते ... घर ही के तो हैं .... कौन कोई बाहर के मेहमान आये हैं ? "

रमोला कह रही थी

"अरे तो कौन बाजार गया है था.... यहीं पिछवाड़े के गार्डन मार्केट से ..... ले आया हूँ ... अरे अब .... आये हैं वे लोग .... "

यह स्वर कान्ह का था .....

"ये कमीज़ का कपड़ा तो ... काफी ... महंगा मालूम पड़ता है ....पन्द्रह बीस रूपये मीटर से .... क्या कम होगा ! इतना मंहगा ... अभी कौन वकालत करने लगे कनिष्क.... कि इतना मंहगा ....!"

ये धोती अम्मा को दे दो ... और यह वाली....'नहीं नहीं - यह वाली तो मैं काम करने वाली महरी को दूंगी वह बार-बार .... मांग रही है काम छोड़ देगी .... तो बस मैं बरतन रगड़ूंगी ..... और फिर अम्मा को तो रंगीन छींट छप्पे की धोती पहननी नहीं चाहिए .... सो ये सफेद दे

दूंगी उन्हें ..... ।"

रमोला ने इसके आगे क्या कहा .... फिर सुनने की ताब न थी तिलमिला कर मैं दीवाल से टिक गई ..... । मैं बिलकुल चुप हूं .... पर मेरे कानों में बज रहा है । .... वही सब .... कुछ, सब कुछ .. सफेद धोती ... .. सफेद धोती .... । घड़ी की सुइयां क्यों खिसक नहीं रहीं, चिपक गई हैं क्या ?

राम राम करके ४ बजे । चलते समय जब टू सीटर आ कर खड़ा हो गया.... . रमोला ने मुझे कपड़ों का बंडल पकड़ा दिया, मैंने कहा-

"अरे ये क्या करना था रमोला .... ।"

सहसा फोन की घंटी बजी ... कान्ह आगे जाकर रिसीवर उठाता.... इसके पहले बिजली की फुर्ती से दौड़ कर फोन रमोला ने उठा लिया । मैं कपड़ों का बंडल ले कर बाथरूम में चली गई ..... रात को रमोला ने मेरी यह अटैची बाहर निकाल कर वहां रख दी थी । वह उसके घर की अटैचियों के साथ रखने लायक भी नहीं थी । कान्ह ने पैर छुये और ..... सफर शुरू हो गया .. . मेरे इशारे पर कनिष्क ने कान्ह के पांव बेमन से छुये थे ।

आज सुबह से ही कनिष्क नाराज़ है । बोल नहीं रहा ... रास्ते में भी नहीं बोला, चुपचाप पानी वगैरह देता रहा । बंबई प्रवास ही उसकी अनिच्छा से हुआ था । बेहद गुस्सा है । मैंने भी पुकारा तो मुंह फेर कर खड़ा हो गया । मुझे हंसी आ गई । मैंने कहा -

"कनिष्क बेटा, एकाध अंतर्देशीय या पोस्टकार्ड हो तो लाकर दे दो बेटा ।"

वह एक लिफाफा दे गया । मैं कान्ह को पत्र लिखने बैठी तो मन भर आया । एक भभूका सा छूटा, आंख में आंसू आये पर मन का उत्ताप देखकर लौट गये । पहले पेन पिघला फिर कठोर हो गया ।'प्रिय कान्ह, खुश रहो!

मैं बड़े सबेरे अच्छी तरह घर आ गई हूँ । रास्ते में कोई तकलीफ नहीं हुई । मैं बाथरूम में कपड़ों का बंडल रख आई हूँ । उठा लेना बेटा । कान्ह, तू तो कान्हा है, पर मैं मां हूँ सुदामा नहीं । "

दिनांक.....

तुम्हारी अम्मा

शानू के लिये

शोभना सफेद पड़ गई है । सुन्न हो गई है, जड़ हो गई है । पत्थर का टुकड़ा बन गई है । वह खम्भे से टिकी, फटी आंखें से शून्य ताक रही है, वह निरुत्तर है । उससे किये गये सारे प्रश्न अनुत्तरेय हैं । प्रश्न का उत्तर तो है, हर प्रश्न का उत्तर है, परंतु वे अनुत्तरेय हैं कम से कम शानू के लिये । दस वर्षीय शानू उन उत्तरों को नहीं निगल पावेगा, नहीं पचा पावेगा । न वह उन उत्तरों को समझ पावेगा न उनसे जुड़े इतिहास को । गांटें खुलेंगी, दर्द बिखरेगा, पर होगा सब निरर्थक, सब बेकार ।

अभी अभी शोभना ने निधि की भांति संजोये रखे दस के नोट को देखा था, उसे निकाल कर हिसाब लगाया था । उस दिन दो ब्लाउजों की सिलाई में मिले इस नोट को आज के लिये बचाया था क्योंकि वह जानती थी कि आज शानू नहीं मानेगा । वह जानती थी इस उम्र में दुःख दर्द आंसता कहां है । बचपन .... बचपन माने उम्र का कंचन । बच्चों को वह चाहिए जो औरों के पास है, उन्हें वह करना है जो और कर रहे हैं । उसने जोड़ा था - एक रुपये के खील बताशे, दो रुपये का मीठा, एक एक रुपये के गणेश

लक्ष्मी । दो एक रुपये में तेल, रुई, दियाली वगैरह । फिर इसके बाद दुइज आ जायेगी । रजनी और उषा टीका लगाने आ जायेंगी शानू को । एक एक रुपया तो लड़कियों के हाथ में धरना ही होगा । उसने उस दस के नोट को बार बार देखा था और फिर बक्से में धर आई । झाड़ू उठा कर कूड़ा कर्कट साफ करने लगी, बहुत सा अनावश्यक सामान ऊपर छत पर फेंक कर अभी उतरी ही है कि यह तूफान .... आ गया ... शोर, हल्ला-गुल्ला गाली-गलौज और ये हंगामा ... । ये सब उसके दरवाजे ही तो हो रहा है । बिलकुल .... बिलकुल ... यह तो शानू के ही रोने की आवाज़ है ।

शोभना ने द्वार खोला तो पसीना छूट पड़ा, उसकी पूरी देह थर्रा उठी । शानू को एक सिपाही ने पकड़ रखा था । तीन चार लोफर गुण्डे से दिखने वाले लड़के गाली बक रहे थे, चारखाने की लुंगी और मैली मैली बनियाइनें पहिने हैं वे सब । शानू के गोरे लाल गाल सूज से उठे हैं, शायद मारा है ।

"साला .....जुआ खेलता है .... स्साला .... जमीन से अभी उठा नहीं .... इसके पेट में दाढ़ी है .... जरा सा चिन्टाई ... जुए बाजी करता है, छोड़ दिया .... वरना .... "

"नहीं साब, नहीं .... नहीं, आप ये क्या कह रहे हैं, ये कैसे कह रहे हैं, मेरे मारे ये कंचा गोली तक तो खेल नहीं पाता .... जुआ .. . जुआ ... तो वह जानता भी न होगा"

दीन स्वरों में शोभना कहने लगी !

"तो हम सब झूठे हैं ?"

शोभना की बात पर वे उचक्के गरज उठे ...

"हम सब झूठे हैं और सच्ची, दूध की धुली तो आप हैं और आपका यह छोकरा ।"

सिपाही आंख का एक कोना दबाकर एक छिछोरी मुस्कुराहट शोभना की तरफ फेंकता है, पूछता है - –

"आपको उसकी देखभाल का टैम है ? किस वक्त तकती हैं ?"

शोभना हतप्रभ कुछ उत्तर देना चाहती है पर शानू चीख पड़ता है ।

"नहीं ... नहीं .....मैं जुआ नहीं खेल रहा था ।"

वह गला फाड़ कर रो देता हे, उसकी आवाज़ में सचाई की खनक है । मुहल्ले के कई लड़के ईद-गिर्द जमा हो गये हैं दो चार बुजुर्ग भी । राह चलते लोग भी ठिठक रहे हैं, ठहरने का इरादा बना रहे हैं । सिपाही फिर उसे मारना चाहता है, बात बढ़ रही है और गुण्डे लड़के बदतमीजी से पेश आ रहे हैं । गुण्डई, रुलाई, धमकी, चिल्लाहट सब एक साथ । तभी पड़ोस से एक बुजुर्ग पं० दीनानाथ भीतर आ जाते हैं । पगलाई, बौखलाई, घबराई शोभना से कहते हैं -

"बेटी सोभना, ... कुछ नहीं है, भीतर चलो और एक दस का नोट .... पूरा मुहल्ला इकट्ठा हुआ जाता है । हां .... लाओ ... दो तो ।"

शोभना ने हिसाब किया हुआ, जतन से छिपाया नोट एक दर्द के साथ ला कर दे दिया ।

"अच्छा .... अच्छा साहब, लो ... हो गया ... बस जाओ बच्चा है ... हो गई होगी गल्ती ... थोड़ी बहुत ।"

पं० दीनानाथ कहते हैं .... ।

नोट वाला हाथ जेब में, मुस्कान फेंकता सिपाही, वे गुण्डे लफंगे लड़के सब रफ़ा दफ़ा । शोभना ने शानू को खींच कर भीतर किया, किवाड़ बन्द कर दिये भड़ाक से, दूध धुले मुहल्ले की टीका -टिप्पणी, हंसी-मखौल, सब बाहर रह गया है ।

चट्-चट्, तड़-तड़, धमाधम, घूंसे तमाचे जहां जैसा पड़ जाय

"ससुरे ... कमीने ... कमबख्त ... अभागे, गुण्डे जोड़, नाक कटवा ..... पुलिस घुसेड़ .... बेईमान ....मरा जाता था भूखों ... जुए में कमाई करने गया था, उन सांड़ों के साथ जुआ खेल के ।"

"मां ... ऊं .... आं ऽ ऽ, पहिले मेरी पू .... अ... पूरी .... बात .... तो सुन लो"

हिचकियों के मारे लड़के की वाचा नहीं फूट रही थी ।

"क्या सुनूं, क्या सुनाता है ? अब बचा ही क्या है सुनाने को ? जुआं खेल, नाक कटवा ।"

लड़का आग्नेय नेत्रों से मां को देख कर चीखता है ।

"पहिले मेरी पूरी बात सुनो ... तुम .... आज के बाद कभी छत पर नहीं जाओगी .... तुम ..... तुम अभी छत पर गई थीं न ?"

शोभना को बिजली का सा झटका लगा, हाथ रोक कर, दम साध कर लड़के का मुंह देखती है ।

"हां, छत पर आज से मत जाना ... ये चारों गुण्डे और ये सिपाही ... मंदिर के पीछे टूटे दिवाले में जुआ खेल रहे थे । मैं पिछवाड़े के मंदिर में हनुमान जी का सिंगार देख रहा था ... बाबा सिंगार कर रहे थे ... ये लोग वहीं से तुम्हें छत पर देख देख कर हंस रहे थे ... कहते थे ....

"कित्ती मोटी चोटी है इसकी, कैसी घूमी चाल चलती है, जाने कहां कहां दिन भर घूमती है ।"

शोभना की आंखें फटी की फटी रह जाती हैं । शानू और भी तिक्त स्वर में कहता है, लगभग चीखता है -

"अभी और सुनो ...... ये लोग कह रहे थे कि ये छोड़ी हुई है, ये लड़के सिपाही से बता रहे थे कि ये छोड़ी हुई है, छोड़ छुट्टी वाली है .... अकेली रहती है ।"

मैंने कहा कि " वो मेरी मां हैं, मेरी मां को कुछ मत कहो " तो उन्होंने मुझे तमाचे मारे । कहते थे -

"साले अकड़ता है, तेरे बाप का है कहीं अता पता ? बता न ? " मुझे इसी पर सबने पीटा, लड़कों ने, सिपाही ने, और तुमने भी जी भर कर मार लिया । अब बताओ ... मेरा बाप कहां है ? बोलो .... बोलो न ? "

शोभना के कानों में किसी ने पिघला सीसा उड़ेल दिया है । लड़का हिंस्त्र पशु सा लाल आंखे किये उसे घूर रहा है, लम्बी सांसे ले रहा है, और वह शोभना सफेद पड़ गई है । सुन्न हो गई है, जड़ हो गई है, पत्थर का टुकड़ा बन गई है । उससे किये गये प्रश्न प्रश्नकर्ता के लिये अनुत्तरेय हैं, अश्रव्य हैं, इन प्रश्नों के उत्तर और उनसे जुड़ा इतिहास इस नादान उमर की समझ से परे है ।

शोभना के पितामह जमींदार थे, पर पिता की पीढ़ी तक आते आते सब खत्म हो गया था जो ज़मींदार को ज़मींदार बनाता है। न रहा वह बैंक बैंलेंस, न अनाज से भरे कोठे, चांदी के थाल, न कटोरी, न चढ़ी बन्दूकें, न कसे घोड़े। सब सपने की बात हो गई थी। हाँ, बची थी तो ऐंठ, ठसक और तुर्रा। कामगीर काम पर नहीं आया, बेगार करने को नाहीं की तो "खाल खींच लो"। खोखले बाजे जोर से ही बजते हैं।

शोभना ने यही सब देखा है। खून में उसे गर्मी मिली है। नर्मी की पाठशाला वह पढ़ी नहीं। उसके पिता ने कौशल किशोर से तो उसका ब्याह कर ही दिया उस घटना से प्रभावित होकर - –

रेस्ट हाउस में एस० डी० ओ० कागजात उलट रहे हैं, कौशल फाइलें बढ़ाता जा रहा है। सामने बड़ी खिड़की से बनजारी रेगुलेटर दिख रहा है, स्कूली बस खड़ी हैं, पता नहीं कहीं के बच्चे हैं, नीली सफेद यूनीफार्म बड़ी प्यारी लग रही है। अध्यापक बातों की धुन में हैं, कुछ बच्चे खा- पी भी रहे हैं। पहले तो रेगुलेटर की अररछरर में कुछ सुनाई नहीं दिया। फिर एकदम भगदड़ मच गई - चीख पुकार ... । जब तक साहब उठे बाहर आये आये, कौशल ने फाइल फेंकी और जिधर से छटपटाते बच्चे के डूबने का संकेत मिल रहा था, दौड़ कर छलांग लगा दी और तैरते हुये खींच कर निकाल लाया। लड़का जीवित था।

घर पहुंचने पर जब पता लगा कि वह ज़मींदार का बेटा था तो हेडमास्टर को पसीना छूट पड़ा। अस्पताल के बच्चा वार्ड में ज़मींदार के परिवार ने कौशल को देखा। संस्था के आदमी खड़े रहे, दूसरी संस्था का आदमी उनके बच्चे को मौत के मुंह से खींच कर निकाल लाया। बच्चे के पिता ने कौशल के कन्धों पर हाथ धर दिया, उस ठसकीले ज़मींदार पुत्र की आंखों में शायद पहिली बार कृतज्ञता का पानी आया होगा; और फिर स्वार्थ गंध ने घेर लिया।

कौशल क्लर्क है सिंचाई विभाग का, खैर नौकरी तो अच्छी खासी है और देखने में सुदर्शन, खरा गोरा वर्ण। शोभना से परिणय-सूत्र के बंधन उसी दिन से बंधने लगे। शोभना पर भी रूप का जादू चल गया है। दोष उम्र का है, जब रूपासक्ति की शक्ति के आगे प्रतिबन्धों का हर महारथी हार

मान जाता है, सब कुछ पर्दे के पीछे हो जाता है। क्षणिक आवेग में बड़ी तीव्रता होती है, उफ़ान जैसे आता है वैसे ही चला भी जाता है; पर जब आता है तब उफन कर तेज से तेज आंच भी बुझा जाता है।

शोभना वधू बन कर ससुराल आ गई है, परन्तु चंद दिनों में ही वह उफ़ान ठंडा हो गया है। जमींदार के घर की लड़की, झूठा बड़प्पन उसे इस घर में घुलने नहीं देता है, रोड़ा बन कर बहाव में अटक जाता है। तीन कमरों का घर है, दो कच्चे हैं बस एक पक्का है, अंगीठी स्टोव तक नहीं, चाय के लिये भी चूल्हा। उहँ, सुबह शाम एक महरी आती है, बाकी तो दिन में कई बार बर्तन धोने पड़ जाते हैं। सबसे बड़ी बात तो ये है कि आने जाने वाले लोग बड़े सामान्य हैं, किसी बड़े आदमी के घर से कोई सम्बन्ध नहीं, बस बाबू, अध्यापक, दूकानवाले, चक्की वाले आदि, इन्हीं की औरतें घर आती हैं। बड़ी बोरियत होती हैं, घूंघट, गंवारपन, हर आये गये के पैर पड़ना। कोई उसकी बराबरी की नहीं कि दो मिनट खुल कर अपनी सी बात कर ले। सिर्फ कुछ दूर पर एक सेवानिवृत्त पुलिस अधीक्षक (एस० पी० साहब) का निजी घर है। पर वहां कोई नहीं जाता। बड़े आदमी हैं कौन जाये उनके यहां ? ठीक ही तो है - 'नीम के कीड़े निंबौली खाकर जीते हैं मलाई के कूंड़े में मुंह नहीं डालते'। पर शोभना उनसे सम्बन्ध बनाना चाहती है, वे शोभना के वकील चाचा के थोड़े परिचित हैं। सास और पति की इच्छा के विरुद्ध शोभना उनके घर हो आई। फिर एक दिन एस० पी० साहब की छोटी लड़की राका भी शोभना के घर आई। शोभना ने देवी-देवताओं जैसी उसकी आवभगत की और कौशल से ज़िद की कि वह साइकिल ले कर बाज़ार जाये और राका के लिये अच्छे किस्म का मीठा लेकर आये कलाकंद वगैरह, यहां तो ऐसी ही सटर पटर दूकानें हैं। पानी में भीगता कौशल चला तो गया पर रात में उसने शोभना से कहा –

"शोभा ! मैं बड़े आदमियों से और पुलिस वालों से डरता हूँ .... तुम ... इस ओर न बढ़ो तो अच्छा है .... हम .... बहुत मामूली आदमी हैं ... कभी कोई बात बिगड़ गई तो ... बुरा होगा ... हम उनके स्तर के नहीं हैं।"

पर इसके उत्तर में शोभना ने उसे फटकार दिया –

"तुम लोग तो बस आगे बढ़ना ही नहीं चाहते ... मर्द होकर

भी ... अब तुम्हें क्या कहें, न तुम लोग आगे बढ़ना चाहते हो, न किसी से सम्बन्ध बनाना चाहते हो, मैं बनाऊं तो उसमें भी टांग अड़ाते हो, अपने स्तर से ऊपर उठना ही नहीं चाहते । बस, वही बाबुओं की कम्पनी में बैठ कर चाय बीड़ी कर ली, ,हा हा हू हू कर ली और बस । अरे! वे लोग इतने बड़े आदमी हैं कि उनसे सम्बन्ध बना लो तो शहर में पुजने लगोगे ....हो सकता है कहीं अच्छी नौकरी लगवा दें, सड़ रहे हो क्लर्की में । मालूम है ! उनका एक भाई अमेरिका में, एक तन्जानिया में और एक कनाडा में हैं । तुम लोग ... आगे बढ़ना ही नहीं चाहते क्या बताऊं ! लीचड़ जिन्दगी जीने के आदी हो रहे हो ।"

"ठीक है, अच्छा है ।"

कौशल धीमा पड़ जाता है ।

आदमी का मन तो पानी की धारा है, मोड़ दो, मुड़ जायेगी, हर आदमी चट्टान नहीं हो सकता । राका का आना जाना खूब बढ़ गया है, मतलब दायरे से बाहर । वह आती है शाम को पांच बजे, यानी .... जब कौशल के ऑफिस से आने का समय होता है, मां चाय उसी कमरे में रख जाती है, फिर जाकर मसाला पीसती है, साग काट देती है, आटा गूंध देती है । यहां चाय के साथ ठहाके चलते हैं, राका का गीत कमरे में गूंजता है –'सजना लगन तोरी सोने न दे ।' शोभना वाह वाह कर उठती है, राका की कुर्सी शोभना से दूर कौशल के पास अधिक होती । जब राका जाने लगती है तब ये दोनों दरवाजे तक छोड़ने जाते हैं । शोभना की आंखें बन्द हैं, खरपैल में किसी ने चिन्गारी रख दी है, वह आग पकड़ कर घर फूंक सकती है । इस सत्य से वह अभी बेखबर है ..... ।

काफी समय गुजर गया है । शोभना पीली पड़ती जा रही है, खाना पीना छूट सा गया है । कुछ खट्टा मीठा मिल गया, खा लिया तो ठीक वरना चुपचाप बीच के कमरे में पड़ी रहती है, बार बार उल्टी होती है । इधर कमरे में अलस देह डाले शोभना पड़ी सूखती रहती है, उधर ऊपर के कमरे में कामायनी की पुनः सृष्टि होती है । 'मनु', 'इड़ा' के कचजाल में उलझे हैं, श्रद्धा के 'केतकी गर्भ' से पीले पड़े मुख में अब कोई आकर्षण उन्हें

नहीं रहा ..... और एक दिन .... कुछ ऐसा अघट घट गया, जैसा बस .... कभी किस्से-कहानियों में पढ़ा होगा .... जादुई तिलिस्मी उपन्यासों में पढ़ा होगा .... अजीब .... अकथ .... अकल्पनीय ।

जाड़े की कड़क रात, खाना खाकर कौशल आग में हाथ सेंक रहा था कि एस० पी० साहब का नौकर आया,

'साहब बुला रहे हैं ।'

कौशल की आंखें चमक उठीं, कई दिन से राका आई भी नहीं थी । कौशल कमरे में घुसता है राका की एक झलक की ललक लिये, पर ... पर वहां मौत का सन्नाटा है । नीली रोशनी में, फूलों की उड़ती गंध में स्वागतम् लिखा गया कनपटी में पिस्तौल अड़ा कर ! आग से खेलने का नतीजा नहीं मालूम था ....। राका को लेकर अन्यत्र जाना है .... राका का हठ ... वरना ....वरना यहीं बोटियाँ नुच जातीं .... राका.... उसके बच्चे की मां, ! बीबी मर रही है ... मरने दो .... उसका दर्द कब से? दर्द था तो शेर की मांद में क्यों आये थे मिस्टर ? .... फिर..... फिर गाड़ी रात भर चली थी और पीठ से बन्दूक रात भर नहीं हटी थी ... बन्दूक हटी थी किसी हवाई अड्डे पर जाकर !

युग बीतने में दो वर्ष शेष है । पिता मर चुके हैं भाइयों की नकेलें पूरी तरह से भाभियों के हाथों में हैं । ससुराल .... किस मुंह से जाती . जब मायके में प्रसव हुआ था ... सास पौत्र देखने आई थी, शोभना ने कपड़े से बच्चे का मुंह ढँक दिया था, छोटी भाभी ने पीतल की तश्तरी में गुड़ का एक लड्डू लाकर रख दिया था, सास से वह छुआ भी न गया था । खरारी खाट पर बैठ कर सास थोड़ी देर गें चली गई थी । फिर वे तीनों कमरे देवर ने ले लिये, छाती ठोंककर कहता है -

"जमींदार की बेटी ... बड़े बाप की बेटी .... अब तो ये कमरे, ये घर मुकदमें बाजी करके मिलेंगे ....लड़ो .... लड़ना हो तो ।"

भाभियाँ बात बात में ताने देती हैं –

"बड़े आदमियों से तो तुम्हारें बड़े अच्छे सम्बन्ध थे .... उन्हीं से कहो ढुंढ़वा दें कौशल को .... राका कहाँ गई, ढुंढ़वा दें उन लोगों को .... ।

शोभना खून के घूंट पीकर सबकी सुनती है । बड़े आदमी .... बड़ा घर .... बड़प्पन .... उफ़ । खोखले बड़प्पन ने कितना छोटा बना दिया ....बड़े आदमी .... बड़प्पन .... !

शोभना के एक चचेरे भाई दूर के कस्बे में हैं, वहीं एक कमरा ले लिया है । भाई के घर से काफी दूर । टाइप सीखती है शोभना, सिलाई करती है । दिन भर घूमती है, दो चार ट्यूशन भी करती है । कभी छोटा भाई पत्नी से छिपाकर कुछ मनीआर्डर कर देता है ....और इस तरह से शानू पल रहा है ... वह शानू को पाल रही है ।

"बताओ ....बोलो ... ये छुट्टी वाली, छोड़ छुट्टी वाली क्या होता है ? .... सबके बच्चे अपने मां बाप के साथ रहते हैं मुझे भी रहना है, जहां पिता रहते हैं वहीं चलो ... आज ही चलो ....."

बच्चे की चीख से शोभना की तन्द्रा टूटती है, वह अतीत से वर्तमान में आ जाती है । पर वह इस चीख को कानों से सुन भर पा रही है बस ... किसी हल तक, किसी उत्तर तक पहुंच नहीं पा रही है, क्या कहे ? कौन सा बहाना बनाये ? सचाई में कब तक धूल झोंकती जाये ? कब तक छिपेगी ? तो क्या उजागर कर दे .... ? आज न सही कल तो जानना ही है शानू को . ... भाभी की लड़की दिव्या उसके कान में फूंक भी चुकी है कुछ कुछ ... पर वह समझा नहीं । मैं समझाऊं ? समझेगा ? समझ जायेगा तो क्या पचा पायेगा ? क्या बतायें ? क्या छिपायें ? बताएं तो कैसे ? छुपायें तो कैसे ? उफ ! ढेर सारे प्रश्नों के जंगल सामने हैं । उत्तर की मुट्ठी भर छाँव के लिये वह ऊपर ताक रही है । जैसे तैसे दिन गुज़रा, कैसे गुज़रा ... वही जानती है । रोग असाध्य हो गया है, आज कुछ घंटों में शानू बुज़ुर्ग हो गया है । विवशता और समय ने उस पर जितनी बुज़ुर्गियत न लाद पाई थी, आज के अपमान ने लाद दी ।

उसने अटैची में अपने कपड़े लगा लिये हैं, शाम को मामा के यहाँ जायेगा, शोभना ऐसा कह रही है । हल ! हाँ हल तो निकालना ही है कुछ, आज रात दीवाली भाई के यहाँ कर लेगी, लड़का कुछ थमेगा । क्या करें ? कहीं कोई द्वार तो दीखे ! रास्ता अभी आधा भी तो तय नहीं । उफ ! टाइपिंग स्कूल के प्रिंसिपल की पी जाने वाली नजरें, कितनी बार उंगली छूने की

कोशिश उसने की है .....। शाम होने का इंतजार है, धुंधलके में ही निकलेगी, सुबह की घटी घटना पर लोग जान-बूझकर पूछेंगे ।

'बहिन जी ! शानू जुआ खेलता है ? पुलिस पकड़ ले गई थी ?'

ऐं ? दुनिया भर के सवालों के जवाब वह किसे किसे देगी .... सिलाई वाले घरों से पैसे मांग लिये हैं, बस अंधेरा घिरने का इंतजार हैं । लोग कहते हैं.... अंधेरा बुरा होता है ... पर वह कभी अच्छा भी लगता है.. सुकून देता है, बहुत कुछ छुपा लेता है ।

सहसा द्वार पर दस्तक होती है, शोभना हिल गई है ... फिर कोई बवाल होना है क्या ? .... सिपाही, पुलिस, गुण्डे .... ! उसने धड़कते जी को थाम कर पूछा -

"कौन" ?

कोई उत्तर न मिला, दस्तक फिर हुई, फिर पूछा –

"कौन ?"

कुछ भर्राई आवाज में उत्तर मिला

"शोभा ऽ ...."

शोभना ने डरते डरते द्वार खोला ही था कि आगन्तुक झट से भीतर आ गया, आंखें चार हुई, शोभना थर्रा कर दीवार से टिक गई । शानू हाथ मुंह धोकर तौलिये से पोंछ ही रहा था, हतप्रभ हो गया, यह क्या ? मां तो बिना दस सवाल जवाब किये किसी को द्वार नहीं खोलती, फिर बराण्डे में भीतर जा कर खड़ा होने वाला यह कौन है ? मां फिर भी नहीं बोल रही । शोभना की थर्राहट थमी ... सिर उठा कर देखा .... दस वर्ष, पूरे दस वर्ष ... कुछ नहीं बदला .... ज्यों का त्यों, आहत और दीन दिखने वाला सुदर्शन कौशल वैसा ही है, लेकिन यहाँ कैसे ? और राका ? सवालों के रेगिस्तान में अंधड़ उठ आये हैं ....

'राख की ढेरी में दिया धरने आये हो ... जब दो जिन्दगी बरबाद हो गईं तब उनका धुंआ देखने आये हो ? जाओ .... यहाँ से चले जाओ ... अब यहाँ तुम्हारा कुछ नहीं .... लौट जाओ अपने कांच के महल में, अपने शीश महल में ।'

'शोभना ! तूने ही तो ढूंढ़ा था ... . वह अपने मन से शीशमहल में कहाँ गया था ? तुम छोटे मोटे आदमी ... बाबुओं के साथ चाय में समय

काटते हो ... तनिक भी स्तर ऊंचा नहीं .... करना चाहते .... बड़े आदमियों से सम्बन्ध .... शायद बड़ी नौकरी दिला दें ... . सड़ी सी क्लर्की ....।'

शोभना की आंखों की ज्वाल लाल लपट बनने से रह जाती है, लगता है उस पर अपराध- बोध का पानी पड़ गया है। फिर, फिर वह देखती है, उसके सामने एक बड़ा पर्दा खिंच गया है, एक के बाद एक चित्र बारी बारी से आ रहे हैं - एक बिना बाप का बालक, गरीबी में पलता एक बालक, मुहल्ले भर के गंदे लड़कों के साथ खेलता एक बालक, घर में एक एक चीज को तरसता एक बालक, स्कूल से भागता एक बालक, आवारा लड़कों के झुंड में फिरता एक बालक, चोरी बटमारी में शामिल एक बालक, कोतवाली में बन्द एक बालक, सिपाही से पिटता एक बालक, बधे हाथ पैर और मार से बिलबिलाता एक बालक .... ई ईई ... ई ऽ ये बालक और कोई नहीं ... शानू है ... शानू है .... ई ... शोभना की चीख गले तक आ जाती है, वह जहर से लबालब भरा कटोरा उठा कर गटागट पी जाती है। शानू के हाथों की तौलिया हाथों में रह जाती है, वह हतप्रभ है। शोभना होठों पर जीभ फेर कर कहती है –

"शानू ! पांव छुओ बेटा, ... पापा हैं ...."

ऐं ? शानू फटी आंखो से दोनों को देखता है, सहमा ... सहमा ... वह आगे नहीं बढ़ता, शोभना फिर कहती हैं ......

"शानू पापा हैं ....."

शोभना की तरल आंखें देखता हुआ एक ओर से बालक बढ़ा दूसरी ओर से कौशल। कौशल ने झपट कर सहमे बालक को गोद में उठा लिया है और देखते देखते पूरे घर में प्रश्नों के उत्तर बिखर गये हैं। तीन जोड़ी आंखों के पानी से वे उत्तर निखर गये हैं। तीन जोड़ी आंखों के पानी से वे उत्तर धुल गये हैं, घर का हर कोना दीवाली हो गया है। फिर रात भर दिये जले, सुबह तक दिये जले।

राकी कनाडा में किसी कैप्टेन के साथ रह रही है ... .. प्रशान्त हो गया है .... .। सूरज निकलने तक दिये जले उस दिन उस घर में।

धार और पतवार

पश्चिम की ओर दूर तक फैले जुआर के खेत हैं उधर, और आगे चल कर गन्नें की कतारें, बायें हाथ की ओर पहाड़ी के नीचे शोलों से दगदगाते लाल नारंगी टेसुओं की लंबी कतारें रोज खुली खिड़की से देखा करती हूँ। अच्छा लगता है यानी जगह का चुनाव मैंने सही किया था मकान बनाने के लिये ! आज हवा कुछ तेज थी तो मैंने खिड़की बंद कर दी और एक कोर्स बुक उठा ली "रीतिकाल'।

पन्ने उलटते उलटते मेरी दृष्टि रसज्ञ दंपति आलम शेख की पंक्तियों पर जा अटकती है 'कनक छड़ी सी कामिनी काहे को कटिछीन.... कटि को कंचन ... .' हुः मेरे होंठ तिरछे से होने लगते हैं, कटि में भी कंचन, चेहरे में कंचन यानी देह भर में कंचन ! आज तो उस कंचन की धोवन पोंछन भी शायद देखने को न मिले। कहाँ धरा है अब वह कंचन ! सुबह कालेज जाती हूँ काफी लंबा चल लेने पर बस मिलती है, अस्पताल वाली रोड से हो कर निकलती हूँ जनाना वार्ड सामने पड़ता है। उफ् स्याह चेहरे, मैदान में धूप सेंकते कंकाल, आंखों के नीचे स्याह गड्ढे, बुझी मैली सूरतें, ओठों में पपोटे, हाथ पैर बबूल की सूखी लकड़ी, आंखों में कीचड़ भरा है, छाती की सूखी हड्डियों

तक को नोंच जाने के लिये भूखे आतुर शिशु सीने से चिपटे माताओं को चूसते हैं, काली नीली धोती के पिंडली तक कछोटे से लगे हैं, उनमें भी थिगड़े, थोड़ा आगे चलती हूँ छोटा मोटर स्टैंड है । एक औरत खाली डिब्बे बोतलें बेंचती है । बाल फैलाये, गन्दी, उसके कपड़ों से उबास आती है । उसका आदमी कई बार उसे घसीट घसीट मारता दिखा है, उसे कोई नहीं छुड़ाता छोटे बच्चे वाली है । उसी मार्ग पर आगे चल कर पत्थर फोरों की बस्ती है, पत्थर फोड़ते हैं, गिट्टी फोड़ते हैं, कूटते हैं, धूप में पसीना चुचुआती औरतें हथौड़ा चलाती हैं । बच्चे नंग धड़ग एक एक बासी रोटी के लिये लड़ते हैं रोते हैं मारते हैं मार खाते हैं फिर गन्दी गाली बकते हैं । एक वृद्धा घसिटती फिरती है । बच्चे उसकी रोटी छुड़ा लाये हैं, एक दिन मैं इतनी भावुक हो उठी कि मैंने अपने लंचबाक्स खोल कर सब पराठे बच्चों को दे डाले । पर उसके बाद उन पराठों पर कुत्तों जैसी नोचखसोट खींचातानी मची कि मुझसे देखी न गई ,मैं जल्दी जल्दी कदम बढ़ा कर निकल गई । कई बार मैं गीली हुई हूं । सर्दी से एक बुढ़िया ठिठुर रही थी, मैं ६०० रु० का केशर कश्मीरी शाल ओढ़े हूँ । मारे ग्लानि के उस कपकंपाती औरत के सामने से निकला न गया । शाल उतार कर पर्स में रख लिया है । तीन चार दिन से अखबार में आ रहा है-ग्यारह वर्षीय अखबार बेंचने वाला रोज चीखता है, जंबी ..... आज की ताजा खबर जंबी, जंबी एक बड़े अधिकारी का .... कुत्ता बीमार है .... आज जंबी गंभीर है ... आज जंबी मर गया, उसका क्रियाकर्म आदमियों जैसा किया गया ..... कल लौट रही थी देखा एक लाश पड़ी है ..... किसी दयालु ने चदरा डाल दिया है .... अरे शायद .... शायद क्या ठीक ठीक वही डिब्बे बेंचने वाली औरत है । रोज कुटती पिटती थी तंग आ कर उसने कुचला या चूहामार दवा खा ली है, मर गई, पूरा चेहरा और काला और भयानक हो गया है आंखें बाहर फट पड़ी है ओंठो से फेन निकल कर बह कर बाहर आ गया है .... पर किसी अखबार में यह नहीं निकला ! अरे ? एक गरीब औरत, बेबस औरत जहर खा कर मर गई तो .... ? .... क्या अखबार वाले का भला दिमाग खराब है जो अपना कालम इस सूचना पर बर्बाद करेगा ? उफ ! कितना भयानक चेहरा ... कटि को कंचन ... काटि कै ..... मेरे दिमाग में जाने क्या क्या घूम गया है ....।

'अम्मा ऽ तुम्हें कोई बुला रहा है'

मेरी बिटिया वेणु ने आ कर मुझे झझकोरा ....

'अच्छा ऽ ऽ ऽ आती हूँ....

मेरी तंन्द्रा भंग होती है .... विचार प्रवाह रुक जाता है। उठी पैरों में चप्पल डाल कर उतर कर नीचे आती हूँ। बाहर आ कर देखा एक युवक है। कपड़ों से रईस लगा, और बोलचाल से निहायत शिष्ट, सौम्य अल्पभाषी और मृदु ! मेरे मकान में कोई कमरा किराये पर चाहता था, किराये पर तो मुझे घर देना ही था। बना ही इसी मतलब से था। पर थोड़ी देर मैंने मकान मालकिन होने की ठसक दिखाई, ना नुकुर, की तत्पश्चात मैंने उसकी बात मान ली। जाने क्यों मैं उसकी शिष्टता से इतनी अभिभूत हुई इतनी कि मैं उससे एडवांस नहीं मांग सकी, वह उठ कर चला गया न उसने एडवांस दिया न मुझसे मांगा गया। और दूसरे दिन वह अपना सामान लेकर आ गया, मैं भीतर से बाहर आती हूँ पर ऐं ? यह क्या ? ऐसा सामान ! मेरी कल की बनी कल्पना की तस्वीर चटकने लगी उसकी खंडित गृहस्थी देख कर ! वह इंटर कालेज में व्याख्याता है और सामान के नाम पर एक बाक्स, दो चारपाइयां कुछ टीन। एक बोरे में थोड़े से बर्तन, दो कुर्सियां एक और टूटी सी लकड़ी की एक नई टीन की कुर्सी। मेरा मन कुछ विरक्त सा हुआ। कल एडवांस भी मैंने जोर देकर न मांग लिया, न जाने कैसा लगा पर इसी समय दूसरा तांगा आकर रुका, उससे उसकी पत्नी लगभग दो वर्षीय बालक को गोद में लिये उतरी, उसे देख कर अनायास मेरे मन का मैल कटने लगा। अधिकतम आयु चौबीस वर्ष, खरी गौराई और आँखे ! जैसे मजबूरी की जंजीरे टूट-टूट कर बंध रहीं हों। ओठ इतने पतले, ऐसे सटे कि आह की सांस भी बाहर न आ सके। ऊँचाई औसत दर्जे की, शरीर इकहरा। बिलकुल सादी साड़ी, हाथ में चार छः काली चूड़ियाँ, बस, उसने ताँगे से उतर कर बच्चे को गोद से उतारा साड़ी का पल्ला खींच कर माथे तक किया, दोनों हाथ जोड़ कर बोली -

"माँ जी नमस्ते"

उसका स्वर सुन कर मुझे ऐसा लगा मानो पूजाघर की घंटी बज उठी हो, उसकी जलपरी सी आँखे फिर नीचे को झुकगई मैंने वेणु की ओर देखा वह मुग्ध हो कर आगन्तुका को देख रही थी, फिर बोल उठी -

"भाभी नमस्ते" ।

थोड़ी ही देर में ऐसा लगा मानो मेरे परिवार का ही कोई हिस्सा आ कर परिवार से जुड़ गया हो । किराया कम मिला एडवांस नहीं मिला पर किरायेदार तो भले मिले । मैंने सोचा चलो ठीक है मेरा सारा समय घर के बाहर ही बीतता है लगभग-लगभग, और इधर वेणु सयानी हो रही थी, वह कालेज से आकर दिन भर अकेली ही घर में रहती, मैं चाहती ही थी कि कोई भले किरायेदार आ जाँय । तो मन की मुराद पूरी हो गई ।

अब तो मेरी वेणु नेहा भाभी की दीवानी थी उसे मेरी बनाई सब्जी कहाँ अच्छी लगती, सब्जी तो नेहा भाभी अच्छी बनाती हैं अब उसे मेरे काटे कुर्ते अच्छे नहीं लगते, मेरा कमरा सजाना बेकार है मुझसे बनता ही नहीं, उसकी नेहा भाभी ही सर्वगुण संपन्न हैं, मैं दिन भर हंसती हूँ । बात कुछ हद तक सही भी थी ये नई किरायेदारिन नेहा सुघड़ तो थी ही सरल इतनी कि मैं कोई बड़ा काम करूँ बिना बुलाये दौड़ी आती । मैं कभी बड़ी पापड़ बनाऊं तत्काल साथ लग जाती, वेणु की साड़ी में फाल लगाती तो नेहा- दुपट्टों के छोर सीती तो नेहा । अक्सर वेणु की चोटी गूंथ देती फिर एक क्षण को मुस्कुरा कर वेणु को देखती और फिर किसी दर्द के झुटपुटे में खो जाती, मुझे तो इस बिना पुत्र की मिली पुत्रवधू का बड़ा सहारा सा हो गया था । लेकिन एक बात जाने क्यों मेरे मन को कुरेदती । मैंने कभी नेहा को खुल कर हंसते या बोलते न सुना, उसके वंशीधुन से स्वरों में लगता है कोई आह बस गई है कभी भूले भटके मुस्कुराती तो लगता किसी ने आधी रात बिहाग राग छेड़ा हो ..... । मैंने और तो और भी दिवाकर से हंसते बोलते नहीं सुना उसे । एकाध बार पूछा भी तो चुप लगा गई, फिर मैंने पूछना ही छोड़ दिया। किसी के व्यक्तिगत मामलों में घुसपैठ की मेरी आदत नहीं । फिर असली हालत घर की मुझसे छिपी तो थी नहीं, उनके यहां कुछ था ही नहीं अभाव तो स्पष्ट था खंडित जुड़ाव की गृहस्थी, जैसे तैसे जीवन यापन हो रहा है । एक बार मैं उसके कमरे में गई थी, कुछ नहीं दिखा, दीवार पर एक बड़ा सा फोटोफ्रेम रखा था वहीं कुछ कागजात रखे थे .... कुछ रजिस्टर रखे थे उन पर लिखा देखा "दिवाकर सिन्हा एम०ए०, बी०एड०, एल-एल० बी०, साहित्य रत्न, पी-एच० डी० (स्कालर) पढ़ कर बेचैनी सी हुई .... इतनी उपाधियां

'कि नाम लिखने को ....

कई बार वेणु ने मुझसे कहा -

"अम्मा तुम दिन भर की थकी-थकाई रात को मुझे पढ़ाती हो .... आधी जागती हो आधी सोती हो ऐसे में कहीं पढ़ाई होती है, दिवाकर दादा से क्यों नहीं कह देतीं तो मुझे पढ़ा दिया करें,

फिर मेरे पास आ कर धीरे से बोली -

"मैं ऐसे ही थोड़े ना पढूंगी, तुम उन्हें कुछ दे देना, ऐं ना ? " मुझे हंसी आई उसके कहने के ढंग पर । बात तो सही थी रात को थकान से मेरी नस-नस दुखती, चार बजे तक अपना कालेज देखती हूँ फिर हाट बाजार के कई काम निकल आते है थकान से चूर हो जाती फिर भी वेणु को पढ़ाती कि उसके डिवीजन में कोई फर्क न आ जाये । एकाध बार मेरे मस्तिष्क में यह बात आई कि मैं दिवाकर से कह दूं पर जमाने की हवा देखकर मेरी हिम्मत न पड़ी । यूं मेरी वेणु में हद से ज्यादा बचपना है और दिवाकर उम्र से ज्यादा गंभीर है इतने दिन हो गये मैंने उसे नेहा से ही बोलते नहीं सुना न हंसते देखा एकाध बात अनमन भाव से बाकी चुप । जब कि यह उमर बतियाते नहीं थकती । फिर भी नित्य का पढ़ना पढ़ाना नित्य का साहचर्य और आयु का आकर्षण खींच कर कहीं दोनों को पास ले आया तब ! मैं हंस कर बात टाल देती हूँ ।

समय गुजरता जाता है । आज सात दिन बाद देहरादून से लौटी हूँ रिक्शेवाले को पैसा देकर भीतर घुसती हूँ प्यार से पुकारा वेणु .... । अरे यह क्या साक्षात चंडिका बनी खड़ी शेरनी सी मुझ पर बिफर पड़ी -

"तुम्हें .... तुम्हें किसी के दुख दर्द की परवाह रहती है ? तुम्हें तो अपने आप से फुर्सत नहीं, तुम तो अपने आपमें मग्न परमहंस बनी रहती हो .... नेहा ने तुम्हारे लिए क्या न किया था, तुम्हारी बहू होती तो न करती लेकिन तुमने कभी उसका दुख दर्द पूछा । ऐं, जानती हो तुम्हारे जाने के एक दिन बाद नेहा ने कड़ी से झूलकर फांसी लगा ली थी ।

"ऐं"... क्यों ? फांसी !" ....

मैं भड़भड़ा कर ऊपर चढ़ने को आगे बढ़ती हूँ वेणु ने मुझे धक्का दे दिया -

"मत जाओ, वहां अब कोई नहीं है वह कहीं चली गई है .... वह तो मैंने देख लिया .... वरना .... वरना ... क्या वह जिन्दा .... मिलती, अरे द्वार पर कुत्ता भी पड़ा होता है तो लोग एक रोटी डाल देते हैं फिर नेहा तो इंसान थी ... दिन दिन भर तुम्हारे घर का काम कराती थी पर तुमने ... कभी उसे पानी को न पूछा ....दिवाकर दादा चार माह से बेकार हैं ... दिन दिन भर भूखे नौकरी की तलाश में ...

इसके बाद वेणु फूट-फूट कर रोई, खूब रोई ।

इसके बाद जब भी कभी दिवाकर मुझे दिखा, कट कर नजर बचा कर निकल गया, मैं संवेदना और सहानुभूति में नहाई हुई भी उससे कुछ न कह पाई । पर इतना मैंने खूब देखा कि अब उसके मुख पर कठोरता घर कर गई है .... वह पहले सा सौम्य और तरल नहीं । एक दिन उसने बताया नेहा मैके गई है ।

कुछ माह और सरक गये, एक रात बड़ी उमस थीं, आँख नहीं लग रही थी । वेणु के बाबूजी, छुट्टी लेकर आये थे तो रात बारह बजे तक बातें होती रहीं, वेणु की पढ़ाई, वेणु की शादी, मकान की तीसरी मंजिल का निर्माण, मोटर साइकिल बदलाने की बात आदि आदि । लगभग एक बजे के जाकर आँख लगी जब हवा के ठंडे झोंके छत पर नीम के फूलों की चौक पूरने लगे ।

सहसा कुछ आहट हुई है नींद लगी ही थी तत्काल खुल गई ...कुछ समझ में आया, आहट नीचे मेरे घर पर ही हो रही है मेरी घबराहट और बढ़ी ...अभी हाल में भजन ठेकेदार के यहाँ चोरी हो चुकी थी, सहसा बर्तन खनके कोई उठा धरी कर रहा है चौके में बर्तन बजे... मैं पसीने में तर हो गई, कांपने लगी, झककोर कर इन्हें जगाया, ये जाग तो गये पर चिल्लाने या किसी को पुकारने के पक्ष में ये नहीं थे हम दोनों दम साधे रेंग कर छत के किनारे पहुंच गये । इन्होंने झांका फिर मैंने, मुझे खूब याद है खूब कि मैंने आते समय रसोई का द्वार बंद किया था । पर इस समय लगा कि वह खुला है । जी धड़क गया, इन्होंने हाथ बढ़ा कर छत वाला स्विच आन कर दिया आंगन उजाले से भर गया...हे परमात्मा ... अरे नारायण ... अरे भगवान ... हे राम ... मेरी नींद क्यों खुली ? क्यों ? क्यों ? ... मैं सोती ही क्यों न रह गई ? क्यों जागी ...हाय भगवन ... मेरी देह में सौ सौ बिच्छू डंक

मार रहे हैं। मैं बदहवास सी वहीं लुढक गई, ये माथा पकड़े रह गये जैसे बैठे थे। उफ़ ! रसोईघर के किवाड़ खुले थे दिवाकर रसोई में खा रहा था सामने कुकर के डिब्बे रखे थे रात को कुछ बचा नहीं था सिर्फ चार रोटी महरी के लिये मैंने छोड़ दी थीं। कुकर की तली में थोड़ा बहुत सब्जी का शोरबा पड़ा होगा। वह रोटी के कौर को उसी से पोंछ पोंछ कर खा रहा था इर्द गिर्द जूठे बर्तन बिखरे थे वह उन्हीं के बीच बैठा था। एक हाथ में रोटी लिये था दूसरे से कुकर का तलछट पोंछ रहा था मेरा मन चीख कर रोने को हुआ, छत की पट्टी पर सिर पटक देने को हुआ. उफ़ रोशनी होने पर भी उठा नहीं, भागा नहीं ऊपर हमारी तरफ देखा नहीं, एक हिंसक पशु की भांति खाता रहा खाता रहा। हमने तत्काल बत्ती बुझा दी। मैं इस समय जम कर चट्टान हो गई हूँ, मुझमें कुछ दम नहीं रही, शून्य, जड़ बिलकुल मुर्दा ....

उस एक पल में मैंने देखा, उसके मुंह पर कैसा भाव था, क्रूर, हिसंक कठोर, घृणा ... ऐसी घटनायें मैंने पढ़ी थीं किस्से कहानियों में ...सुनी थीं ... पर .. ऐसी क्रूर सच्चाई के सामने मैं कभी नहीं पड़ी थी ऐसा क्रूर यथार्थ मेरे सामने कभी नहीं घटा था, मैं वैसी ही लुढ़की रही, पता नहीं कब तक।

कई माह गुजर गये हैं अब दिवाकर के कमरें में अधिकांशतः ताला रहता है वह भी कभी कभी मुझे दिखता है। जब बिलकुल सामने ही पड़ जाता है तो अनमने से नमस्ते का भाव जता देता है अन्यथा वह मुझसे कट कर बच कर निकल जाता है, हफ्तों उसकी सूरत देखने को नहीं मिलती। एक दिन बिलकुल आमना सामना गैलरी में हो गया, हे राम ये वही दिवाकर है अभी ८-१० महीने पहले क्या था क्या हो गया ? ओठों पर पपोटे आंखों के नीचे स्याह गड्ढे चेहरे पर एक क्रूर सा अजनबीपन, बड़ी शीघ्रता से वह नमस्ते कर हट गया। रात को कुछ आहट मिली कि कमरे में दिवाकर है मैं अपने को रोक नहीं पाई वेणु से कहा जा दिवाकर भैया को बुला ला। मेरे दिल की धड़कन बढ़ने लगी जी जाने कैसा हो गया कैसे बोलूं ? क्या बोलूं? वह क्या कहेगा लज्जित **तो** बेतरह है ही वह। मैं चाहती हूँ उसके मन की ग्लानि को किसी तरह तो दूर कर दूं ... थोड़ी देर में दिवाकर अनमना सा मेरे सामने खड़ा हो गया -

"आइये आइये ... काफी दिन बाद आज दिखे, कहीं बाहर गये थे क्या ?

'हूँ ' कह कर वह फिर चुप हो गया । उसकी 'हूँ' बड़ी ही अनमन और दुखने वाली थी ।

"बैठिये तो, आप बैठें ... बैठें

हूँ कह कर कुर्सी पर बैठ गया

"ऐसा है दिवाकर बाबू ... वेणु की परीक्षा बिलकुल आ ही गई है

"हूँ ....फिर वही अनमनी "हूँ "

"आपको सुबह या शाम ... जब थोड़ी बहुत फुर्सत मिले ... जरा वेणु को देख लिया करें... वैसे पढ़ती तो रहती है ...

हूँ कह कर उसने उठने का उपक्रम किया,

"सुनिये " ... मैने सकुचाते हुये कहा -

'जी' मेरी ओर बिना मुंह किये, द्वार की ओर देखते हुये बोला ..

'ये ... ये .. कुछ ... रुपये हैं ... रख लीजिये ... शायद गाइडवाइड भी लेना पड़ जाये ... तो .... "

मैंने कुछ सकुचाते हकलाते हुये सौ सौ के दो नोट उसके हाथ में पकड़ा ही दिये । दिवाकर एक दम चौंका, पहले उसने जबरन पकड़ाये गये नोटों को देखा फिर उन्हें अलग अलग करके देखा फिर ... उसने मुझे देखा ... फिर नोटों को देखा फिर दीवार की तरफ देखने लगा धीरे धीरे उसकी भृकुटी चढ़ी दाँत पर दाँत चढ़ गये, एकदम घूम कर मेरी ओर तमक कर देखा, बोला और इतनी जोर से चीख कर बोला कि मैं तख्त से उतर कर खड़ी हो गई पर्दे के पास ।

" नोट .... नोट ... ये सौ सौ के नोट ... आज आप मुझे सौ सौ के नोट दिखा रही हैं ऐं ? सौ सौ के नोट दे रही हैं जब आपने मुझे अपने घर की जूठन चाटते देख लिया, इसके पहले इसके पहले आपके घर में मेरे देने को पैसे न थे । हाँ ! तब तब आपने मुझे ट्यूटर रख लिया होता ... आपने बेटी को मुझसे पढ़वा लिया होता तो ... मैं आपकी बिटिया को ले कर भाग जाता ... क्यों ? अरे बाई जी ! बहिन जी ! किसी की बहू बेटियाँ लेकर वे भागा करते है जिनके पेट में बोटियाँ फड़कती हैं । जिनकी भूख से अंतड़ियाँ कुलबुलाती हैं जिनके पेट में भूख की आग जलती है वे आंखें नहीं सेंका करते ... मेरी नेहा में कौन सी कमी थी ... तुम्हारी बेटी सात अवतार ले ले तो भी मेरी ... नेहा को न पावेगी ।

." आज जब मैंने अपनी नेहा को बेच दिया

"क्या ... नेहा ... नेहा को बेंच दिया ? ... क्या मतलब ? दिवाकर ? "

"हाँ ... नेहा .. को बेंच ही दिया ... तुम यही समझो बस यही समझ लो, दो जून की पेट की रोटियों के पीछे नेहा ... तीन दिन निराहार रहने के बाद .... मेरा बेटा तनु . ..तन्मय जब ऐंठने लगा ... दम तोड़ने लगा तो मैंने ... उसे और नेहा को होटल में रख दिया... एक होटल वाले के यहां .. मैं उस नन्हें गुलाब को भूखा मरते नहीं देख सका । मै उस भुवन मोहिनी, अपनी नेहा का गला नहीं घोंट सका, सुबह ५ बजे से रात एक बजे तक खटती है सिर्फ दो वक्त का खाना और ५० रुपये ..... बस । .... यही दो सौ रुपया माहवार पहले दिये होते ... तुमने तो . .. मैं उन दोनों के आगे चबेना ला कर डाल देता ... होटल में ... नौकरी न कराता ... ।

अब वह रोने लगा था ..

"मैं तुम्हारे घर की जूठन चाट कर भी जिन्दा हूँ । जूठन चाट कर भी जिंदा हूँ, तुम्हारे घर के रोटियों के कौर चुरा कर भी जिन्दा हूँ कि ....काश. .. उन दोनों को वापस ला सकूँ ... "

इसके बाद वह इतना रोया इतना रोया ... कि मेरी घिग्घी बंध गई, मेरे होश उड़ गये .. उसने दोनो नोटो को फेंक दिया और बड़बड़ाता चला गया ." वाह रे जमाने ... वाह री दुनिया आग नही लग जाती...इस दुनिया में... ये ५०० रुप्पली के ओवरसियर का घर है । ये हाईस्कूल की मास्टरनी का घर है .. धन धरने को .. जगह नहीं है ....चौमंजिली कोठी, दो दो मोटर सायकिलें .....खड़ी हैं ....

सुबह मेरा मकान खाली था, वह रात को ही कहीं जा चुका था । मेरे घर पर घटी ये दोनों घटनायें मेरे मुंह पर थप्पड़ से मार मार जाती हैं दिन भर मैं घायल हो गई हूँ, लहू लुहान हो गई हूँ दिन रात छटपटाती हूँ चौबीसों घंटे मुझे एक अनाम दर्द सताता रहता है, मैं सबसे बड़ी गुनहगार हूँ.... उसकी बर्बादी में .... सिर्फ ये सब मेरे कारण... मेरे कारण ... मैं दोषी हूँ । मैं चाहती तो उन्हें इस स्थिति से उबार सकती थी । मैं उसे कहीं काम पर लगवा सकती थी ... मेरे पास पैसे की कमी ? चौमंजिली कोठी का

किराया, दूसरों के नाम खरीदी गई कितनी जमीन कितने प्लाट ! और मेरे है ही कौन ? सिर्फ एक कन्या ... आज चाहूं तो कलेक्टर से वेणु का ब्याह कर दूं ... पर ...पर मैंने कुछ नही किया मैंने कभी उसकी तरफ आँख उठाकर नहीं देखा। मुझे अपने आप से फुर्सत नहीं ... कालेज... सभायें मीटिंग, लायब्रेरी ... सब रईसों वाले काम .. उफ ! मैं शिक्षिका हूँ और एक एम०ए० बी०एड० साहित्यरत्न पी-एच० डी० छूटी नौकरी के बेकार मास्टर का दर्द न समझ पाई ... उफ ! उफ ! वह मेरे घर की जूठी हंड़िया चाटता रहा .... उसकी साध्वी पत्नी होटल में .... सौ की नजरों का ... शिकार बन दिन भर मजूरी ... करती होगी .. . । कहाँ गई मेरी वह सदाशयता ... कहाँ गयी मेरी आंखों की वह नमी ....जब मैं मेहतरों, बसोरों और पत्थरफोरों के बच्चों पर अपना लंच बाक्स उड़ेल देती थी किसी उघारे को देख कर अपना शाल उतार लेती थी....

अब मैं पैसे वाली हूँ .... मेरे पास पैसा हो गया है.... मेरे ऊपर पैसे की पर्तें चढ़ गई हैं मेरी सांसो से पैसे की गंध आती है, मेरे पसीने में पैसा बहता है मैं पैसा ओढ़ती हूँ पैसा बिछाती हूँ, मै पैसे से मुंद गई हूँ मैं पैसे से लद गई हूँ ! काली कमाई खाते खाते मन का उजियारा मर चुका है !

बहुत लंबा समय गुज़र गया। मानस पट से दिवाकर और नेहा के चित्र धुंधला गये थे। कालेज में ग्राम सुधार की योजना बनी थी, सप्ताह मनाया जाना था, मैं छात्राओं को लेकर जा रही थी, गरीबा रोड से जेल के पास से„ छात्र आगे निकल गये थे लड़कियाँ बीच में झुडं बनाये जा रहीं थीं, मैं जरा पीछे रह गई थी तभी सुना "नमस्ते बहिन जी'। 'नमस्ते' कहते तो मैंने कह दिया पर पहिचाना नहीं, वह व्यक्ति लंगड़ा रहा था, बढ़ी दाढ़ी, भयानक सा चेहरा बेहद मैले कपड़ों में लिपटा ! कम उम्र का युवक ही था।

"आपने पहिचाना नहीं शायद, मैं दिवाकर हूँ।

"दिवाकर बाबू आप .. ... आप आ ऽ ऽ प " मेरी जबान लड़खड़ाने लगी थी।

"हाँ ऽ ऽ आ अभी निकला हूँ और फिर जाने की सोच रहा हूँ ...."कहाँ ?"

"वहाँ ... उसने जेल की तरफ इशारा किया, वहाँ काम कराते हैं और खाने को भी देते हैं मेहनत के बाद, वहाँ रोटियां मिल जाती हैं, आधी रात

लुक छिप कर किसी की जूठन नहीं चाटनी पड़ती ....।"

मेरे ऊपर घड़ों पानी पड़ गया, वह कहता रहा।

"नेहा की नौकरी होटल से छुड़वाना चाह रहा था, होटल वाला छोड़ नहीं रहा था। अभी कुछ पैसे कर्ज के बाकी थे, कर्ज लिया था न ? नेहा वहाँ ब्याज पर काम करती थी। तनख्वाह ! थोड़ी बहुत देता था ... उसने जब नेहा को नहीं छोड़ा तो मैनें उसे मार दिया .. उसने पुलिस को फोन कर दिया .. बस पुलिस वालों ने मुझे बहुत मारा ... मार मार कर मेरा एक पैर बेकार कर दिया .. बहुत मारा साले... कमीन ... जालिम ...।"

मैं चुप रही एक बार सहानुभूति दिखाने का नतीजा मैं भुगत चुकी थी ... सो मैं मुंह से तो कुछ न बोली पर मन में हड़कंप सा उठ आया . वही पुराना अनाम दर्द... काश मैंने इसे कहीं लगवा दिया होता ... उफ ! वही दिवाकर है ये ... जिसके मुंह से 'जी-' और 'जी नहीं' के अलावा कभी कुछ नहीं निकलता था आज धुवांधार गाली दिये जा रहा है पुलिसवालों और होटलवालों को। भूख, पेट की अतड़ियों को तो काटती ही है शालीनता की डोरियों को भी काट देती है भूख की ऐंठन से शिष्टाचार के बंद भी चटचटा कर टूट जाते हैं .... बड़ा असमंजस था, लड़कियाँ आगे निकली जा रही थीं, आखिर उसी ने मेरी मुश्किल हल कर दी 'नमस्ते' कर के क्रूर हंसी हंसता लंगड़ाता चला गया।

मैं चलती हुई भी जड़ हूँ हिलती हुई भी अचल हूँ, मैं मुड़ मुड़ कर देख लेती हूँ उसकी पीठ ! जोड़ जोड़ से टूटा, पोर पोर से चटका एक खंडित आदमी दिवाकर सिन्हा एम० ए०, बी० एड०, एल एल० बी०, सहित्य रत्न, पी-एच० डी०। ये कैसा तराजू है.... नेहा उसकी परिणीता है सात फेरों की, होटल वाले की नियत जाहिर है। मगर परिणीता पर पति का अधिकार नहीं रहा, अधिकार मांगा, मार मिली .... पैसे के वजन से तराजू चरमरा गया है ....कुचल गया है। मुझे कुछ याद आता है.... मैं मुड़ कर आवाज देना चाहती हूँ.... पर गले से आवाज नहीं निकलती, वह लंगड़ाता चला जा रहा है.. .. चला गया.... दिवाकर ओझल हो जाता है नजरों से। पढ़ा लिखा बेकार, अपराधी, कैदी, विद्रोही .... दिवाकर सिन्हा !

ये उज्जैन है, मैं एक सांस्कृतिक समारोह में भाग लेने उज्जैन आई हूँ साथ में स्टाफ के दो बुर्जुग व्याख्याता हैं। आज रात बहुत हो गई है। बाजार बंद होने वाला है। हम जल्दी जल्दी पास के होटल में चले जाते है बहुत बड़ा नहीं है पर छोटा भी नहीं है, मजे का है। एक जीना द्वार से होता हुआ ऊपर को जाता है, खाते खाते सुनाई पड़ी खटपट, खिलखिल, कहकहा, गूंज अटपटी समवेत ध्वनि ! अनायास निगाह ऊपर को गई मैंने देखा .... खूब देखा एक सेठनुमा व्यक्ति स्थूलकाय, उसके बाजू में एक अफसरनुमा आदमी। उससे लगभग सटी दोनों के बीच वह रूपसी.... गहरी लाल साड़ी, चौड़ा कत्थई बार्डर पाड़वाला, ओठों पर सुर्खी इतनी कि जैसे खून चुआ पड़े। मैंने दृष्टि गड़ा कर देखा.... मुंह का कौर मुंह में, हाथ का कौर हाथ में, शरीर को लकवा सा मार गया है, मेरी आंखें फट रही हैं, गले में कौर अड़ सा गया है। ये चेहरा ! मैं भूलूंगी ये चेहरा, मैं जीवन में कभी भूल सकूंगी ? कभी भूल सकूंगी ! साथ में जो लोग हैं सामने मेज पर खा रहे हैं। डा० प्रभाकर मुस्कुरा पड़ते हैं मेरी गतिविधियों पर –

"खाइये मैडम ! सामने थाली है।"

"मैडम गीत रचने लगीं क्या ? ये दुनिया है।"

कपूर साहब हंस देते हैं।

मैं कुछ नहीं सुन रही, कुछ नहीं देख रही, मुझे कुछ नहीं सूझ रहा मैं सिर्फ देख रही हूं – वेणु की चोटी गूंथती नेहा, मेरे आंगन में बरियां पापड़ सुखाती नेहा, मेरी साड़ी में फाल लगाती नेहा, साड़ी का पल्लू माथे तक खींचे पूजाघर की घंटियों जैसे स्वर में बोलती नेहा ! मैंने उन सबको उतरते देखा खूब देखा। वही आर्द्रता आंखों में अब भी है, वही मासूमियत चेहरे पर अब भी है बल्कि और अधिक और अधिक और और अधिक। आंखों से कातरता बही चुई पड़ रही है। उफ ! चेहरा झील से तोड़ कर सड़क पर फेंके कुचले कमल सा ! मेरी आंखों में किंचित भी घृणा नहीं है, घृणा आयेगी ? आयेगी क्यों ? मेरी आंखें तरला गई हैं। भगवान महाकाल की नगरी में सती बिक गयी है और उसका शम्भु वहीं जेल रोड में लंगड़ाता घूम रहा है पर ... पर .. मैं जानती हूँ, मैं दावे से कह रही हूँ सोलहों आने में सत्रह आने विश्वास भर कर कह रही हूँ कि नेहा लौट कर जायेगी जायेगी, वह दिवाकर की है। वह हारी है। जुयें का हर दाँव हारी है उसने पुलिस के चंगुल से अपने देवता को

मुक्त कराने के लिये ही कीचड़ भरी गली में पाँव रख दिया है वह जायेगी पैसे जुट जाने पर वह लौट जायेगी वह लौट जायेगी वह छुड़ायेगी। मेरा विश्वास कभी खण्डित नहीं होगा वह पत्थर पर टंका निशान है । वह पैसे जोड़ेगी, जोड़ कर दिवाकर को छुड़ायेगी मुझे लग रहा है मैं जाकर दौड़ कर उसे बता दूं कि दिवाकर छूट कर आ गया है मुझे मिला था। मैंउसे अपने साथ अपने खर्च से लिवा चलूं वहीं भेज दूं जहां मैंने उसे देखा है ... वह मेरे पैर छुयेगी तरलाई आंखों से कृतज्ञता से ... छिप कर तन्मय को लेकर मेरे साथ चल पड़ेगी . पर एक बात बताऊँ जो मैं सोच रही हूँ दिवाकर ने यदि ... रखने से इंकार किया ? तब ? तब ? क्या वह ऐसा कर सकता है ? क्यों नहीं पुरुष है न ? अब वह मैली धोती पहिने रोटी बेलती नेहा नहीं .. उसकी हैसियत होटल की मालकिन की है इस चमकीली साड़ी में, ओठों की सुर्खी में दिवाकर संदेह का दंश खा गया तो ... मैं जानती हूँ अब दिवाकर नेहा को नहीं अपनायेगा नहीं नहीं ... पराई चौखट चढ़ आने के उपरांत औरत किसी के गले उतरी है ? नहीं.. ऋषि मुनियों के नहीं... चक्रवर्ती राजाओं के नहीं... वरना शिला अहिल्या न होती लव कुश वन में न जन्मते .. मैं भाग कर दौड़ कर नेहा को पकड़ लेती हूँ। मैं उससे कहती हूँ दिवाकर छूट कर आ गया है वह सांस रोककर सुन रही है विस्फारित आंखों से मुझे देख रही हैं फिर वह दौड़ कर मेरे साथ चल पड़ती हैं, उड़ते उड़ते वह जगह आ जाती है जहाँ दिवाकर खड़ा है नेहा तन्मय को आगे कर आती है आंखों में आंसू भरे हैं, बेकली से झुकी जा रही, दिवाकर से मिलने को बेताब, रो उठने का आतुर पर .... दिवा¯कर उसे देख कर नफरत से ओंठ सिकोड़ लेता हैं। "हूँ!... ये सजावट ये ठाठ मैं भूखों मर रहा हूँ, ये परी बनी है जा ... जा .... जा उसी होटल वाले के साथ। ये साड़ी ये लाली .. हूँ ... चल जा मुझे ज़रूरत नहीं ... भाग ।" नेहा थर थर काँपती है .... तभी पीछे से पुलिस आ जाती है वारंट ... वारंट ।

"यही है यही है, बिलकुल यही सेठ जमनादास के दस हजार रुपये चुरा कर भागी ... होटल मालिक सेठ जमुनादास के ।"

ई ई ई ई ई मैं जमीन पर आ जाती हूँ मेरे मुंह से जाने अस्पष्ट क्या क्या निकलता है। सामने बैठे बुजुर्ग प्रोफेसर डा० प्रभाकर मुझे झिड़कते हैं

"जल्दी खा लीजिये मैडम ! फिर यहां से टैक्सी भी नहीं मिलेगी जल्दी कीजिये ।"

वे उठ कर सड़क पर जाती एक गाड़ी रोक लेते हैं।

श्मशान मेला

जी हाँ .... धरती ने मुझे लिया नहीं मां होकर भी, आकाश ने भी त्याग दिया पिता हो कर, मुझे अपनी असीमता में उसने मिलाया नहीं .... पवन बहता रहा पर अपना तारल्य मुझे नहीं दे सका, ... उसने मुझे अपनी तरलता में नहीं घोला, आग ने देह भर जलाई है अपने अम्तित्व से दूर रखा, सदानीरा की यह विशाल जल राशि .... केवल अस्थि प्रवाह कर रही है मुझे नहीं बहा रही । मेरा जलतत्व अभी भी सूखा है, मैं तो उड़ती फिरती हूँ, डोलती फिरती हूँ, अधर में लटकी हूँ, त्रिशंकु की तरह । अरे, यह मैंने क्या कह दिया .... राम ! राम ! यह नाम मैं कैसे ले सकती हूँ मैं तो प्रेत हूँ न ? .... प्रेतात्मा....मैं भटकने के लिये ही यहां भेजी गई हूँ ..

मेरे लिये कहीं ठिकाना नहीं हाय .... ये .... पेड़ ! कितने पतले हैं बांस बबूल हैं न ? अपनी ही बाढ़ पर जीते हैं, इतराते हैं आस पास कोई वट, पीपल या आम नहीं, ये शुभांग वृक्ष है यहां श्मशान में आयेंगे ? इनके तने मोटे होते है । काश इनके तने में खोह होती . . . तो मैं उसमें शरण पा जाती, ये बड़े पेड़ आश्रयदाता होते हैं, कोई ठंडक पा जाता है इनमें, पर भला आश्रय और ठंडक मुझे क्यों मिलने लगा ? जीते जी न मिला तो मर कर कैसे मिलेगा और वह भी एक प्रेत को । छिटपुट पत्ती वाली शाख पर मैं नहीं बैठती,

मैं अभिशप्ता .... मैं प्रेतनी .... कहीं मेरी हवा लगे तो चूं चूं करते चिरई चुनगुन न कहीं मर जायें .... हाय राम देखती फिरती हूँ .... अपनी मौत का मेला .... वे नारियल की दुकानें, वो इंगुर - सेंदुर और सिन्धौरों की दुकान, इधर लालकाली चूड़ी बिक रही हैं, अस्थाई दूकानों पर बिछियां चुनरियां भी बिक रही हैं, पूरी श्मशान भूमि सुहागन हो गई है दुल्हन सी।

आज तो मरघट चढ़ाव की चौक हो गया है। मेरे चबूतरे पर धड़ाधड़ नारियल फूटते हैं, धूप कपूर का होम होता है, भोग मिठाई चढ़ती है, दिन भर जयजयकार होती ही है मेरे नाम की .... देखो वह लाल साटन पर सुनहले गोटे से मेरा नाम लिखा है, डंडे पर झंडा कैसा फहरा रहा है पर .... पर मैं उसे छू नहीं सकती .... अशरीरी हूँ न ? दिन भर देखती हूँ भक्तों का, अपने भक्तों का आना जाना,अब .... मैं अंतर्यामी तो हूँ नहीं . ... क्या जानूं कौन क्या मांगता है ? .... पर हाँ मेरे चबूतरे की परिक्रमा देकर फिर झुक जाते हैं, औरतें तो माथा रगड़ मारती हैं, सासें बहुओं को लाती है उन्हें कुंड की भस्मी चटाती हैं। कैसा चिकना ..... चबूतरा है खूब . ... फूल पड़े हैं ..... लगता है ..... बैठ जांऊ .... उफ मेरा चबूतरा .... और मुझी को जगह नहीं .... मेरी गंगा और .... मैं प्यासी हूँ . ... कैसा फूल मालाओं से सजाया गया है वह स्थल जहाँ मैं सती हुई हूँ ..... नहीं .. . सती हुई नहीं .... सती की गई हूँ ..... मैं सती हुई नहीं.... मैं तो फूंकी गई हूँ..... जबरन ..... मेरी तो हत्या की गई हैं ..... झूठ ..... झूठ .... ऐसे फूंकने को आप सती होना कहते है ? कहिये .... कहिये आपको पूरी स्वतंत्रता है .... धर्मशास्त्र ? जी .... वह भी आप लोगों के ही बनाये हैं .... जी क्या कहा ? नारी भी नारी को सताती है ? सतायेगी ही .... कुचली बेल गिर पड़ती है-आस पास के अंकुरों को दाब लेती है। जब नहीं चढ़ी वह खुद तो दूसरी क्यों चढ़े ? उसे पुरुष ने उठने कब दिया ? जानते हैं सती किसे कहते हैं ? सती वह है जिसका सत् इतना प्रखर हो जाये कि वह शरीर से योग अग्नि भी प्रकट कर ले, कोई भी, अनहोना कार्य भी कर ले .... सती अनुसुइया पति के साथ जल कर नहीं मरी थीं उन्होंने .... आपने तो पढ़ा होगा, अपने सत् से ब्रह्मा विष्णु महेश को बालक बना कर झूले में डाल

लिया। सती ....वह भी है जो पति के मरने के बाद पसीना गार कर तसले ढो ले मज़ूरी ....कर ले परिवार पाल ले .... मैं सती होती ... तो मेरे तन से योग अग्नि प्रकट होती .... कुप्पियों, तेल पेट्रोल और सेरों घी आपको मेरी .. .. चिता में न डालना पड़ता ... उफ़ ! मुंह सूख रहा है .... वेदों की व्याख्या .... मैंने पढ़ी है .... जी मैं कालेज में इतिहास और दर्शन की छात्रा रही हूँ .... सती करना वेदों .... में.....कहीं लिखा है ? नहीं, मेरा सत् नहीं जागा था। मैंने जीना चाहा था भरपूर ज़िन्दगी .... जी भर ज़िदंगी, आनंद से लबालब ज़िन्दगी .... ज़िन्दगी में मुझे पारे की सी चमक दिखी थी .... और गुलाब कुंज की गंध। मुझे ....ज़िन्दगी से बड़ा प्यार था....मेरे अंग अंग में स्फूर्ति और प्रवाह था .... एक बात यह भी कि मेरी आंखों में नेह का काजल रचा था । ओठों में खुशियों के लिये नेह निमंत्रण था .... पर .... पर मेरा आंचल, देखिये वो दूर आसमान में उजले बादल का एक टुकड़ा दिख रहा है, बस ....मेरा आंचल ऐसा ही धवल था, ऐसा ही उज्ज्वल ! मैंने आश्रम के मैनेजर को खींच कर तड़ाक से तमाचा मारा था, घूम गया था। प्रेम निवेदन ले कर आये थे हजरत .... सूअर .... ।

देखिये मैं .... भूखी हूँ और मेरे ....चबूतरे को लड्डू पुये और बताशे डाले जा रहे हैं .... वो देखिये ... वो हरे बार्डर की लाल साड़ी वाली नवयौवना चमचमाते पीतल के लोटे में पानी लिये है अभी उसने मेरे चबूतरे पर .... छिड़का था .... काश मेरे होठों पर छिड़क देती .... प्यास के मारे ओंठ लिपट रहे हैं... बहुत प्यासी हूँ न ....अगरबत्तियों के मुठ्ठे दिन भर में जल जाते हैं ... पर क्या एक सांस गंध मुझ तक आ पाती है ? नहीं . ... हम ये सुवास नहीं ले पाते .... न मैं खा सकती हूँ .... न पी .... सकती हूँ न मैं इन अगर बत्तियों की सुगंध ले सकती हूँ हमारे प्रेतदेश के संविधान में यह सब कुछ मना है।

वो उधर उधर मरघट के उस तरफ कुछ मरे पशु भी पड़े हैं कंकाल भी पड़े है कुछ खोपड़ियां पड़ी हैं। चील कौओं के नीचे कुछ मृत शरीर पड़े हैं वे सड़ भी रहे हैं उनमें भयानक दुर्गंध उड़ रही है, कहीं नुचा हुआ मांस है कहीं कहीं अस्थियां हैं .... उस अधनोची गाय के ऊपर गीध बैठा है कीड़े बजबजा रहे हैं ... बस हमें वहीं बैठने की इजाज़त हैं ... इस

चिता के चिकने चबूतरे पर हमें कौन बैठने को मिलेगा ! ... उफ, जल्लाद कहता था ... सती हो .... जा ... सीधा वैकुंठ .... मिलता है सती को .... ये .... लोक मिला मुझे ... प्रेतलोक । हां अकाल मौत मरी हूँ ना ? अभी मेरी मौत थी कहां ? मेरे जीवन की झील में कंवल ही कंवल थे ... कांटा तो न था एक । आह !

कालेज का ... वो गुलमोहरों और आमों से घिरा उद्यान ! चारों ओर हरीतिमा ! ....और जैसा ये हरे बार्डर वाली साड़ी पहनें ... नववधू है न ? खासी खरी गोरी .... चिट्टी ....बस मेरा रूप रंग ऐसा ही था और इससे बीस समझो .... हां .. हां पानी देख कर जी ललचा उठा .... हाँ .... तो एक दिन ... इस हालात में भी हंसी आ गई ... एक दिन हिन्दी की क्लास थी .... प्रो० नलिनीकांत झा 'कामायनी' का एक पद पढ़ा रहे थे, तरुण प्रोफेसर ...

नील परिधान बीच सुकुमार, खिल रहा मृदुल अधखुला अंग
खिला हो ज्यों बिजली का फूल मेघ बन बीच गुलाबी रंग ।

उन्होंने पढ़ाया और व्याख्या करते समय मुझ पर दृष्टि फेंकी और फिर वह दृष्टि फिसलती हुई खिड़की के बाहर लगे गुलमुहर की डाल से उलझ गई थी ... पूरी क्लास मुस्कुराई थी ... मैंने कनखियों से देखा .... फिर, फिर जब क्लास छूटी ... तो मैंने सब का साथ छोड़ दिया था . ... लान के कोने में जा बैठी थी .... तो .... वहां भी बोलियां कसी गई 'निपट अकेली राधिका' .... आह, इस व्यंग में भी कितना रंग बरसा था ?

मैं पानी .... के लोटे पर नजर गड़ाये हूँ ... ओफ ! पानी का लोटा तो मैं इससे छुड़ा नहीं सकती ... पर हां .... मैं इसे परेशान तो ... कर ही .... सकती हूँ, इसे चक्कर आ सकता है ... यह गिर सकती है, विक्षिप्त हो सकती हैं, पर ... नहीं ....मैं ऐसा नहीं करूंगी .... मैं इसका सुख नहीं छीनूंगी ! .... इसके मुख की कांति बता रही है कि इसका पति इसे बहुत प्यार करता होगा ... प्यार गर्विता अलग दिखाई दे जाती हैं ... तो मैं इस सुहाग भरी ... इस सुख सुहाग से ऊभ चूभ लबालब भरी उसकी महावर सी रंगीन जिदंगी को क्यों बरबाद करूं ? क्यों

उसका सुख छीनूं .... मुझे नहीं मिला पिया सुख .... तो इसका सुख क्यों छीनूं ? मैं तो चार चूड़ी और एक सेंदुर की सुहागिन रही हूँ असल सुहागन तो उसकी दूसरी भाभी थी ... भाई अरब में थे .... कभी कभार ... आते थे । वे वहीं किसी के हो चुके थे और भाभी यहाँ देवरमयी हो चुकी थी.....निसंतान थी .... मैं ब्याह कर आई थी सिर्फ भाभी .... की खुशामद के लिये ... पति के लिये ....नहीं .... जिठानी के लिये .... ! अक्सर मुझे कहीं न कहीं भेज दिया जाता ..... और .... मैं मूर्ख .... खुशी .... खुशी अटैची लगा कर कभी मायके आ जाती ....कभी कश्मीर छोटी ननद के पास ! पर एक रात मैं अचानक आ गई .... बिना किसी को सूचना दिये और घर पर जो देखा .... उसने मुझे फिर से अटैची ...लगा लेने पर विवश कर दिया ...मैं चली आई ... सच भगवान कसम गंगा कसम ..... उन्होंने .... मुझे .... एक बार भी .... न रोका .... एक बार भी नहीं .... वरना मैं तब ऐसी जिद्दी न थी जरूर रुक जाती मुझे जीने की बड़ी चाह थी .... फिर .... फिर .... बड़ी लंबी जुदाई । ...

ओफ़ ! ये घंटे बज बज कर कान खाये जा रहे हैं और .... देखो .... ये मेरा ससुर ... डलियों में भर भर नारियल और चुन्नी घर भेज रहा है ... समेट समेट ... कर ... कैसा महंत सा तना बैठा है ... ये चुन्नी कितनी कीमती है । गुजराती सिठानी ने चढ़ाई है मेरे चबूतरे पर, हजार से कम की न होगी ....

हां फिर मैंने कहा न ... कि मैंने हमेशा की छाती पर चढ़ी
सौत का घर छोड़ दिया .... और .... एक अनाथाश्रम में
सुपरवाइजर की नौकरी कर ली .... जी .... नौकरियां मुझे और भी
मिलतीं .... पर ... मैंने नहीं की .... बाबू ने, मेरे पिता ने मुझे
पाँच वर्ष की उमर से रामायण पढ़ाई थी .... मैंने पढ़ी थी .... मैंने
पति को तो छोड़ा जरूर था ..... यदि उन्हें पति कहा जाये ....
पति .... लाज का रखने वाला ... भरण करने वाला ....
रक्षक .... पर वे मेरे रक्षक न थे ... क्या थे वे ... क्या क्या
गिनाऊँ .... ? जाने दीजिये ....

एक दिन भाभी के बेड रूम में धोखे में चली गई, बाप रे बाप .. विदेशी शराब की बोतलें, अश्लील पत्र पत्रिकायें और नशे में धुत्त दोनों देवर भाभी । मैं उलटे पैरों लौट पड़ी पर उन्हें मेरी आहट मिल गई .... फिर .... मैं बहुत पिटी ... बहुत पीटा उन्होंने .... मुझे बहुत पीटा मैंने भी .... हाथ तो मैं न .... उठा .... पाई पर मुंह से खूब गाली दी ।

बस पटाक्षेप । जी मैंने रामायण कई बार पढ़ी है पूरा सुन्दरकांड मुझे याद है पर .... वे चौपाइयां गले के नीचे नहीं उतर पाईं .... अंध वधिर क्रोधी अति दीना .... 'ऐसेहु . पति कर किये अपमाना ... नारि पाव जमपुर दुख नाना' ! खैर ....

फिर लंबी जुदाई ... बड़ी लंबी जुदाई .... एक मान्यता प्राप्त अनाथालय की मैं सुपरवाइजर हूँ ... अधिक नहीं है करीब सौ ही लोग हैं बच्चे औरतें मिला कर । मैनेजर बदल गया है मैं खुश हूँ .... कुछ दिन पहले उस सूअर ने मुझे खूब घूरा .... वैसे तमाचा खा कर ठीक हो गया था । यहाँ जितनी औरतें है, कई एक ऐसी हैं जो परिवार वाली हैं बस कोई रखता नहीं उन्हें ....

आखिर औरत मर्दो की नज़र में क्या हैं ? मर्द औरत से क्या चाहते हैं ऐं ? क्या समझते हैं भिखमंगा, पशु ... नाली का कीड़ा . ... आखिर उसमें ऐसी क्या खामी है ? ये बंटवारा कब हुआ ? क्यों हुआ ?

देखिये एक सास अपनी बहू को लाई है ....उसने .... मेरी चिता-चबूतरे के फेरे कितनी श्रद्धा से दिये हैं, सास ने दिलाये हैं . ... कोई मुझे एक बात बताये कभी किसी पुरुष को 'सत्ता' होते देखा किसी ने ? न, कभी नहीं । क्यों ? रजोगुण, तमोगुण, सतोगुण तो नारी नर दोनों में व्याप्त रहते हैं तब नारी को ही क्यों 'सत' चढ़ती है ? नारी ही क्यों सती होती है ? ....सीता धरती में समा गई राम लौट आये राज महल । अहल्या शिला हो गई गौतम बैठे रहे आश्रम में ! ठीक है बड़ों बड़ों का साहस धर्मग्रन्थों के प्रणेताओं से पूछने का नहीं हुआ .... तो मैं किस गिनती में ? मेरा प्रश्न कौन सुनेगा .... प्रेत का प्रश्न कौन सुनेगा? लोग भागेंगे, गंडा ताबीज बांधते फिरेंगे .... !

हां तो एक छोटा बच्चा अनाथालय में था। बड़ा प्यारा, किसी की भावुकता और किसी के छद्‌म का परिणाम था वह ! औरत की भावुकता निर्बलता और पुरुष की भूख का ये फल बड़ा मीठा था, बड़ा प्यारा बच्चा था ! एक रात मैंने देखा .... वह निर्भूल सो रहा था .... जी ! उसके सामनें ये बच्चे कुछ नहीं है जो मेले में घूम रहे हैं, वह चांदनी में नहाया सो रहा था मैंने उसे चुपके से उठाया और कमरे में ले गई।

हा हा ..... हा .... हा .... हंसी आ रही है, ये महिला विदेशी है .... आंखे मुंह फाड़ कर सती का हाल सुन रही है .... कोई पर्यटक है। यहां से अजंता एलोरा के मार्ग हैं, गाड़ियां जाती हैं, आई होगी, नार्वेनियन है शायद ....कैसा मुंह बना है। हिन्दी बोल नहीं पा रही पर उसकी आंखे और हाव भाव सब कुछ कहे दे रहे हैं ....

हां हां .... मेम साहब यह हिन्दुस्तान है .... क्या .... क्या सुनेंगी आप ! नारी बलि के यहाँ बड़े बड़े तरीके हैं, जायेंगी आप श्रद्धा में ही डूबी हुई। हाँ तो मैंने पलंग पर लिटा कर बच्चे को चिपका लिया छाती से। आह ऐसा क्यों ? नारी की आदिम चाह मातृत्व और शिशु।

और शिशु की मूल प्रवृत्ति मां की छाती का स्पर्श ! उसने प्यारी प्यारी हथेलियां मेरे सीने से चिपका दीं, मैं सिहर कर कहीं खो गई .... रघु .... रघु ....रघु .... मेरी छाती से चिपटा। पर .... देखिये ... ये मेरा ससुर .... कैसा चढ़ौना उठा कर समेट समेट कर छाबलों में भर भर घर भेज रहा है ... यही हवस तो ... मुझे खा गई ! रघु मेरी छाती से चिपटा था, सहसा किवाड़ों पर खटखटाहट हुई .... मैंने खोल दिये ... ये मेरा ससुर ... जो महंत बना बैठा है उस समय हाथ बाधे खड़ा था, मुझे देख कर हाथ बांधे गिड़गिड़ाया, पैरों पर लोटने को हुआ ....

"बहूरानी ! केशव मृत्यु शैया पर है .... बहूरानी! तेरे नाम की सांसें गिन रहा है, दयामयी .... तुम अनाथालय के बच्चे पालती हो अपनी करुणा की एक बूंद पति को दे दो .... चल बहू रानी चल .... हम तुझे दूसरी गाड़ी से लौटा देगें .... तू देख कर लौट आना ... दया मूर्ति, दयामयी .... बहू ... तेरे पैरों पर हम लोटते हैं .... ।"

साथ में जेठ भी था .... अब तक पूरा अनाथालय जाग गया था ... मेरा मुंह बंद हो गया था ... यह पूरा समाज क्या कहेगा ?क्या

कहेगा ? क्या कहेगा ? समाज .... समाज और मैं चली आई .... मैं भूल गई ... । जिस समाज ने ठुकरा कर उन औरतों को अनाथालय में रहने को मजबूर किया उन औरतों ने भी मुझसे कहा 'दीदी चली ...जाओ ... देख आओ दीदी !' एक औरत भी वहां ऐसी न थी जिसने ये कहा हो कि न जाओ.... वाह री नारी ! किन तत्वों की बनी है तू ..

अब आप अपना कलेजा थाम लीजिये.... जो सुना रही हूँ वैसे... बात कोई बहुत बड़ी नहीं है .... मेरे पतिदेव का शव बर्फ की सिल्लियों में दबा रखा था ... मुझे कमरे में बंद कर दिया गया.... ससुर, जेठ, वही जिठानी... सब ने मुझे घेर लिया .... पिता बचपन में मर चुके थे, बहिन भाई थे नहीं, मां मरते समय सारी संपत्ति मेरे नाम कर गई थी... वही पूछ रहे थे, कागजात कहां हैं ? बोल बता.... बता.... चारों तरफ से मार थप्पड़ , चप्पल.... पिट कर गई थी .... आज फिर आ गई पिटने के लिये ... आ आ की की ई ई' .... मुझ पर तेजाब छिड़क दिया गया.... मैं बिलबिला गई.... मरता क्या न .... करता ... सब बता दिया, सब .... कहाँ क्या रखा है ? .... फिर .... पूरी कुप्पी उड़ेल दी गई.... बस । जब श्ममशान में पति की चिता चुनी गई .... तो मेरी लोथ उठा कर.... लकड़ियों से टिका दी गई.... और जनाब ... वे लकड़ियां .... मामूली लकड़ियां न थीं .... जादू की लकड़ियाँ थीं । आग छुई और भक से उन्होंने लपट छोड़ी और ... लपटों .... ने आसमान छू लिया ।

घननन घंटे, टन्नन घंटे, ढम ढम ढोल,.... अररर .... अररररर जय जयकार .... वो फूल मालायें .... वो झंडे ..... वो शंख घड़ियाल के स्वर .... सती माता की जै - जै - जै

अरे रे मैं फिर प्यास से मरी, ओ बहू ! ओ सुहागिन ! यह पानी ऊपर फेंक दे ... दो बूंद मुझे भी मिल जाये ..... लाल झंडों की चिन्दियां उड़ उड़ कर मुझसे कैसे चिपट रही हैं, मैं सुहागन हूँ न ? सती सुहागन को लाल ही रहना चाहिए । पर छू तो नहीं पा रहीं मुझे ये चिन्दियाँ । पर ये .... ये .... क्या हो रहा है ? ये मेला बदल क्यों रहा है ? मेरे ससुर को कोई प्रेत लग गया क्या ? यह ... वह ... ये औरतें आदमी सब सब सब प्रेत क्यों बन गये ? हा हा हा सब प्रेत बन गये । सब प्रेत बन गये । अब समझी ! श्मशान मेला है न ?

बेला मुरझ्यो जमुन कछार

मूसलाधार बारिश और घना अंधकार । एक बार बड़ी जोर से बिजली तड़की और अश्वारोही एक गढ़ी के सामने जाकर रुक गये । द्वारपाल ने नंगी तलवार चमकाते हुये कड़क कर पूछा – "कौन ?" उत्तर मिला – रात भर के लिये शरण चाहते हैं । द्वारपाल ने स्वामी की आज्ञा ली और द्वार खोल दिया ।

सुबह अश्वारोहियों की आंखें खुलीं तो पौ फूटने को थी । रात भर बरस कर आसमान साफ हो गया था । शिष्टाचारवश आगन्तुकों ने गृहस्वामी के दर्शन करना चाहे । परिचारक ने निवेदन किया कि गृह स्वामी स्वयं बुलाते हैं । एक विशाल सभागृह जैसा कक्ष, दीवारों पर तैल चित्र से बनी भुवनमोहिनी नारी मुद्रायें, जाली वाले झरोखों पर खूबसूरत कटाव । बीचों बीच एक कीमती आसन बिछा था, उस पर मृगचर्म था । चारों ओर छोटी-छोटी चंदन चौकियां रखी थीं । बीच के आसन पर एक भव्य पुरुष विराजमान थे । उनका गौर वर्ण दिप्-दिप् कर रहा था, ऊंचा मस्तक और ऋषियों सी श्वेत लम्बी दाढ़ी । चारों आगन्तुकों ने नत मस्तक होकर प्रणाम किया – रात भर मिले आश्रय, पूर्ण विश्राम और सुरक्षा के लिये आभार प्रदर्शित करते हुये ।

गृह स्वामी ने जैसे कहीं डूबे ही डूबे प्रश्न किया –

"रात्रि कोई कष्ट तो नहीं हुआ ?"

"नहीं देव, सुखपूर्वक रात्रि व्यतीत हुई ।" उनके नायक ने उत्तर दिया ।

"कहां जाना है, कहां से आना हुआ ? इस घनघोर वृष्टि में यात्रा का कोई विशेष प्रयोजन ? यदि गोपनीय न हो तो ।"

तीन आगन्तुक मौन साध गये, किन्तु उनका नायक इस दिव्य भव्य पुरुष के आगे किसी मंत्र रज्जु से बंध कर रह गया। वह झूठ नहीं बोल सका अवश हो गया। वह छुपने का साहस न कर पाया।

"मैं महरावल से आ रहा हूँ, मेरा नाम नरेन्द्र विक्रम देव है, तात !"

"महरावल से ? तो ....तो ....क्या भंज देव के पुत्र हो तुम ?"

"हां देव ! आपका अनुमान सत्य है। पिता रोग शैया पर थे, दर्शन हेतु गया था।"

देवोपम वे वृद्ध पुरुष उठ कर बैठ गये सीधे। फिर उन्होंने उस नायक युवक को देखा जी भर कर और फिर उनकी आंखे तरल हो गई। भरे कंठ से बोले –

"भंज देव मेरे ज्येष्ठ पुत्र आदित्य वर्मा का अभिन्न मित्र था, गुरु भाई भी, दोनों एक ही गुरुकुल में पढ़े थे।"

मृत पुत्र की स्मृति में उनके दृग बह पड़े। कुछ देर सामान्य वार्तालाप हुआ। अब टोली के नायक नरेन्द्र विक्रम ने उठ कर पितामह सदृश वृद्ध के चरण स्पर्श किये और जाने की आज्ञा मांगी तो छाती से लगाते हुये वे बोले –

"वत्स ! आज रक्षा बन्धन का पर्व है, अपनी बहिन बेला से राखी तो बंधवा लो।"

"बेला !" पौत्री को पुकारते वे भीतर चले गये। तीनों आगन्तुकों के दृग भी तरल हो उठे। ये कैसा अनायास मिलन था। कुछ समय बीता, वृद्ध पुरुष आकर अपने आसन पर बैठ गये। फिर बजीं चूड़ियाँ और नूपुर के घुंघरू। सब ने चौंककर देखा – आगे आगे दासी स्वर्ण थाल लिये और पीछे पीछे बेला !

नरेन्द्र विक्रम ने देखा तो देखता ही रह गया....... तो यह है बेला ? मोतिया रंग की प्रभा लिये, गालों में जैसे ईंगुर बिखर गया हो। कानों को छूते सुदीर्घ नेत्र, लम्बी कंटीली सघन बरौनियां। झुकती तो कपोल छूती, लम्बी उठती भौंहें। पतली नासिका पर झूलती बेसर बन्द कली से ओठों पर रह-रह कर प्रहार करती। अत्यन्त शीघ्रता से लपेटे जाने के कारण बालों की दो तीन लटें, मुख पर झूल पड़ीं .....

बेला समीप बैठी अक्षत, रोली और चंदन का मिश्रण बना रही थी। जैसे ही उसने राखी हाथ में उठाई, नरेन्द्र विक्रम तमक कर उठ खड़ा हुआ, दोनों हाथ वक्ष पर बांध कर बोला –"मैं बेला को भगिनी की गरिमा नहीं दे सकूंगा, क्षमा करें देव !"

स्वर में दृढ़ता थी। उसके तीनों साथी अचकचा उठे। दासी भयभीत हो गई। बेला सलज्ज नत हो गई, और वयोवृद्ध गृहस्वामी की आंखों में परम सन्तोष के अश्रु भर गये। अधखुली, अधमुंदी आंखों में मनचाहे पदार्थ को पा जाने की परम तुष्टि भर गई। घनी दाढ़ी मूंछों के बीच वे अमर पद प्राप्ति की मुस्कान मुस्कुरा उठे। यह सब क्षण भर में एक साथ हो गया। जाते जाते बाह्य द्वार से बेला की पानी से भरी नावों सी आंखों में एक प्रश्न उछलता गया नरेन्द्र विक्रम।

बरसात बीत चुकी थी। अगहन पियरा रहा था, बाग बगीचे भी पियरा रहे थे और बेला भी पियरा रही थी। दासी समझ गई थी कि बेला मानस-पीर से घायल है, अब तो उसकी आंखों का नाम ही प्रतीक्षा बन गया था। पर एक दिन इस प्रतीक्षा का भी अन्त हुआ। सूनी गढ़ी में शहनाइयां बज उठीं। पांच पुत्रों की मृत्यु से आहत पिता संसार से विरक्त होकर एक मात्र पौत्री को लेकर अपनी जागीर दान में देकर इस निर्जन गढ़ी में जीवन के दिन पूरे कर रहे थे। वही आज बेला की विदा के समय जनक की भांति त्यागी-विरागी होते हुये भी बेला को अंक में बिठाकर बिलख-बिलख कर रोये।

और आज महरावल की धूम का क्या कहना ! जागीरदार के एकमात्र पुत्र की वधू डोले से उतर रही है। सासों ने घी का दिया जलाया, उस उजाले में बहू का मुंह देखा। बधाइयों, शहनाइयों के स्वर गढ़ी को गुंजरित करने लगे। सामन्तों, सरदारों का आवागमन, आवभगत सब रात तक चलता रहा। नाई, भाट, बारी नेग जोग के लिये अड़ते रहे।

आधी रात होने को आई। नरेन्द्र विक्रम का कक्ष नीले दीपाधारों के दीपों से झिलमिल करने लगा। मंद तंद्रालस प्रकाश। कुमुदिनी, निशारानी, गजसिंगार और हजारी गेंदों की झालरों से पलंग छाया था। कक्ष में गमक उठ रही थी, जैसे रात भर के लिये बहार जाती जाती ठहर गई हो। इत्र की

गंध कक्ष भर में बस गई थी । सिर से पैर तक हीरे जवाहिरात में जड़ी बेला सिकुड़ी सी खड़ी थी । नरेन्द्र विक्रम ने कक्ष में प्रवेश किया तो बाहर से सखियों के समवेत स्वर खिलखिला उठे, बेला छुई मुई हो गई ।

नरेन्द्र विक्रम के मन में जाने कितने सिंधु ज्वार ले रहे थे – क्या कहा जाये ? उसने धीरे से किरणों के फूलकढ़ी सुनहरी किनारी वाला दुपट्टा बेला के सिर के नीचे खिसका दिया । बेला ने लजाते हुये दोनों हाथों से घूंघट थामना चाहा तो नरेन्द्र ने चुटकी ली –

"रानी साहिबा, बेला रानी जी, राखी नहीं लेती आई, बंध जाती" ....बेला की कनपटियां लाल हो गईं । नरेन्द्र विक्रम ने उसकी चिबुक को ऊपर उठाया और ठठाकर हंस पड़ा । बेसर का मोती फिर ओठों पर झूलने लगा ।

दो प्यासे विहंग प्रीति की झील में चंचु डुबाना ही चाहते थे कि ...... अ र र र र ...... अ र र र र र ये क्या हुआ ? भागो, भागो, दौड़ो, तलवारों की झनझनाहट, नारियों का क्रंदन, शिशुओं और बालकों के आर्तनाद से अन्तःपुर भर गया । तभी तलवार का एक तीव्र वार उनके कक्ष के कपाटों पड़ा । किवाड़ टूट गये । किसी को कुछ सोचने का, पूछने का, कहने का अवसर ही नहीं मिला । हीरे-जवाहिरात से जड़ी-मढ़ी बेला को लुटेरे उठा कर ले गये । नरेन्द्र विक्रम की एक बांह घायल हो गई । खड्ग का वार आंख के ऊपर से भौंह, कनपटी को चीरता चला गया । वे बन्दी बना लिये गये । ये थी मधु यामिनी, ये था मधु मिलन ।

सुबह हुई । लुटी हुई महरावल की गढ़ी के आस पास अश्वारोही घूम रहे थे । जितने मुंह, उतनी बातें । किसी ने कहा – "लुटेरे हुमायूं की सेना के सिपाही थे" । किसी ने कहा – 'नहीं, शेरशाह के ही सैनिक थे, जो युवक नरेन्द्र विक्रम को चतुर्थ सेना नायक बनाये जाने के कारण जले बैठे थे । कई बार युद्ध में उसके द्वारा दिखाई जाने वाली वीरता से कुढ़े थे और बदला निकालने का अवसर ढूंढ़ रहे थे ।' कुछ भी हो, सचाई कोसों दूर थी अभी तक । फिर तो ..... दिन माह बन गये ।

ठहरो ! कैसा समां बंधा है ! आषाढ़ के माह में जैसे बादल गड़गड़ाते हैं, बस, कुछ इन्हीं स्वरों में मृदंग बज रही है । वादक नशे में झूम रहे हैं । आज का यह उत्सव देखने के लिये क़ैदी तक छोड़ दिये गये हैं । कदाचित् पुत्र की मंगल कामना के लिये यह उत्सव हुआ है और उत्सव का प्रमुख आकर्षण है – दिल्ली भर की चर्चा का विषय, हुमायूं की नई प्रेयसी - अनार बानो, नर्तकी । वह समां बाधे दे रही है । कितना दर्द है गले में, उसने गाया –

"बादर भये मोरे नैन सांवरे ......

अनार ने कमर तिरछी करके दोनों हाथ ऊपर उठाये, उमड़ती घटाओं का आकार बनाया और नीचे लाते-लाते हाथों को नेत्रों से मिला दिय हुमायूं और सभासदों के मुंह से बेसाख़्ता निकला – "वाह" फिर उसने एक थिरकन ले कर गाया –

"सांस, उंसासन, दिवस बिताये, अंसुवन धोई रैन, अंतिम बेर तुम्हारो नाम लै, मौन होत ये बैन"

लेकिन इसके बाद .... जाने क्या हुआ कि अनारबानों की हिचकी बंध गई और वह हुमायूं को सलामी देती हुई भीतर के कक्ष की ओर भागी । मार्ग में गिर गई । सभा में खलबली मिश्रित सन्नाटा छा गया और सभा विसर्जित हो गई ।

रात के दो बजे थे । हुमायूं की आंखों में नींद नहीं थी, जाने कहां उड़ गई थी । वह जिस करवट लेटता, उसी तरफ का बिछावन आग हो जाता, गुलाब तपने लगते । वह उठा, धीरे से लिबास पहिना और अन्तःपुर के संकरे मार्ग से शाही बाग होता हुआ अनार बेगम के आवास की ओर मुड़ना चाहता था कि फौवारे के पास बैठी अनार दिख गई । काले लिबास में अनार बैठी थी । चांदनी उसका मुंह धोये जा रही थी बरस बरस कर । काला, जरी का दुपट्टा उसकी गर्दन से लिपटा था, जैसे दूध भरे कटोरे के चारों तरफ काला सांप कुंडली मार गया हो । हुमायूं चौंका –

"अनार बाई ..... !"

अनार ने देखा - गिरती पड़ती उठी, और अदब से सलाम किया ।

" अनार बाई ?"

"जहांपनाह !"

"रो रही हो ? अब तलक आंसू नहीं थमें तुम्हारे ?"

"नहीं जहांपनाह ! शहंशाह की दुआ मेरे साथ है, मैं रोऊंगी क्यों ?"

"बांदियों की जुबानी सुना है, हर दम रोती रहती हो । इन अश्कों को यूं ही न बहाओं ..... मलिका ..... ।"

"जहांपनाह, मैं नहीं रोती, ख़ता मुआफ़ हो, कभी कभी बीती बातें ही ताज़ा हो जाती हैं, बस ......।"

"गुज़रा भुला दो, अनार बाई ।"

"हुजूर का हुक्म सिर आंखों पर ।" अनार फिर खामोश हो गई ।

"तो ......यूं ही प्यासा लौट जाऊं मलिका ? ऐं ? बोलो, एक बार तो मुस्कुरा दो, कुछ तो मांग लो । रात भर सो नहीं पाता ।"

"हुजूर का दिया सब कुछ है । अब क्या मांगूं, जहांपनाह ।"

"नहीं, अनार ! ..... एक बार इन खूबसूरत लबों को कुछ तो मांगने की इजाज़त दे दो । अनार बाई, यूं न दिल तोड़ो । इन शहद से भी मीठे लबों को खुलने की इजाज़त दे दो । आसमां के सितारे तोड़ कर ला देगा हिन्दोस्तां का बादशाह ।"

हुमायूं ने कितनी मिन्नतें कीं, मान मनुहारें कीं सैकड़ों, तब कहीं जाकर अनार के ओंठ खुले – ....

"हुजूर ! तो फिर एक छोटी सी मुराद पूरी कर दें, जहांपनाह ....।

हुमायूं उछल पड़ा – "मांगो ..... क्या दूं ? बोलो ...बोलो ....मलिका" ।

"हुजूर के क़ैदखाने में एक क़ैदी है । चंद लम्हों के लिये उससे मिलवा दें ।

"क़ैदी ?" हुमायूं चौंका ।

"हां हुजूर ! मेरी बचपन की सहेली का भाई है । वर्षों बीत गये, ज़माना गुज़र गया, वह नहीं मिली । सुना है खुदकुशी कर ली ।"

"अच्छा ....अच्छा . ... उसकी कोई पहिचान, नाम ..... ?"

"हुज़ूर ! नाम भूल रही हूँ, वैसे उसकी एक आंख और एक बांह नहीं है अच्छी, कहीं घायल है ।"

हुमायूं हंसा । अरे ! एक आंख नहीं एक बांह नहीं ..... । उसके दिल का संदेह मिट गया । दूसरी रात अनार बाई के द्वार पर क़ैदी आ खड़ा हुआ ।

रात हो गई है, दिल्ली की बहुचर्चित नई नर्तकी, हुमांयू की प्रेयसी का यह आवास है । क़ैदी सोच रहा है । एक लकड़ी का तख्त, नीचे चटाई पर एक सुराही, एक पीतल का गिलास । जलता हुआ एक सादा सा दिया सामान्य सी दीवार पर । यह हुमायूं की प्रेयसी की सम्पदा है ! क़ैदी अवाक् था ।

"आप मेरा छुआ पान खा लेगें ?" पान सरकाते हुये नर्तकी ने कहा ।

उसका सिर ढंका हुआ था, चेहरे पर दीवार की आड़ पड़ गई थी ।

"जी ....क्या ?" क़ैदी घबरा गया था ।

"आप क्या कह रही हैं ?" आप तो गंगा सी निर्मल हैं । कला क्या कोई अपवित्र चीज़ है ?"

पान उठा कर हाथ जोड़ दिये क़ैदी ने । कुछ क्षणों तक सन्नाटा रहा। अनार ने दोनों हाथ क़ैदी के पैरों की ओर बढ़ाये तो वह घबरा कर पीछे हट गया –

"ऐं ? यह क्या कर रही हैं आप ....? अनर्थ न कीजिये" ।

"अनर्थ .... ? हां, अनर्थ तो हो चुका ! कितना अनर्थ, कितना अनर्थ ? इसका निर्णय तो ऊपर होगा । मेरा अन्त समय आ गया है, बस, मुझे अपने चरणों की रज दे दें । स्वामी ! मैं बेला हूँ ।"

"बेला ? बेला ? ऐं ? मेरी सहचरी, प्राणेश्वरी बेला ! ओह ! बेला, तो मुझे ढूंढ़ने की खातिर तुमने पैर में घुंघरू बांधे थे ?" भाव-विह्वल होकर क़ैदी ने बेला को अपने अंक में समेटना चाहा, पर वह पैरों पर ही लोटी रही

"नाथ ! अब मैं अस्पृश्या हूँ .....आपके योग्य नहीं देव ! मैंने पान में विष खा लिया है ..... अंतिम साध पूरी हो गई.... बस, दर्शनों के लिये ..... ये ..... नारकीय जीवन जी रही थी ..... ।"

क़ैदी ने माथा पीट लिया –

"आह ! प्रिये ..... खोना ही था तो मुझे ढूंढा ही क्यों तुमने ? क्यों ढूंढ़ा ? क्यों .... प्रिये ? अब मंझधार में छोड़कर चल दीं ! अब इस पीड़ा को कैसे सह पाऊंगा ..... बेला, आह ! .... भँवर में ला कर क्यों डुबोया ...?

क़ैदी की हिचकी बंध गई । विष से ऐंठते बेला के शरीर को झकझोरता रहा, रोता रहा ।

थोड़ा समय बीता । अब उसे होश आया कि वह हुमायूं की प्रेयसी के कक्ष में हैं, उसके शव को उठाये हुये है । कोई प्रमाण नहीं कि वह उसकी पत्नी हैं । द्वार पर संगीनों का पहरा है ....उसने तड़प कर बेला के नीले, झाग भरे ओठों पर ओंठ रख दिये .... अब जीने का प्रयोजन ?

सुबह बेला का जनाज़ा निकलने वाला था । हुमायूं ने हताश होकर कहा – "उसके माशूक को भी वहीं दफ़न कर दिया जाये" । तभी एक सरदार ने निकल कर तलवार खींच हुमायूं को सलाम किया ।

"जहां पनाह, माशूक नहीं, पति, ...ब्याहता !"

क्या ?"

"हां जहांपनाह ! वो नाचने वाली नहीं, नट नरवर की राजकुमारी बेला थी और ये उसके पति ....महरावल के राजकुमार नरेन्द्र विक्रम !"

हुमायूं स्तब्ध रह गया । तो ये नट नरवर की बेला थी ? एक बार आखेट में घायल होने पर बेला के पिता ने उसके प्राण बचाये थे और रात भर उसने नरवर की गढ़ी में विश्राम किया था । उसकी आंखों में यादों की नदियां उमड़ पड़ीं ।

दफ़न का सामान छोड़कर अग्निदाह का सामान आया और यमुना तीर एक चिता लपटें छोड़ने लगी । अग्निदाह के समय हुमायूं उपस्थित था । चिता शीतल होने पर वहां समाधि बना दी गई ।

जाने कहाँ से फकीरों की एक टोली आई थी, उस समाधि के पास वह एक गीत गाया करती थी – "बेला उपज्यो नट नरवर में, मुरझ्यो जमुन कछार" ।

रथयात्रा

तारिकायें आसमान में झिलमिलाती होतीं और तभी बदली की बड़ी सी टुकड़ी आकर उन्हें ढकेलती, कभी इसका उल्टा भी होता, घनी बदली को चीर कर चाँद ऐसे चमकने लगता जैसे किसी ग्राम्य बाला की लटों में खोंसा हुआ शीशफूल । कभी बूंदा बांदी हो जाती, झाड़ियां क्यारियां इतनी कम बारिश में भी इत्रदान हो गई ।

"आंगन सूनो चौक बिनु हो, कोयल बिन अमराई हो ऽ ऽ ।
सासुर सूनो सजन बिन हो, सावन सूनो बिन भाई हो ऽ ऽ ॥"

नाईनों, बारिनों और भटियारिनों के गीतों की स्वर लहरियां हवा में गूंजनें लगीं । यूं तो अभी सावन दूर है परन्तु द्विरागमन में आई राजवधू सावन में नैहर चली जायेगी इसलिये सखी-सहेलियां व राजपरिवार की महिलायें अभी ही अपना उछाह पूरा करके 'सावन' रस्म किये ले रही हैं । राजमहल के पीछे सुजान बाग हैं । इसी वर्ष फागुन में चौड़ा नरेश ने अपने एक मात्र पुत्र का विवाह किया है और वैशाख में द्विरागमन । राजवधू सत्रह वर्ष की कमनीया अप्रतिम रूप की स्वामिनी है, उसकी छोटी से छोटी इच्छा पर सास - राजमाता बलिहार है, पति अनंग सब राजकाज भुला बैठा है ।

सुजान बाग में खंभों पर झूला डाल उनमें हरी डोरियां फंसाई गई है, बिछावन में हरी गद्दियां पड़ी हैं। खंभों पर हरी हरी पत्तियों से लदी टहनी खोंस दी गई हैं। - सब कुछ हरा हरा हो गया । जब अनंग देव और राजवधू वसन्त सेना झूले पर बैठे तो राजमाता ने न्यौछावर की, बारिनों, खवासिनों ने झोली फैलाकर बटोर ली और जी खोलकर दुआ दी। भाभियों और सहेलियों की बेजा छेड़छाड़ पर अनंग देव थोड़ा झूला फिर झेंपता हुआ उतर कर भीतर चला गया। रिश्ते की जेठानियों, ननदों ने बारी बारी से वसन्त सेना को झुलाया। साड़ी का छोर बार बार माथे से सरक जाता, मेंहदी भरी हथेली से डोर छोड़, वसन्त सेना ऊपर खींच लेती, पर नटखट पुरवा फिर भी नहीं माना।

'सावन सूनो बिनु भाई हो ऽ ऽ..........

फिर हवा में तैरे बोलों ने वसन्त सेना को क्षण भर को अनमना कर दिया वह बिना भाई की अकेली बहिन थी। सहसा ऊपर दृष्टि गई तो अनंग उसकी ओर देख कर मुस्कुरा रहा था, वसन्त सेना का विषाद उस मुस्कुराहट से धुल गया, वह मुस्कुराई, लजाई, हाथ की डोरी छोड़ तनिक घूंघट खींचा ही था कि अर.... र र..... र..... यह क्या ? डोरी हाथ से छूटी चढ़ती पेंग में, भरभरा कर वसन्त सेना नीचे और अरअरा कर एक टहनी उसके ऊपर। टहनी में कटीली हरी एक झाड़ी और फंसी थी जो ठीक मुंह पर गिरी। वसन्त सेना ने चीख मार दी और फिर बेहोश हो गई।

'अरे..... अरे..... उठाओ.. दौड़ो, क्या हुआ, कैसे हुआ ? प्रश्नों की बौछार और चीख पुकार - भगदड़ मच गई। कोमलांगी कमनीयां वधू को गोद में उठा कर पलंग पर डाल दिया गया। चोट दाहिनी भुजा और सिर में थी, मुख पर काटों की खरोंच थी और झाड़ी का कांटा सीधा आंख में चुभा था। सिर की चोट तो गम्भीर न थी पर आंख तो आंख है, झाड़ी गिरने की चोट फिर कांटे की चुभन ! नीलकमल सी आंखें गुड़हल का फूल हो गई, सूज उठीं, रात भर तेज ज्वर रहा। अब परिवार चिन्ता ग्रस्त हुआ। राजवैद्य लेने के लिये सवारी भेज दी गई।

चौड़ा नरेश भीतर आये, बड़ा असमंजस है, द्विरागमन में आई वधू-जिस पर अभी सूरज की परछाई न पड़ने पाई उसे राजवैद्य के सामने मुंह खोलना होगा ? पर मरता क्या न करता ।

वैद्य आनन्दघन यूं भी प्रकृति से रसीला सजीला था, वैसे उम्र पैंतालिस से कुछ अधिक ही है । रेशमी अंगरखा, महीन धोती, गले में दुपट्टा, आंखों में सुरमा, देह इत्र से बसी हुई । खैर..... जल्दी ही ईश्वर ने उसकी सुन ली । राजमाता ने कलाई दिखाई, फिर वधू के मुख से घूंघट हटा दिया । वैद्य धक् से रह गया, नाड़ी की चाल गिनना भूल गया । चेहरा ! ये चेहरा है कि पारे से भरा कटोरा, भौंहें काली कमान, लाल फूली आंखों के ऊपर कटार की नोक सी कड़ी बरौनियां,जैसे सुर्ख गुलाब को भौंरों की काली कतार कैद किये हो, सुती नाक पर झूलता बेसर का मोती, उफ़ ! अधखुले, ज्वर से जलते अधखुले अनारी ओठों के बीच से झांकती दंत पंक्ति, माथा ढंका होने पर भी अधखुले बालों की एक लट कनपटी पर लहरा आई थी जैसे कौमुदी फूल के गुच्छे से काली सांपिन लिपट गई हो ।

'वाह रे बनाने वाले !' वैद्य ने गहरी सांस ली, पर राजमाता इस सांस का अर्थ न समझ कर एकदम घबरा उठीं, अधीरता से बोल उठीं -

"वैद्यराज ! क्या बात है ?"

"ज्वर अभी बढ़ेगा, उतरेगा नहीं, आंखों का घाव गंभीर है ।"

"फिर..... फिर ?

"कुछ नहीं, उपचार करना अपना काम है, करता हूँ । लेप बनेगा, दिन में कई बार लगेगा । आकर लगाऊंगा ।"

आनन्दघन को दुनियां भूल गई, कब दिन होता है कब रात, उसे पता नहीं । वाह ! वह पारे भरा कटोरा, वह कलाई की मखमली छुवन । क्या मुसीबत है, वह बुढ़िया राजमाता एक पल को उसके पास से हटती नहीं । जाने क्यों, ज्यों ज्यों दवा दी जाती त्यों त्यों ज्वर बढ़ता है ।

दोपहर ढलांव पर थी, कक्ष में सन्नाटा था, राजमाता मधु मंगाने भीतर गई हुई थीं। आनन्दघन का धैर्य जवाब दे गया, उसने अकुलाकर राजवधू के माथे पर हाथ लगाया और वह फिसलता हुआ कपोलों को स्पर्श करना ही चाह रहा था कि अचकचा कर उसने द्वार की ओर ताका, घबरा कर उठ खड़ा हुआ। अनंग उसके सिर पर तलवार ताने खड़ा था।

'नीच ! पातकी ! दुश्चरित्र, पतित ! तेरा यह साहस ? पापी....'

क्षत्रिय कुमार क्रोध से पागल हुआ जा रहा था, कुछ कर बैठता कि राजमाता बीच में आ गई, कही रोगी के कक्ष में हत्या न हो जाये, और वह भी ब्रह्म हत्या !

धक्के खाकर, लांछित और अपमानित होकर आनन्दघन लौट आया। कहाँ चाँद छूने जा रहा था कहाँ धूल चाटनी पड़ी। दास दासियों तक के सामने दुर्गति हुई..... कितना नीचा देखना पड़ा। आनन्दघन लज्जा, क्षोभ और अपमान से फुंका जा रहा था। जब वेदना नहीं सही गई तो उठ कर बैठ गया, दोनों हाथों की मुठ्ठियाँ भींच कर अपने में किटकिटाया -

'हुँ..... ठीक है, खा नहीं पाया तो लुढ़काऊंगा..... हूँ..... अनंग ! तू भी न खा पायेगा..... देखना अब मेरी शक्ति, हूँ..... क्षत्रियत्व के पद में चूर छोकरा !

*　　　*　　　*　　　*　　　*

ये दिल्ली है और ये दिल्ली का मीना बाज़ार। तितली कहें, परी कहें, अप्सरा कहें या कुछ कह लें ! बुर्के का पर्दा उठा है। साड़ियों के पल्लू सिर के नीचे हैं। किसी के रंग में कच्चे दूध की सफेदी है तो किसी के रंग में हल्दिया आब ! किसी के रंग में ईंगुर का घोल है..... और..... कोई तो बस अनार का शर्बत है। लंहगे हैं, साड़ियां हैं, सब रंग हैं..... अजब ढंग हैं। बादशाह अकबर थककर अपने आरामगाह में पड़े हैं, आँख मूंदे, किसे किसे याद रखें, किसे किसे भुलायें ? रूप के जलसे उनकी आँखों में तिर रहे हैं।

तभी सूचना मिली कि चौड़ागढ़ के राजवैद्य आये हैं। कुछ नवीन औषधियों की खोज उन्होंनें की है।

अकबर ठहरे गुणग्राही, राजवैद्य को वहीं बुलवा लिया। एकान्त का लाभ लेकर विचार विमर्श चलता रहा। दो घंटे बाद जब वैद्य बाहर आया तो उसके पांव धरती पर नहीं पड़ रहे थे। एक बार उसने होंठ तिरछे किये, फिर विद्रूप की हंसी हंसा..... 'हुंः..... अनंगदेव.... छोकरा..... मेरी छाती पर तलवार लेकर चढ़ रहा था ?'

अभी वसन्त सेना को ज्वर थोड़ा थोड़ा चल रहा था। आनन्दघन का आना बन्द हो चुका था। चौड़ानरेश चिन्तित थे तभी दिल्ली से सूचना आ गई राजकीय वाहन के साथ, दिल्लीपति अकबर का बुलावा था। चौड़ानरेश की पुत्रवधू गुन्नौर नरेश की पुत्री हैं, गुन्नौर सदा दिल्ली के लिये कुर्बान हुआ है, अस्तु उन की बेटी की बीमारी का दिल्ली को दर्द है। इसी कारण चिकित्सा कराने हेतु तत्काल दिल्ली भेज दी जायें - ऐसा आदेश था। पहिले तो चौड़ानरेश को विश्वास ही नहीं हुआ..... पर पत्र फर्जी नहीं था, राजकीय मुहर लगी थी। वे असमंजस में पड़े पर कोई चारा नहीं था। चौड़ा एक छोटी सी रियासत थी और दिल्ली सम्राट का बुलावा था। ज्वर में ही राजवधू सुसज्जित वाहन पर दिल्ली की ओर रवाना कर दी गई। कुछ विश्वास पात्र दास दासियाँ, अनंगदेव और परिवार की दो वृद्धायें साथ में गई। चौड़ा नरेश को शायद दूर तक सोचना नहीं आता था; और आता भी तो क्या ? दिल्लीश्वर का आदेश .... और वह भी उन्हीं की पुत्रवधू के उपचार के लिये .... उन्हीं के हक में तो था सब।

अनंगदेव दिल्ली पहुंचा तो वहाँ इतना सत्कार, इतना स्वागत कि जिसका ओर छोर नहीं, उसके मन में गर्व का सागर लहराने लगा; पर उसके पांव यथार्थ की धरती पर तब पड़े जब उसे वसन्तसेना के कक्ष में जाने से रोक दिया गया। व्यवस्था थी कि वह समय पर आयें और मिल कर वापस चले जायें, वहां रह नहीं सकते। वसन्तसेना पानी से निकाली मछली की भाँति तड़प उठी। वह तो वैद्य की दवा बन्द होते ही थोड़ी थोड़ी स्वस्थ हो चली थी।

समय पर अनंगदेव आया तो वसन्तसेना कटे पेड़ की तरह उसकी छाती पर गिर पड़ी। अनंग के आंसुओं से उसका चेहरा भीग गया और उसके आंसुओं से अनंग का उत्तरीय। सुख के सारे साजो सामान के बीच दो अवश प्राणी कैसी अथक वेदना लिये छटपटा रहे थे।

"मेरी निधि। मेरी निधि .... और मुझी से दूर रखी जाती है ... ऐं ? ये कैसी विडंबना हैं ?" अनंग फफक उठा।

"ये शाही महल .... ये बाग बगीचे मुझे काटते हैं। मेरे स्वामी ! ये क्या से क्या हो गया ?"

"मुझसे पूछो – क़ैदी की तरह बन्द रहता हूँ तुम्हारी छवि आंखों में बसाये .... कोई पुरुषार्थ काम नहीं कर रहा।"

"अब तो चारों ओर अंधेरा दिखता है .... ये कैसी दुरभिसन्धि है ?"

"वसन्त सेना .... "

"वसन्तसेना ! वसन्त .... सेना .... नहीं, नहीं .... वन्दिनी. ... वसन्तसेना अब कहाँ है ? लगता है आत्मघात कर लूं। अगर तनिक भी आभास इस बात का होता तो वहीं डूब कर मर जाती या विष खा लेती.......आपकी आंखों कें आगे मौत हो जाती तो कितनी सुखकर होती इस बन्दी जीवन से। जाने क्या होने वाला है। सपने में भी न सोचा था .... विपत्ति का पहाड़ यूं अकस्मात टूटेगा .... सुख के क्षण .... सचमुच पानी की बूंद हो गये। पूज्य पिताजी ने भी बिना किसी प्रतिवाद के भेज दिया !"

"प्रतिवाद ? प्रिये ! प्रतिवाद के लिये स्थान कहां था ....वसन्त सेना ? चौड़ा दस घर की रियासत और अकबर भारत का शासक। चार घुड़सवार चौड़ा को रौंद डालते, नाहक निरपराधों का रक्त बहता ....और फिर इस पाप की, इस कलुष की आशंका भी तो न थी पूज्य पिता को ....वे गंगाजल से निर्मल हृदय वाले हैं।"

"किन्तु स्वामी ! इस तरह कितने दिन जिया जा सकता है ? .... वैसे मुझे .... आशा की एक किरण दिखाई दे रही है .... वह देखें ...."

"क्या .... दर्पण ? .... वह तो दर्पण है ।"

"वह .... दर्पण नहीं है ....कदाचित् ....कदाचित् गुप्त द्वार है .... मैं आश्वस्त हो लूं .... फिर .... निकल चलें वहीं से .. अन्यथा यहां से तो अंतिम .... अंतिम श्वासों तक मुक्ति नहीं . ... मेरे प्राण पिंज़रे में बंद सुआ से छटपटाते रहते हैं .... इन दीवारों से मेरी रातों का .... रातों की नींद का हिसाब ले लो .... "

वसन्तसेना की हिचकी बंध गई, तभी दासी ने आकर सूचना दी "मिलने का समय पूरा हो गया, वे रोगी को अकेला छोड़ कर चले जायें" मरे मन से अनंग अपने कक्ष में चला गया, वह ज्यों ही भीतर जाने को हुआ दो सैनिकों ने आकर उसके हाथ में हथकड़ी डाल दीं –

"अरे .... अरे ... यह क्या ? हम तो .... मेहमान हैं, बुलावे पर ..... बुलावे पर यहाँ उपचार के लिये .... आये हैं, सुनो .... समझो .... बात तो समझो .... अनर्थ न करो .... मित्र !"

परन्तु सारी अनुनय विनय, कहा सुनी व्यर्थ गई, सैनिकों द्वारा उसको बन्दी बना लिया गया ! अनंग के इस बन्दी घर में सुख को छोड़कर सुख के सारे सामान थे ।

रात्रि का पहला प्रहर बीत गया है, अनंगदेव के आने का समय हो चुका है । रानी इस गवाक्ष से उस गवाक्ष, इस पर्यंक से उस कक्ष तक चल रही हैं, झांक रही हैं .... बार बार द्वार देख रही हैं उनकी सारी चेतना सिमट कर कानों में एकत्र हो गई है .. .. पदचाप .... बस पदचाप सुनने की प्रतीक्षा है .... आंखें लबालब हैं पानी से । अनंग, उसका जीवन धन ! अब तक नहीं आये .... आह ! वे दोनों बलिष्ठ भुजायें .... सचमुच अनंग का सा रूप !

वसन्तसेना की प्रतीक्षा अब छटपटाहट और छटपटाहट मूर्च्छना में बदलने लगी है ....तभी दासी अमीना ने मुख्य द्वार से प्रवेश किया, आदाब बजाया और सूचना दी – "बादशाह सलामत तशरीफ़ ला रहे हैं" । वसन्तसेना सकते की हालत में आ गई ....पल बीतते न बीतते अकबर वसन्त सेना के सामने ! कुछ पल वह विमूढ़ सी खड़ी रही फिर .... जैसे कुछ याद आया और झट से घूंघट खींच लिया मुंह पर । रूप की रानी को छक कर देख भी न पाया, अकबर को कसक हुई पर बरबस हंसा -

"कुछ नहीं ... आप आराम फरमावें .... हम तो यूं ही आपकी खैरियत पूछने चले आये थे .... ।"

रानी चुप !

"अब ज्वर तो नहीं न ?"

रानी फिर भी चुप ।

आपके पिता हमेशा दिल्ली के खैरख्वाह रहे, इसीलिये आपकी बीमारी के सिलसिले में जब सुना तो हम बरदाश्त नहीं कर पाये । और .... और आपको यहाँ कोई तकलीफ तो नहीं ? ....

"अच्छा आप आराम करें .... "

रानी की पूरी देह कंपकंपा रही थी ।

"जंगल की हिरनी है' अकबर सोच रहा था, कुछ पल उसने रुक कर अपने शब्दों को प्रतिक्रिया जाननी चाही ..... शायद घूंघट फिर उठे ... न उठे जरा सा हिले .... पर ऐसा कुछ तो न हुआ ।

"पहिली बार गांव की गोरी ने बादशाह को देखा है .... हुँ: .... कांप रही है.... "

सोचता मुस्कुराता अकबर लौट आया । और अनंग देव को न आना था न आये । रानी और प्रतीक्षा पर्यायवाची शब्द बन गये । उसका कंठ आभूषणों से खाली होने लगा । उतार उतार कर दासियों को पहिनाती, पुचकार पुचकार कर रोज़ पता लगवाती परन्तु दास-दासी असमर्थ रहे । रानी के प्राण अपना आवास छोड़ कर कंठ में आ लगे थे !

संन्ध्या होने में देर थी तभी दासी श्यामकली ने आकर सिर झुकाया, माफ़ी मांगी देर से आने के लिये, बताया –

"हुज़ूर ! लड़का रथयात्रा में शामिल होने जा रहा था, सो उस की तैयारी में लगी रही ....माफी हुज़ूर ।"

"रथयात्रा ! क्या रथयात्रा का उत्सव यहां भी होता है ?"

भोलेपन से रानी ने आश्चर्य से दोनों आंखें फैलाते हुये पूछा, आखिर सोलह सत्रह वर्ष की किशोरी ही तो थी वह, बाहरी दुनिया से एकदम अनजान ।

"सरकार ! बादशाह सलामत की जैजैकार बनी रहे, हर हिन्दू को अपना त्योहार परब मनाने का हक़ देते हैं। हुज़ूर ....हमारे पुरखा रथयात्रा निकालते रहे .... और शान से, ऐसे कि शहर में वाह वाह ! पर सरकार. ..अब वैसी तो नहीं, पर हाँ ....निकाल लेते हैं जैसे तैसे .... "

वसन्तसेना चुप रही फिर उड़ी साँस खींचकर बोली –

"श्यामकली बाई ! हमें अपने मायके की याद आ गई। इस दिन हमारे यहाँ पूजा होती थी, हमारे पितामह ठाकुर जी के लिये नई पोशाक सिलवा कर मन्दिर भेजते थे .... कच्चे आम बँटवाते थे .... अच्छा उत्सव होता था .... '

'होता होगा हुज़ूर ! ज़रूर होता होगा, आपके परिवार के बड़प्पन के भला क्या कहने .... सरकार ..... '

"श्यामकली बाई ! क्या मैं भी पूजा कर सकती हूँ ? आज्ञा मिलेगी ?"

थोड़ी ही देर में सकीना भागती भागती आई, यह अकबर की कृपापात्र एक जवान लड़की थी। उसने बताया – "बादशाह सलामत का हुक्म है रानी साहिबा महल के भीतर पूजा कर लें।" रानी मुस्कुरा दी – ऐसी मुस्कान जिस पर सैकड़ों पीड़ाओं का दिल दफ़न था।

दासियां प्रसन्न हो गई थीं। ऐसा न था कि वे रानी के दुःख से दुखी न हों। रानी के कहने के अनुसार उन्होंने दौड़ दौड़ कर पूजा का सब सामान जुटा दिया – फूल, फल, दूब, ढेर सा कपूर, घी, धूप, राल, कच्चे आम, जामुनें, भीगी दाल चने की। रानी ने स्नान किया, पूरा सिंगार करके दर्पण के सामने खड़ी हो गई। –"कहीं आइना चटख न जाये" सकीना हंसी, रानी मुस्कुराई, उसका नैहर का नाम वासन्ती था पर .... अनंग ने वासन्ती कभी नहीं कहा, कभी नहीं।

"तुम वसन्त की सेना हो, तुम्हारा रंग फूलों का निचोड़, रूप मधुमास का आगम, बाल काले भौरों की पांतें ....आंखें कचनार कलियों की चटकन ....बदन केसर की क्यारी ..." अनंग की आंखें बोलतीं।

एक हूक छाती से उतर कर पेट तक चली गई, दोनों आंखें बन्द करके एक दीवार से टिक गई। दासियों की आंखों में पानी आ गया आखिर

वे भी तो नारियाँ थीं। थोड़ी देर में प्रकृतिस्थ होते हुये रानी ने पूजा प्रारम्भ की। सारी मुसलमान दासियों को अपने पास बिठा लिया, वे आश्चर्यचकित थीं वरना अन्य रानियाँ तो पूजा पाठ में मुसलमानों की छाँह भी न छूती थीं। पूजा करके रानी ने अपने हाथ और कण्ठ के एक एक आभूषण सबको दिये अनंग देव की मंगल कामना के लिये। दासियों ने जेवरात माथे से लगाये, हाथ ऊपर करके दुआ मांगी – "या अल्लाह ! जहाँ भी हों, मालिक खुश हों, जल्दी आवें, या परवरदिगार जल्दी से मिला दे .... "

रानी ने पुचकार कर दासियों से कहा – "जरा तुम लोग बाहर बैठ लो थोड़ी देर को, मैं मन्त्रजाप कर लूँ, फिर प्रसाद बांटूं"। दासियां इस समय हाथ का खिलौना थीं, बाहर जा बैठीं।

कैसा जाप है ? मिनट बीते .... और समय बीता.... और बीता, तभी कपड़ा जलने की दुर्गन्ध और एक दबी सी चीत्कार ! दासियों ने जैसे तैसे यत्नपूर्वक किवाड़ खोले और भीतर का दृश्य देखा तो हाथों के तोते उड़ गये, थर थर कांपने लगीं। रानी की अधजली देह फर्श पर पड़ी थी, घी के कटोरे खाली पड़े थे, मुंह में दुपट्टा भरा था।

श्यामकली भरभरा कर शव के पास बैठ गई .... अब क्या होगा .... ऐं ? हे भगवान ! यह रथयात्रा थी या ..... ?

वसन्त सेना रथयात्रा पर निकल चुकी थी .... जाने ये रथ किधर गया ? कहाँ रुकेगा ? कोई पीछा करे तो कैसे ? किसी को गली मालूम हो तब न ?

✠

मैं अपनी झांसी नहीं दूंगी

सृष्टिकर्ता ने कहा - "भवानी ! खिन्न क्यों हो उठी हैं ?"

रूठी रूठी सी मैंने कहा - " प्रपितामह ! मैं तो यही सुनती आई हूं कि अमरलोक वासी शाप भोक्ता होकर ही धरती पर जाता है, तो क्या मुझसे कोई अपराध हुआ ?"

ओह ! देवी ! ऐसा न कहो, तुम तो शक्ति हो, भला अपराध करोगी ? मानता हूं - शक्ति अपराध कर बैठती है.... पर तब, जब वह दंभ, दर्प और मिथ्या अभिमान का रूपबाना पहिन बैठी हो कहां शक्ति ? कहां दंभ ? तुम तो ज्ञानसार, शुद्धोपम, निरभ्र, विशुद्धमति, भुक्ति, मुक्ति, अविलेय हो.... शाप भोक्ता कैसे ?"

"तो फिर मुझे भेजने का कारण ?"

"वह तो द्वापर में वासुदेव कृष्ण बता चुके थे न ? यदा-यदा हि धर्मस्य..... "

" तो प्रपितामह ! वासुदेव का आगमन नहीं हो सकता क्या ?"

"हो जायेगा, वह व्यवस्था भी कर दूंगा पर तब तक तुम अल्पकाल के लिये ही सही - जाकर एकाध बेड़ी तो काटो.... नींव शिला तो रखो.... हलचल एक जगह है क्या भवानी ?"

"परन्तु इससे मेरा महत्व नहीं घटेगा ?"

"ओह ! विपरीत..... एकदम विपरीतार्थ लगाया भवानी ! देवी ! कभी कोई महल - कोई मंदिर बिना नींव के भरे अपना गुंबद चमका सका है क्या ?.... नींवाधार - शिला की गरिमा गुंबद के भाग्य में नहीं है। भवानी ? याद रखो.... गुंबद नैन सुख दे सकता है पर उसके लिये कोई दृगम्बु नहीं बहाता।"

"तो ठीक है पिता !" कहकर मैं चली गई थी।

मैं देवाधिदेव की नगरी में मनु और मनुबाई बनकर बहुत नहीं रही। मैं खेली नाना सा० और राव साहब के साथ, पर गुड़ियों का खेल नहीं खेली मैं, मैंने गुड्डों के ब्याह नहीं रचाये थे। बिठूर के रनिवास के आस पास रही मैं। मैं तलवारों से खेलती थी। वैसे राज्य वैभव देख कर मुझे लगता था - वैभव चन्द्रिका छिटके और मैं उसे दूर से देखूं..... नहाऊं नहीं उसमें।

मनु से लक्ष्मीबाई, रानी झांसी बनकर भी यही लगता रहा और रानी मैं हो भी कहां पाई थी ? सिर पर चंवर भर डुल जाने से कोई रानी राजा नहीं हो जाता। पराधीनता की वृहत्तर दुःख कथा पन्ने पन्ने पर लिखी थी, रोज बांची जाती थी, कपट शरासन से बाणविद्ध हरिणी की तरह मैं निरन्तर छटपटाती रही थी। छेद ही छेद थे झांसी में, अली बहादुर, मेरी जिठानी, सदाशिव सबकी गिद्ध दृष्टि इस झांसी पर लगी थी।"

'हां ! झांसी मुझे बड़ी प्यारी थी, वहां प्यार बरसाने लायक बहुत सी चीजें थीं। उनमें से एक थीं - वहां की औरतें–वो घूमदार घांघरे, ओढ़नियां पक्के रंग की, कड़े छड़े, बाजूबंद, ककना..... और उनके मधुरस छाके गीत ! हर बात में गीत.... चक्की पीसें तो गीत, ताल

तलैया से लौटें तो गीत, वो कड़क सर्दी कार्तिक की - नहा कर लौटती औरतों के गीत -

"दहीया लैके आ जाऊँगी बड़े भोर" ।

'ओह ! कुंवर के जन्म पर महल खुद बधावा बन गया था, सोहिले ...सोहिले और सोहिले .... "जसुदा के भये नन्दलाला-बधइयां लाई ग्वालिनें महाराज" .... मेरे महाराज तनिक मुझसे रुष्ट हो गये थे, मैंने उनकी नाट्यशाला के नर्तक अभिनेता - अभिनेत्रियों और गायक - गायिकाओं की बराबरी पर इन अंगनवारियों को भी रख दिया था - महाराज को क्रोध जरा जल्दी आ जाता था । इस अवसर पर झांसी पागल हुई जा रही थी, सिर्फ अनमन थे तो अलीबहादुर - रघुनाथ राव के लड़के । वे झांसी की गद्दी पर अपना अधिकार समझ बैठे थे । जेठानी और उनके विभीषण चारों ओर से झांसी को सूंघ रहे थे ।'

'विधाता ! इतना निर्मम .... निष्ठुर .... मुझ पर इतना बड़ा पर्वत खण्ड दे पटका कि सिर न उठा सकी, पर मरी भी कहाँ ? लाल दो तीन माह का होकर चल बसा । हे विधाता ! तुमसे मांगा ही किसने था ? फिर दिया तो लिया ही क्यों ? महाराज अधिक अस्वस्थ हो गये और सोचवश होकर ही उन्होंने सबसे परामर्श करके अपने एक कुटुम्बी - वासुदेव राव का पुत्र आनन्द राव को गोद लिया था, इसको हमने आनन्द राव से दामोदर राव बना दिया । आज झांसी को अपना राजकुमार मिला था, अर्पूव जलसा हुआ था, मैं हंसना भूल चुकी थी पर खूब हंसी थी उस दिन ।'

'इस उत्सव में असिस्टेंट पोलिटिकल एजेन्ट और कप्तान मार्टिन भी शामिल हुये थे । वाह ! गोद में कुमार हमने लिया और हैरानी अंग्रेजों को ?...क्यों न हो ? मुंह का निवाला जा रहा था न ? सत - सनातन काल से चली आती औदार्यपूर्ण यह प्रथा भारतीय जीवन में एक पावन और महत्वपूर्ण स्थान रखती आई थी .... पर स्वार्थान्ध गोरे .... ! इस भारत भूमि को,... अब अशक्त होती हुई भरत भूमि को हथियाने के मनमाने ढंग निकाल चुके थे न ? "मैं अपनी झांसी नहीं दूंगी" मैने गरज कर उसी दिन कह दिया था, मेरे रोम रोम से कुछ फूट रहा था.... जब एलिस, मालकम का हस्ताक्षरित

पत्रादेश झांसी आया था.... 'झांसी का राज्य ब्रिटिश राज्य में मिलाया जाता है - पांच हजार रुपया मासिक वृत्ति रानी साहिबा के लिये पर्याप्त होगी'। मैंने तत्काल इस भिक्षा को लेने से इनकार कर दिया था, फिर भी बेला के उस झाड़ के नीचे आधी रात तक रोई थी। यह दूसरा अवसर था जब मैंने आंखों का पानी बहाया था। मैं महाराज के शव से लिपट कर उतना न रोई थी जितना उस दिन.... नहीं, झांसी सिंहासन के लिये नहीं, मुझे झांसी सिंहासन की भूख नहीं थी.... मैं रोई इसलिये थी कि.... अब.... ये नगरी, मंदिर, ये नगरवासी, मस्जिद, शिवाले, गुरुद्वारे, प्रार्थनायें, वंदनायें, ये तीज-त्यौहार - सब अपनी धरती में पराई सांसों जियेंगे, अंग्रेजों के दमन-पाट में पिस जायेगा सोने का सिंहासन, चांदी की संस्कृति, हीरों-मोतियों सी सभ्यता, समुद्र सा मानाभिमान .... शहद सा मीठा अपना निजत्व.... ।'

'हुंह ! वह राजा क्या जो प्रजा को त्राण न दे सके। धिक्कार उस राजा को.... सिर्फ दामोदर मेरा पुत्र नहीं-झांसी का जन जन मेरा पुत्र है.... । मैंने विलायत अपील भेजी थी। मन झंझा के सागर सा क्षुब्ध रहता था .... हाँ मैं उसे सरोवर सा तरल बनाने का प्रयत्न करती रहती थी। दामोदर के जनेऊ में वे मुझे सब मिले थे जिन्हें मैंने चाहा, जिन्होंने मुझसे कहा - 'भारत की धरती फटने को है पीर के मारे.... कब तक.... ? कब तक जिये जायें ये नर्क की जिन्दगी ? और कब तक ?' 'फिर एक दिन.... जब बर्बरता, पैशाचिकता और नृशंसता हद के बाहर निकल गई तो शोषितों की धर्म-सीमा भी हद तोड़ बैठी। मेरठ छावनी में चर्बी लगे कारतूस न तोड़ने का दंड मिला, संगीने छाती के आर पार.... लेकिन वो दंड .... ऐसी आग लगा गया जो बुझाये न बुझती थी। हां.... यह आग उस दम विदेशी गरूर भरी सत्ता को तो न फूंक पाई थी - कारण ? तिनकों में बिखराव था, ईंधन में बिखराव था। बिखरे तिनके जंगल कहां जला पाते हैं ? ऐश्वर्य का गीला ईंधन बस सुलगता ही रहा, जला नहीं उर्वशी ! एक दर्द बहुत बड़ा-इस धरती ने हीरे-मोती बहुत दिये, पन्ना-पुखराज बहुत दिये, पर कांच किरिच भी कम नहीं दिये, विभीषण और जयचन्द्र कम नहीं जन्में। फिर.... खिलते कमल मुरझाते रहे, रोटियां बासी होती रहीं.... क्षणिक आवेश के कारण। कहा न, बिखरा ईंधन कैसे जलता ?'

'जानती हो सुमुखि ! झांसी स्वराज्य की लड़ाई में क्यों मात खा गई ? दो जूठे टुकड़ों पर, सिर्फ दो रोटियों पर, सिर्फ दो गांवों की जागीर पर, दो गांव की जागीरदारी के लोभ में मेरे सेनानायक दूल्हा जू ने ओरछा फाटक खोलकर झांसी की छाती में छुरा घोंप दिया.... उसी दिन झांसी में.... जिसमें अभागे का तन-बदन ढला था। छिः छिः ! ओह ! जनरल रोज़ की सेना बिछ जाती, गोरी लाशों से धरती पट जाती । गौस खां तोपची की 'कड़क बिजली' और 'घन गरज़' की मार से कलेजे कड़क गये थे गोरों के.... पर.... ओरछा फाटक खुलते ही गोरी सेना टिड्डी दल सी शहर में घुस पड़ी थी और.... और.... दो गांवों की जागीर से उस अभागे का राजतिलक हो गया था ! फिर भयानक रक्त पात हुआ था। गजशाला, अश्वशाला, गोशाला सब धू-धू करके जले थे.... धांय धांय जले..... मैंने देखा - और मेरी आत्मा तब चीत्कार कर उठी जब मेरे अनमोल पुस्तकालय का अग्निदाह हुआ । हाय ! उसका सानी मैं कहां से लाती ?"

'अब मैं निस्सहाय.... नहीं.... नहीं, सिर्फ निरुपाय थी, आधी रात को भांड़ेरी फाटक फांदती कालपी की ओर चल दी थी, और क्या करती ? संधि ? समर्पण ? न.... न.... मेरा शरीर घिरा था, आत्मा स्वच्छन्द थी, मेरा भुजबल तनिक भी हारी मानने को तैयार न था । पीछे मेरे पिता मोरोपंत ताम्बे हाथी पर खजाना भरे छिपते बचते चले आ रहे थे, पर.... मुझे देर से पता लगा कि मैं पितृहीन भी हो गई थी उसी दिन, पतिहीना तो थी ही । स्वराज्य की नींव में अभी बहुत जगह खाली थी - अभागे अंग्रेजों ने जलते पुस्तकालय के सामने भर दोपहर पिता जी को फांसी दे दी थी ।'

'वाह रे आदमी का मन ! हाय रे आदमी का सिंहासन लोभी मन ! आह रे मन !-माया प्रेमी मन ! वही राव साहब, जिसे रातों नींद न आती थी स्वराज्य के सपने बुनते-स्वराज्य की चूनर के सतरंगी ताने बुनते, वही ग्वालियर का किला पा कर स्वराज्य की स्वर-लिपि ही भूल गया, विलास और घुंघरुओं में डूब गया । मैंने पराजय और पतन पर कलम उठा कर स्वीकृति चिन्ह लगा दिये थे, और करती भी क्या ? हाय ! सिंधिया से ग्वालियर इसीलिये छुड़ाया गया था ? हमारा दुर्भाग्य हमसे दस कदम आगे चल देता था । मैं पहूज नदी

के किनारे पहुंची थी, बस अंजुरी में दो चुल्लू जल लेकर प्यासे ओठों से लगाया ही था कि मुझे वॉकर -एक गोरे ने - घेरना चाहा । हुं.... बुन्देलखण्ड के पानी की गहराई न मालूम थी उसे, उल्टे रक्त बहाता लौट गया अभागा, हाँ.... एक काम जरूर कर गया मेरे घोड़े को जख्मी कर गया था.... और.... शुभांगी ! यहीं मेरी पराजय का पहिला पृष्ठ लिखा गया था ।

'फिर ज्येष्ठ शुक्ल सप्तमी की सुबह आ गई थी, उस दिन जाने क्यों मुझे लगा था - आज आकाश नीला नहीं लाल है, दिशायें बिलकुल चुप हैं और दिशाओं के कोने उद्भ्रांत । मेरी वर्दी लाल ही थी, मेरी सेना भी लाल कुर्ती वाली थी, आत्मदाह भी लाल रंग का होता है.... और राष्ट्रार्पण ? आत्मदाह .... आत्मार्पण .... दोनों में अन्तर है उर्वशी ! आज ब्रिगेडियर स्मिथ का आक्रमण कोटा की सराय से हो रहा था - पूर्व दिशा से । मेरी लाल कुर्ती के सवारों ने सिर से कफन और कस लिये थे, प्यार भरी दृष्टि से देखा था... ओह ! वो दृष्टि.... क्या न था उस दृष्टि में - और क्या था उस दृष्टि में, क्या बताऊं ? मैं नये घोड़े पर चढ़ी ही थी कि मुझे भासित हुआ कि मेरे सामने कुछ उजला उजला है, कोई चक्र लिये है मैने आंख मीड़ी - कुछ न दिखा मुझे, मैंने कहा था - 'कृष्णायनमः' और फिर कहा 'हर हर महादेव'.... ।'

'.... और अंग्रेजों के हुज़ूर सवारों की कड़ाबीन बन्दूकों का वार विफल करती मैं विजय श्री की ओर बढ़ने लगी थी, पर.... ओफ़ ! विश्वासघात ! यहां भी दगा ? सिन्धिया की पेशवाई सेना बदल गई थी और गोरी सेना ऐसे ही बढ़ी थी जैसे भादों की नदियां । दुःख में सब पराये हो जाते हैं -। दिया बुझते ही परछाई हाथ छोड़कर चली जाती है न ? सूरज ढलान के मोड़ पर आ गया था और मैं दुश्मनों के घेरे में.... दुश्मनों के घेरे में बंध रही थी - जो निरन्तर छोटा हो रहा था । मैंने घोड़े की रास मुंह में दबा ली और निकाले थे दोनों खड्ग, मैं लड़ती बचती कहीं निकल जाती, पुनः सैन्य संग्रह करती -स्वराज्य की पुकार पर.... परन्तु पीछे बहते सोनरेखा नाले पर ये.... आज्ञाधर पशु भी बांया हो गया.... टस से मस न हुआ -न हुआ । क्या करती मैं ? पुनः लौटी मैदान में, अब तक मेरी जंघा मे गोली लग चुकी थी और सीने के नीचे एक संगीन बरदार की हूल धंस चुकी थी.... मैं रक्त

स्नान कर रही थी - वीरों का गंगा स्नान, वीरों का पर्व स्नान । मुझे मृत्यु-भय ? न न.... किंचित् नहीं - कुछ भी दुःख न था मृत्यु का, बस एक पीर .... एक कसक.... एक छटपटाहट थी - झांसी बेगानी हो रही थी, सपनों के नीड़ पराये हो रहे थे.... स्वराज्य पूजा के लिये पूरी जा रही चौक घोड़ों की टापों तले रौंदी जा रही थी.... ।

'अब तक एक तलवार मेरा कन्धा चीरती हुई चली गई, दूसरी तलवार सिर, कनपटी.... और फिर.... एक आंख बाहर आ गई.... थी । मेरी चेतना की लौ अभी बुझी न थी - यूं मैं मृतप्राय थी । मैंने.... अनन्त - अथाह में डूबते - डूबते कह दिया था - 'गोरे मुझे छू न लें'.... 'महाशिव रुद्र की जटा -विहारिणी पावन—पूत गंगा का अमृत स्पर्श मुझे जन्मते ही मिला था.. .. आज.... वह मिले न मिले.... पर टेम्स तट का पानी पिये कोई वहशी, रक्त -पिपासु, क्रूरकर्मी, विधर्मी का स्पर्श मेरी देह को छूकर उसे अपावन न कर दे....' साथियों ने डबडबाये लोचनों से सुरक्षा पट मुझ पर डालने का आश्वासन मुझे दिया था । मुझे याद है -धुंधली सी.... कोई कुटी थी.... वहां कोई दिव्य पुरुष था, वहीं पर बड़ा गहरा एक गड्ढा था.... किसी चक्रधर ने मुझे उसमें अपने बलिष्ठ हाथें से उठा कर रखना चाहा था, मैंने देखा -यह तो कुरूक्षेत्र था .... आह ! पीत पट की वह फरहन ! वो मोर पंख ! वह श्वेत घोड़ों वाला रथ ! पर आश्चर्य ? वहां अर्जुन न था, उसकी जगह में थी - मैं - रक्त रंजित, अंगभंग, घायल, अर्द्धमृत । मैंने कहा - 'ओं नमो भगवते वासुदेवाय' उन्होंने कहा - 'कर्मण्येवाधिकारस्ते'.... नैनं छिन्दन्ति शस्त्राणि'.... ।'

दोनों के स्वर घोल कर मिला डाले, फिर उन्होंने मुझे बाहों में उठाया और उस अतल गहरे गड्ढे में रखा - जिस पर स्वराज्य का भवन उठना था । देह से रक्त बहुत बह रहा था - फिर मुझे कुछ याद नहीं.... मैं डूब गयी थी.... फिर डूबते डूबते एक बार झांसी को याद किया था ।

'अमर लोक में यूं तो दुखानुभूति होती ही नहीं, पर इस समय निरभ्र, निष्कम्प, प्रभासित दीपमाला मद्धिम पड़ गई थी, और परिजनों की हंसी में विषाद घुल गया था ।'

चरण रज चंदन

बेले की जिन कलियों ने चौड़े चौड़े मुंह खोल दिये थे उन्हें गूंथ कर मंडप में झालरें लटकाई गईं थीं, नाग गंधा के गुच्छे भी लटकाये थे बीच बीच में । बीचों बीच नृत्य के लिए जगह छोड़ गई थी और चारों ओर वाद्य यंत्र सजा दिये गये थे । मेवा मिष्ठान केले के पत्तों से मुंदा रखा था, पर कृष्ण का मुंह अब उदास होने लगा था, दूध की मटकी छलकाता चांद अंबरासीन हो गया था कब का, पत्ता भी खड़खड़ाता तो वे गांव की गली की ओर देखने लगते, पर चतुर्दिक सन्नाटा था जो और गहराता ही जाता था, उनका मन टूटने लगा । सोमदत्त से बोले -

"चलो बन्धु, आज किसी को नहीं आना, घर घर सूचना भेजी थी मैंने ।"

सामान छकड़ा गाड़ी पर चढ़ा दिया गया था ।

कृष्ण थोड़ा हटकर चल रहे थे । जब घर पहुंचे तो मां यशोदा चौंक पड़ी -

"ऐं ? कन्हैया ? तू आ गया ? इतनी जल्दी ? क्या है ? उदास क्यों है ? ज्वर तो नहीं आया ? तेरा मूड़ तो नहीं पिरा रहा ? क्या उत्सव समाप्त हो गया ?"

एक सांस में दस सवाल मां कर गई, कृष्ण ने दुखी मन से उत्तर दिया –

"माई उत्सव हुआ ही नहीं, ग्वालिनें पहुंची ही नहीं, तो फिर नृत्य कौन करता ?"

तब तक सोम गाड़ी लेकर आ गया और उत्सव सामग्री उतारी जाने लगी । माई यशोदा बुदबुदाये जा रहीं हैं –

"हुं..... इनका ये साहस । अब ये बहुत मूंड़ पै चढ़ गई हैं, मेरे लड़के ने उत्सव रचा और पहुंची नहीं, अच्छा है, अब घुसें घर में निगोड़ियां । देखूं कैसे आती हैं, वैसे कहीं कुछ हो तो रात रात भर नाचें, चाहे सुबह सास ननदों की सवा लाख गाली खायें, चाहे दुलहा कूटे पीसे, पर कल मेरे लड़के ने बुलवाया तो न गईं, अब मेरे घर में घुसीं तो जरता लूका लेकर भगा दूंगी, आखिर गलिन गलिन दही बेचने वाली ही तो ठहरीं न.......।"

असल में मां आजकल इन पांचों गोपियों से नाराज हैं, ठीक भी है । इनके मारे न कृष्ण ढंग से व्यायाम कर पाता है, न वेद विद्या कुछ पढ़ पाता है, न अस्त्र शस्त्र चलाने का अभ्यास कर पाता है, भला चक्र विद्या कितनी कठिन है और ये हैं कि हर समय छाती पर चढ़ी रहती हैं, कृष्णलला हमारा ऐसा काम कर दो, वैसा काम कर दो, मेरी बहना बाजार में लुट गई उसका गहना गुरिया ढुंढ़वा दो....... दिन भर कुछ न कुछ बेगार ।

माँ ने कपड़े बिछा दिये, हठ पूर्वक कृष्ण को दो रोटी और मिश्री डालकर दही पकड़ा गई, हाथ मुंह धुलाकर सोने चली गई । दिन भर की हारी थकी, मथानी चलाते चलाते हाथ पिरा उठते हैं ।

कृष्ण की आँखों की नींद उड़ गई थी, उन्हें अपमान सा लगा ... आज उनकी वर्षगाँठ के उत्सव में गोपियां क्यों नहीं गई, वे जानते हैं, समझते हैं, वे राधिका से जलती हैं, चिढ़ती हैं । सब, इसी ईर्ष्यावश सांठ गांठ करके नहीं आई ......हुँ । राधिका ! राधिका ! राधा को इन सबकी बराबरी पर वे कैसे रखें ? ऐसा नहीं है कि गोपियाँ चाहती कम हैं उन्हें ..... नहीं, जान छिड़कती हैं, पर राधा के पास तो जान ही कहां रही है अलग से ..... वह

तो उनकी देह भर हैं ..... उन्हें याद आया राधा का प्रथम दर्शन । कृष्ण यमुना तीर गायें नहला रहे थे, नहला कर लौटे तो सामने एक अजब दृश्य दिखा, अच्छे मोरारदार सींगों वाली बैल–बहली पर सवार पिता पुत्री किसी गांव जा रहे थे, जाने काहे बैल हड़क गया, पुत्री कूदी आगे से, पिता कूदे पीछे से, रस्सी में किशोरी का पाँव फंसा और तनिक देरी हो जाने से क्या हो जाता कि कृष्ण ने आगे बढ़कर हड़के बैल को पकड़ लिया, पीठ पर हाथ फेर दिया और वह शांत हो गया । कृष्ण ने देखा खरा गोरा रंग जिसके सामने कुंदन पानी भरे, सुती नाक, हाथ में चूड़ा, पाँवो में छड़ा और घूमदार घंघरिया, सिर बाकायदा ढंका हुआ .... पिता ने हाथ भी जोड़े कृष्ण के और आशीर्वाद भी दिया, और पुत्री की आँखो में आभार का पानी भरा दिखा, फिर यह आभार कब प्रीत बन गया इसकी कहानी नयी नहीं, सृष्टि के मूलाक्षर की कथा है ।

कृष्ण लेटे लेटे हंसते रहे, आदि पुरुष की हंसी, विराट् पुरुष की हंसी, उनकी आँखो में सृष्टि चक्र घूम गया .... पुरुष, प्रकृति, उद्धृत अहंकार, मन ... स्थूल दशेन्द्रियां, पंचतन्मात्रायें, पंचमहाभूत .... कृष्ण की हंसते हंसते आँख लग गई ।

भोर की मुनैया बोल उठीं तो यशोदा उठकर गृहकार्य में लग गई और कृष्ण व्यायाम शाला की ओर चले गये । लौट्ते समय देखा सामने से उत्तरा, सतरूपा, दामिनि, विशाखा, हिरना और मधूलिका सब चलीं आ रहीं थीं । कृष्ण को देखकर विजेता की हंसी हंस कर सतरूपा बोली –

"नन्दलाल, कल का उत्सव कैसा रहा ? कैसा रहा रास ? रात गये कब समाप्त हुआ ?"

राग द्वेष से परे कृष्ण ने मुस्करा कर कहा –

"उत्सव हुआ ही कहां ? तुम लोग पहुंची ही नहीं ।"

कृष्ण की बात पर सब गर्व की तिरछी मुस्कान मुस्कुरायीं । उत्तरा बोली –

"पर तुम्हारे खास लोग तो शामिल हुए होंगे ज़रूर ?"

राधा की ओर संकेत था, कृष्ण धीरे से बोले –

"खास लोग तो मुझमें ही शामिल हैं उत्तरा ।"

उत्तरा अहीर की बिटिया इस गूढ़ उक्ति को न समझ सकी, जलती हुई सबके साथ अपना कलसा सिर उठाये यमुना घाट की ओर चली गयी, मगर आफत तो यह है कि कृष्ण को देखे और बोले बिना चैन भी तो उन्हें नहीं । हिरना सांवरी पीछे घूमी, पुकारा –

"सुनो नन्दलाल, कल हमारी माई को बछेड़ा ने लात मार दी थी इसी से हम नहीं आ पाये ।"

"अच्छा ।"

कृष्ण ने मुस्करा कर कहा और बढ़ गये । कुछ दिन यूं ही गुजर गये ।

आज तीसरा रोज़ है घर में हाहाकार मचा है, यशोदा की आंखे रो रो कर सूज रही हैं । अन्न का बीजा मुंह में नहीं डाला, नन्दबाबा के पांव लहूलुहान हो गये दौड़ते दौड़ते, वैंद और चिकित्सक ढूंढ़ते ढूंढ़ते ।

कृष्ण की देह भर में जलन है, और माथा ? माथा तो ऐसा दुख रहा है जैसे कोई हथौड़ा चला रहा हो, छन इस करवट, छन उस करवट, कृष्ण मछरिया से लोट रहे हैं । नारायण ! कोई दवा कोई बूटी काम नहीं कर रही, मथुरा से वैद आये थे, हताश लौट गये । गोपियों का गुस्सा काफूर हो गया, ठंडा पड़ गया है । ठट् के ठट् ग्वालिनों के चले आ रहे हैं, किसी ने कहा गीले कपड़े की पट्टी माथे पर धरो, किसी ने कर्पूर मिला घृत लगाने को कहा, कोई कोई ठंडा जल और मिश्री मिलाकर पिलाने ले आई, पर माथे की पीर न हटी न देह की जलन । हार कर यशोदा बोलीं –

"अब दवाई दारू नहीं फुरती, कहीं से कोई झरैया फुकैया बुला दो, मेरे लाल को अच्छा कोई तो कर दे .... "

बलराम चट बोले –

"काकी, मैं एक को जानता हूँ, अभी ले आता हूँ ।"

घड़ी भर बाद एक गुनिया आकर खड़ा हो गया । वेश सपेरे सा जटाजूट, भगवा कपड़ा पहिने । कृष्ण को जांचा, परखा, नाड़ी देखी, हथेली देखी,,

"इसे तो प्रेतनी झांक गई है कोई रोग नहीं है, किसी नारी के तलवों की धूल लाओ, मैं माथे पर कृष्ण के मल दूं मंत्र पढ़कर, ये तो दौड़ने लगेगा .... ।"

धूल .... धूल ....धूल ....तलवों की धूल .... अरे क्या बड़ी बात हैं। नंद, यशोदा, रोहनी, बलदाउ सब वहीं बैठकर तलवा टटोलने लगे तो गुनिया चिल्लाया –

"न न न न ....पुरुष जाति की चरण धूलि लगेगी ही नहीं, लगेगी तो सिर्फ नारी जाति की .... इसे प्रेतनी ने कष्ट दिया है न ? और नारी में माता, भगिनी न हों, मातृशक्ति को मैं कैसे दंड दे सकता हूं ? चरण धूलि सिर्फ उसकी चाहिये जो कृष्ण की समवयस्का हो, गोकुल से बारह कोस के भीतर की हो, अपरिचिता न हो, जिससे कभी कृष्ण की बोल चाल रही हो .... ।"

जुड़ी भीड़ में सन्नाटा छा गया, उपचार मिला भी तो ऐसा टेढ़ा। यशोदा ने कातर दृष्टि झुंड में खड़ी ग्वालिनों की ओर डाली लीलावती, वसुन्धरा, उत्तरा, हिरना, सांवरी .... सबके मुंह पर कातर बेबस वेदना थी, और कुछ होता तो वे घर लुटा मारतीं पर ..... चच्च ..... नारायण ! इन्हें कोई पैर की धूलि कैसे दे दे ? हम भला क्या करें ? हमारे गांव के प्रधान के लड़के, इत्ते बड़े आदमी, फिर माई बाबा तो मेरे कहते हैं कि कृष्ण ने बड़े बड़े काम बचपन में कर डाले हैं। ये तो औतार हैं बस ... फिर कैसे पांवो की धूल दे दें ? ग्वालिनों में बेचैनी तो है पर हल नहीं, यशोदा छटपटाई जा रही हैं। सारा गोकुल जमा है पर .... किसी काम का नहीं, कष्ट झेलते झेलते कृष्ण का मुंह सूख चला था, सुस्ती आ गयी थी। दिन ढले अचानक .....द्वार पर भड़भड़ाहट हुयी, कृष्ण के परम मित्र दामा पसीने से तर हांफते हांफते भीतर भागे आ रहे थे, – –

"मिल गई, मिल गई।"

घर में जीवन ज्योति सी आ गई, हाथ में पकड़ी पीतल की कटोरी दामा के हाथ से पहिले कृष्ण ने ले ली, बड़े कष्ट से कराहते हुए किन्तु जोर से बोले – –

"कहां मिली ? किसने दी दामु ?"

दामा हांफते हांफते बोला –

"राधा ने दी, बरसाने तक जाना पड़ा .... ।"

गोपियों ग्वालिनों को जैसे सांप ने सूंघ लिया। पहिले तो वे स्तब्ध रह गई फिर एक दूसरे की आंखों में झांका, ओंठ सिकोड़े .... दैया ....दैया

पांव की धूल दे दी .... हिरदय से तो पति मान बैठी थी और पांवो की धूरा दे दी.... घर बैठे भेज दी....

कृष्ण ने दामा से फिर पूछा –

"दामा ! राधा ने पावों की रज कैसे दे दी ? क्या कहती थी ?"

दामा का कंठ भर आया, बोले –

"राधा कहती थी – तुम पांवो की धूलि पोंछ कर फौरन ले जाओ हम उनके पीछे **नरक** भोग लेंगें, वे अच्छे हो जायें मैं जनम जनम नरक में रह लूंगी .... "

कोठे में सन्नाटा छाया था, कृष्ण ने देखा गोपियां धरती में गड़ने को थीं, कृष्ण फिर बोले,

"राधा ने पग धूलि भेज दी स्वयं नहीं आयी ?"

"अरे इतना कहते कहते वह मूर्छित हो गयी, बोल कहां पाई ? वह मूर्छित पड़ी है तो क्या हम उसे पीठ पर ढोकर लाते ?"

दामा ने बताया ।

कृष्ण ने देखा ग्वालिनें आंखे नीची किये चल दी हैं। उनकी झोली में हर प्रश्न का उत्तर भर दिया था कृष्ण ने .... । जब सब लोग चले गये तो कृष्ण ने वह पीतल की कटोरी उठा ली .... उनकी आंखें पहले ओस भीगा कमल बनीं, फिर काला बादल बनीं .... फिर जमुना जल सी बह पड़ीं ।

बैद सांवरिया

वे चले गये, वह खड़ी रही, वे कहकर चले गये, वह सुनकर जी गई, वे जिधर से गये उधर से कस्तूरी हवायें उड़ कर आने लगीं, उसे लगा उसकी कोठरी मुक्तिधाम हो गयी है, जिसकी धरती पर केसर केसर उग आई है, किवड़ियां चंदन चंदन हो गई हैं। उसने आंखें मीच ली हैं। वे क्या कह गये हैं - "अनुरागिनी को वैरागिनी कदापि नहीं बनने दूंगा...... प्रकृति के दिये इन दोनों हाथों को कर्म यज्ञ से वंचित न करो देवि।..... फिर सेवा का पूत कर्म....... तुम्हारे चन्दन घर्षण में वृहत्साम गूंजेगा इसी कोठरी में.. ... तुम्हारे पुष्प गुंफन से गंध - पवन त्यौहार मनायेगा इसी कोठरी में....... तुम रोती हो, वनवास मांगती हो, अमृत कुंभ हाथों में लिये हो और छाछ से डरती हो.......।"

एक दिन ऐसा हुआ महारानी हंसा ने स्नान कर लिया, वस्त्र पहिन लिये, केश सज्जा दासियां करने लगीं पर अभी तक न चंदन आया न फूलों की वेणी। अन्त में प्रधान दासी बुदबुदाती हुई सैरन्ध्री के कक्ष में पहुंची...... सोचती जा रही थी - ये काणे, खोरे, कूबरे अवगुनी होते ही हैं।

कक्ष में पहुची तो देखा सैरन्ध्री घुटने पर ठोड़ी दिये चुप बैठी है। प्रधानिन जल कर बोली -

" अरी ! क्यों री, ये कौन से चरित्र दिखा रही है ? रानी जी सिंगार को बैठी हैं....... उठ चन्दन और हार पहुंचा वहां।...... अरी ! बोलती क्यों नहीं ? तुझे सांप सूंघ गया है क्या ? उठ न, हुआ क्या है ?"

"बिरजा ! मुझे हुआ तो कुछ नहीं है, पर अब कंस महाराज के महल की टहल चाकरी मुझसे नही होती।"

"महल की चाकरी नहीं होती तुझसे, हूँ... टहल चाकरी नहीं होती तो जा सिंहासन पर चढ़ कर बैठ जा, रानी बन जा... अरी ! दासी है तो दासी की तरह रह, मौत न बुला अपनी – अपनी और मेरी।"

प्रधानिन गुर्राई, सैरन्ध्री फिर भी न उठी तो चंदन और फूल उठाकर वह किसी और को दे आई, महारानी से निवेदन कर आई कि आज सैरन्ध्री को ज्वर चढ़ा है। वह लौट कर फिर आ गई। दरअसल इस अपंग, असहाय सैरन्ध्री पर उसकी दया और प्यार दोनों ही थे, उसे हिलाया, फिर पूछा-

"क्या सच्ची तुझे ज्वर चढ़ा है ? ताप आ गया है?"

"बिरजा ! मुझे ताप वाप तो कुछ नहीं चढ़ा, पर अब मैं यहां नहीं रहूँगी।"

"तेरे अगाड़ी न पिछाड़ी, कहाँ जायेगी तू भला ? ऐं ?

"किसी से न कहियो बिरजा, मैं आधी रात चुपके से निकल जाऊंगी और ब्रज में जाकर रहूंगी।"

"ब्रज ! ब्रज ! तुझे सन्निपात तो नहीं हो गया ? कूकुर ने तो काट नहीं खाया ? कंसराज के कान में भनक पड़ी तो जानती है - जीभ खिंचवा कर जीवित गड़वा देंगे।"

"बस न ? अच्छा है, मर जाऊं ऐसे दुराचारी की चाकरी करने से।"

बिरजा चिढ़ गई। बेहद सुन्दर थी, रूप गर्विता थी, कंसराज की मुंहलगी थी, धन से भरी पूरी थी। चमक कर बोली-

"जिस पातर में खाती है उसी में छेद करती है, तेरे साथ कौन सा दुराचार किया है उन्होंने ? तू क्यों कुछ कहती है ?"

सैरन्ध्री ने ठंडी सांस भरी - बोली -

"बिरजा ! मन अपना अपना, खुशी अपनी अपनी, सरग नरक अपना अपना ।"

फिर उदासी भरी रुलाने वाली हंसी हंस कर आंखें मूंद ली ।

"बिरजा ! आह ! वह पीत पट की फरहन ! वह तिरछा मोर पंख !"

बिरजा अचकचाई और सैरन्ध्री को झकझोर कर बोली–

"किसके लिये कह रही है री ?"

"कृष्ण के लिये" सैरन्ध्री मगन भाव से बोली ।

"कृष्ण ! तुझे कृष्ण कहाँ मिले ? कहाँ दीखे ?

सैरन्ध्री का सारा विषाद धुल गया, डूबते हुये बोली –

"अभी अभी, यहाँ से निकले थे, बन्दीघर गये थे महाराज उग्रसेन और महारानी पवनरेखा को देखने.... आह ! पीले पट की वो फरहन ! लंबा केसरी तिलक ! हाँ, उनका मुखड़ा उदास था.... "

बिरजा को अखरा पर ठिठोली भी सूझी, व्यंग कसती हुई बोली –

"ओ ! अब समझी, हमारी कुब्जा रानी को काला नाग डस गया है .... तभी तो मैं कहूँ.... ह ह ह ह ..... कुब्जा रानी, कृष्ण दीवानी ..... अरी, तनिक दरपन उठा के तो देख, सत्रह जगह से आड़ी तिरछी, खोरी कूबरी..... हाँ नहीं तो ! ब्रज – बरसाने की अप्सरा सी सुन्दरियां तो उसके नाम को बैठी रोती रहीं रोती रह गईं और वह भला तेरी ओर आंख उठाके देखेगा ? करिया, कपटी, छली ।"

"बिरजा ! पानी पीकर कहीं जात पूछी जाती है ?"

सैरंध्री फीकी हँसी हंसी । बिरजा ने सैरन्ध्री का चेहरा आंख गड़ा कर देखा, उसे लगा, रंग गहरा चढ़ा है । एक बार फिर बोली –

"वो... वो बरसाने के गोपराज बृषभानु को छोरी राधिका इसके पीछे बावरी हो गई, उसका हल्ला तो यहां तक हुआ .... पर फिर वह बरसाना झांकने न गया, वह बेजार हो गई, उसका बाबा दवाई दारू कराता फिरा .... फिर ये तुझे क्या उत्तर देगा ?"

"बिरजा ! प्रेम भिखारी नहीं होता, वह कोई बदला नहीं चाहता, वह अपने आप में सम्राट होता है .... ।"

बिरजा हार गई, फिर कान के पास मुंह ले जाकर बोली –

"कुब्जा ! एक बात बतऊं, खबरदार ! किसी ने न कहियो, तुझे कसम है, मेरा मरा मुंह देखो जो किसी से कहो, तुझे अंतरंगिन जान कर कहती हूँ – कृष्ण का ध्यान छोड़ दे, ... उसकी उमर पूर गई है, दो दिन की और है ।"

"क्या ? ? ? "

कुब्जा चीखी तो बिरजा ने मुंह बन्द कर दिया, कहा –

"हाँ .... प्रमदा वन के नीचे जो शेषनाग की झांकी सजी है वहाँ असली नाग छोड़े गये हैं और रात्रि का नौका विहार छिद्रदार नौका में होगा" ।

अक्रूर के साथ कृष्ण बलराम मथुरा आ गये थे । चर्चा तो उसने भी सुनी थी, पर क्यों आये हैं या कंसराज ने किसी कार्य से बुलाया है – यह उस भोरी, अनजान दासी को नहीं मालूम था । बिरजा के मुंह से यह सुना तो सन्न रह गई, इतना बड़ा षड्यंत्र ! बिरजा कब उठ कर चली गई उसे होश नहीं । रात का आगमन हुआ उसका ब्याजू धरे धरे सूख गया, कहाँ की भूख कहाँ की प्यास ! कोठरी में दीपक तक नहीं जलाया, अंधेरे में पंख कटे पंछी की तरह वह फड़फड़ा रही है – दो दिन ....बस दो दिन कृष्ण का जीवन ! मैं ऐसी अभागन हूँ ...

उसके पति नहीं, संतान नहीं, अपना घर द्वार नहीं, यहाँ तक कि अपना डील ही उसके लिये भार है । रूप रंग से बुरी नहीं थी पर सुदर्शना होते हुये भी उसे जो देखता हंस देता । उसकी पीठ पर भारी सा कूबड़ उठा था, जो उसे अभाग्य की डोर से बाधे था । सबकी नजरों में उपहास का पात्र बनी वह स्वयं की नजरों में गिर गई थी । महल के लोग उसे कुबरी कहते, किसी ने अभिजात भाषा का प्रयोग किया तो कुब्जा कह दिया ।

रात के तीन बजे हैं । धरती के मानुष और डार के पखेरू सब सोये हैं । सिर्फ सैरन्ध्री की नींद कोसों दूर है । जिस करवट लेटती है वही करवट आग हो जाती है ।

'ओह ! बिरजा ! तूने कैसा दरद जगाया ? मेरे दूधिया सपनों में ज़हर घोल दिया, ओह !'

उसका मन पल्लव विश्वास की डाली से टूटकर भू लुंठित हो रहा है, जब उसे याद आती है पील पट की फरहन, टेढा मोरपंख तो उसका मन राग रंजित हो उठता है और जब उसे याद आती है बिरजा की कटूक्ति आड़ी, तिरछी, टेढ़ी कूबरी तो मन विषाद से श्मशान हो जाता है । बिरजा कहती है --

करिया कपटी कृष्ण .... कृष्ण कपटी हैं तो फिर .... तो फिर.... ? उसकी आंख तरल हो गई है, उसके मन महोदधि में द्वन्द के जलपोत तिर रहे हैं, असमंजस की घड़ी है तो फिर क्या वह कृष्ण को देखने दे शेषनाग की झांकी ? होने दे छिद्रदार नौका में विहार ?

नहीं नहीं नहीं .... कृष्ण उसकी ओर देखें भी नहीं उसे प्रतिदान न दें, पर वह यह नहीं होने देगी, प्रेम भिखारी नहीं सम्राट होता है .... उसी ने तो कहा था न ? तो फिर विजय सम्राट की ही हो ! और तब विजय सम्राट् की ही हुई, भक्ति का राजतिलक हुआ, प्रीति का जयजयकार हुआ । मन-- जो फट कर दस बीस में हो गया था -- बँट कर एकडोर हो गया, उसका अश्रुपात थम गया । आकाशदीपों ने उसकी इतनी देर से दिशा भ्रष्ट नौका को सीमान्त संकल्प शिला से बाँध दिया ।

कुब्जा उठी, उसने द्वार खोला, अपने ऊपर एक काला कम्बल लपेटा, आग जलाने का सामान और डाल से फूलपत्र तोड़ने वाला हँसिया लिया और एक निर्दिष्ट दिशा को चली गई .... जब वह लौटी तब भी किरणबाला प्राची के नगर से बहुत दूर थी । तरइयां भर धुधलाई थीं, चांद की हंसी अभी भी दूधिया दूधिया थी । कुब्जा चुपचाप पड़ रही, मानों त्रिलोकी का सुख उसकी मुट्ठियों में बंध गया हो ।

गोकुल से आने पर कृष्ण बलराम को अतिथिशाला में ठहरा दिया गया था, अब उन्हें ससम्मान कंसराज द्वारा बनवाये गये विशिष्ट अतिथिगृह में ले जाया गया जो यमुना किराने 'प्रमदावन' के नाम से निर्मित हुआ था। 'प्रमदावन' के द्वार पर स्वर्ण कलश भरे दासियां खड़ी थीं, बन्दनवार झूम रहे थे, गीतों से नीलाम्बर तक मुखरित हो गया था। कृष्ण बलराम की आरती होने लगी, तभी कुछ कोलाहल हुआ –

'बुझा दो.... बुझा दो, अरे....अरे...अरे जल जायेगी।"

किसी दासी की चूनरी का छोर आरती से जल गया है। मीड़ कर बुझा दिया गया। जाने क्यों कृष्ण की आंखें तरल हो आईं। एक दासी चंदन लगाते समय बोली –

"नन्दलाला ! तनिक माथा झुकायें, मैं छोटी हूँ"।

कृष्ण ने माथा झुका दिया तो मालिन ने चुटकी ली –

"झुकाना पड़ा न माथा ? बरसाने की गोरी नहीं, मथुरा की मालिन हूँ।"

जन समूह ठठाकर हंस पड़ा पर कृष्ण का मन कहीं और था, मुस्कुराये, पर बड़े धीरे से।

कंस की कूटनीति रंग पर थी। जलपान के उपरान्त कंस के विशिष्ट सभासद् कृष्ण बलराम को प्रमदावन के गर्भगृह में बनी झांकी शेषनाग के सहस्त्रफन पर स्थित झांकी, दिखाने के लिये ले गये, अन्य व्यक्ति द्वार पर रोक दिये गये। किन्तु यह क्या ? घोर आश्चर्य ! जैसे ही कपाट खुले, सभसद् दस कदम पीछे हट गये। जले हुये नरमांस का भभका सड़ांध छोड़ता निकला और धुयें ने, जलती सर्पगंध ने वहाँ खड़ा रहना दूभर कर दिया। पुनः लोग प्रमदावन में लौट आये। पहिला पड़ाव कंस हार गया।

उजियारी पूनम की रात थी, नौका विहार में जान बूझ कर देरी की जा रही थी। शंख, मंजीरे, मृदंग बजते बजते थकने को आ गये। नौका पर दूधफेन सी सफेदी बिछी थी, नीले रंग के पर्दे झिलमिला रहे थे पालों पर ! धीमा धीमा वंशी राग मानो कह रहा था 'बड़ी दुर्गम रात है, जी लो'। कमी केवल फूलों की थी। जब नाव का रस्सा खुल गया, नाव हिली डुली तब सैरन्ध्री कुब्जा भारी डलिया में फूलों का पहाड़ उठाये प्रकट हुई और उछल कर नाव में जा बैठी।

संयोजक चिल्लाया – "अब तक कहाँ थी ?" सैरन्ध्री कुब्जा ने अनसुनी कर दी, सबको मालायें दीं, कृष्ण की चौकी के पास कुछ फूल बिखेरे और ओट में घूंघट खींचकर बैठ गई। चक्रधर –संयोजक मन में बुदबुदाया – "उंह मरे फिर ! मैं क्या करूं।" नाव जमुना की रजत उर्मियों में थिरकती बहती रही, वंशी बजती रही, पाल उड़ते रहे। चलते चलते जब नाव निश्शंक होकर मंझधार के भी पार हो गई तो नाविक बने राजपुरुषों का कलेजा धड़का, आंखों ही आंखों में सब ने सबसे प्रश्न कर डाले।

आधी रात को महल के गुप्त यातनागृह में कंस ने झांकी और नौका के सज्जाकार को प्राण दंड देने के लिये म्यान से तलवार निकाल ली, क्षण भर की देरी ही थी, कि गिड़गिड़ाती बिरजा ने धरती पर लोट कर कंस के पांव पकड़ लिये, ये सज्जाकार उसका पति था, आखिर कंस ने तलवार नीची कर ली।

रात बहुत बीत गई पर कृष्ण बलराम का वार्तालाप नहीं चुका था।

बलराम कह रहे थे –

"भैया। यहां एक नारी बड़ी विचित्र सी है, कहीं कोई गुप्तचर तो नहीं ? आरती के समय उसका छोर जल गया पर उसने देखा तक नहीं .... फल फूलों का तो पहाड़ ले आई नाव में, पर सबको दिये सिर्फ हमें नहीं दिये, छिपी रही कहीं, कोई राक्षसी तो नहीं कहीं ? मुझे लग रहा था – नाव में कुछ उपद्रव न करे वह।'

कृष्ण की आह निकल गई, झटका सा लगा –

ओह बलदाऊ ! इतनी बड़ी चूक ! देवी और दानवी के बीच का अन्तर न कर पाये .... भक्ति, प्रेम और त्याग की त्रिमुखी प्रतिमा न चीन्ह पाये .... संहारक और उद्धारक का भेद न जान पाये, नाव में उपद्रव ! हुँ आज यह न होती तो छिद्र वाली नौका – भीमाकार गर्जना करती हुई विकरालमुखी यमुना की अतलतल स्पर्शी गहराइयों में हमें सुला देती। भाई .... यदि प्रपत्ति की परिभाषा भूल गये हो तो इसे देख लो, याद आ जायेगी ... अबोली, जीवित प्रेम समाधि ! पर कृष्ण ने मनोभाव छिपाते हुये कहा –

"अरे भैया ! तुम समझे नहीं, वह और कोई नहीं एक दासी है, उसकी पीठ पर कूबर है और इसी ग्लानि के कारण वह हमसे छिपती है, हम इस समय मेहमान हैं न ?"

"हूं .... अच्छा, ऐसा है ! तभी तो मैं कहूं .... थोड़ी सी झलक दिखी थी, सुन्दर है । क्यों कृष्ण इस रोग की कोई औषधि नहीं होती ?"

"होती भी होगी तो कराये कौन ? ये दास दासी हैं, वर्ग भेद तो सतयुग में भी था भैया ।

"भैया !" कृष्ण ने सांस खींच कर कहा ।

सबेरे कृष्ण ने बलराम से यमुना स्नान के लिये पूछा, पर वे तो ऊं आं करके फिर सो गये, कृष्ण अकेले ही निकल गये । कुब्जा अपने कक्ष में अब भी जाग रही थी, पड़ी थी, विगत रात्रियों का समुद्र मंथन तो शान्त हो गया था, जो करणीय था – कर लिया था, आत्मतोष पा लिया था, प्रेम सम्राट् जीत गया था, परन्तु थी तो आखिर कोमल हृदया नारी ही । आंसू पोंछते पोंछते आंचल भीग आया .. बिरजा कहती थी – आड़ी, तिरछी कुबड़ी, कुरूपा .... । उसे लगा कि वह जी भरकर, छाती फाड़ कर रो ले । कुछ क्षण बीते ।

अचानक द्वार पर दस्तक हुई .... उसका जी हुआ किवाड़ न खोले, पर बेमन से उठी –खोल दिये – ऐं ? क्या ? उसकी आंखें चौड़ी हुई, चमकीं और फिर तरल हो गईं, सामने कृष्ण खड़ें थे मानों ज्योति और तेज एक साथ आ गये हों ......"नन्दनन्दन ! देव ! प....धा....रें .... प धा रें... मेरे तुच्छ कुटीर में ।" कृष्ण बढ़ते गये आगे, कुब्जा हटती गई पीछे .... । टकरा कर गिरी, पानी गिरा मटकी का, दीपाधार गिरा । कृष्ण हंस दिये तो मानों कोठरी झील हो गई, लाखों कमल खिल गये । कुब्जा चौकी पर बिछाने के लिये इधर उधर ढूंढने लगी कुछ, कृष्ण ने अपना पीताम्बर बिछाया और बैठते हुये बोले –

"रहने दो, क्या ढूंढती हो ? चादर चदरिया तो सब नाव के छिद्र भरने में लगा आई"

कुब्जा अवाक्, कृष्ण ने उसकी चोरी पकड़ ली थी .. .. अब उसके अश्रु न थमे, झरना बन गये । कृष्ण बोले –

"हूँ, हम तुम्हारे गांव आये और तुम छिपती फिरीं, सबने आरती की, तुम बिना आरती किये चली गईं, सबको मालायें दीं नाव पर, हमें नहीं दीं, हमारी चौकी पर बस दो चार फूल बिखेरे और छिपकर बैठ गईं कहीं ... अतिथि को बुला कर ऐसा किया जाता है ?"

कृष्ण की हंसी बढ़ रही थी और कुब्जा का रोना, आंसू पोंछती हुई बोली –

"ब्रजनाथ ! नन्दनंदन ! आप मथुरा पधारे हमारे अहोभाग्य, आप मेरी कुटिया में पधारे मेरे जनम जनम के पुण्य उदय हुये । प्रभु ! आपके दर्शन से कृतार्थ हुई, किन्तु आपके सम्मुख आने में मुझे लाज लग रही थी, इसी से न आती थी ।"

"लाज लग रही थी ? क्यों ?"

कृष्ण विस्मय से बोले ।

"देखते नहीं नन्दनन्दन मेरी कुरूपा बेडौल काया ? लाज तो अपने पर लगती ही है ।"

"तो तुम कुरूपा हो ? तब तो मुझे सौंदर्य का अर्थ बताने के लिये नया शब्दकोश लिखना पड़ेगा । देवि ! रूप की ऐसी भ्रामक परिभाषा न दो । तुम्हारा सा रूप तो अभी मैने राधिका के सिवा किसी और में देखा ही नहीं ।"

"आह ! देव ! यह क्या कह दिया आपने ? देवि राधिका से मेरी समानता !"

"क्यों ? रूप का साक्षी देहाकर्षण भर है क्या .... ऐं ? यदि ये क्षण भंगुरा मृत्तिका देह सुडौल है सुन्दर है, तो शेष सब बेडौल है ? असुन्दर है ? ऐं ? तुम मंदिर में स्थापित किसी अनगढ़ प्रस्तर प्रतिमा को असुन्दर कहने का साहस कर सकती हो ?"

"नहीं, नहीं महाराज !" दासी कान मूंद कर बोली ।

"तब फिर ? भक्ति की, प्रपत्ति की जीवित समाधि दशा होकर तुम विश्वप्रपंच के तनिक से छद्म से डर गई ? यही है न वह चुनरी जो तुम पहिने हो ? उसी दिन ये छोर जला था न ? तुम्हें आग की तपन अनुभव हुई थी भला ? तुम तो उज्जवल रस के सिंधु में डूबी थीं – वहां आग की, तपन की पहुंच कहाँ ? इस रस में नहा लेने के बाद भला तन मन का विकार शेष रह सकता है ?"

कृष्ण की बातें कुब्जा ने प्रेमातिरेक में सुनीं और रोने लगी । कहा -

"देव ! एक तो भगवान ने नारी बनाया, तिस पर दासी, मेरा दासीपन भी मेरी कुरूपता ने न निभने दिया चैन से । केवल प्रताड़ना, केवल

अपमान, केवल उपहास, तपन और अन्तर्दाह । बिरजा भी दासी है पर अतीव सुन्दर है, महाराज कंस तक उसके अपराध क्षमा करते हैं, महल में सब उसे चाहते हैं ।"

"ओह ! तो तुम इसलिये बिरजा को इतना महत्व दे रही हो .... तो सुनो – ध्रुव की कथा तो तुमने सुनी है न ? ध्रुव बालक ध्रुवतारा बन गया और उसकी मां सुनीति तारिका बन गई, है न ? तो सुनो .... जब तक संसार मुझे याद करेगा तब तब वह तुम्हें भी कुब्जा सुन्दरी के नाम से याद रखेगा और जब भक्ति का इतिहास लिखा जायेगा तो प्रेम विह्वल भक्तों में तुम्हारी गणना की जायेगी ।"

दासी अविश्वास से कृष्ण का मुंह ताकती रह गई, भिखारी पारस का गुन मोल क्या जाने भला ?

कृष्ण खड़े हो गये, बोले –

"मेरे समीप आओ, तुम्हारे मन में ग्लानि का पठार उठ आया है, लाओ उसे समतल कर दूँ ।"

कृष्ण ने एक हाथ दासी की गरदन पर रखा और दूसरे हाथ से भरपूर शक्ति लगाकर उसकी पीठ पर उठे कूबड़ को दबा दिया, दासी के मुंह से एक हल्की सी चीत्कार निकल गई और तनिक देर में ही वह सीधी तन कर खड़ी हो गई । कृष्ण मुस्कुराये और उसे दीवार पर लगे दर्पण के सम्मुख खड़ा कर दिया, स्वयं एक ओर खड़े होकर हंसने लगे । अरे ! कुब्जा तो सीधी तनी खड़ी थी बिल्कुल फूलछड़ी सी ।

वह अवाक् थी, धीरे-धीरे बुदबुदाई –

"क्या हो गया मुझे, क्या ? ऐं ? मैं .... मैं कैसी हो गई ? प्रभु ! दीनानाथ ! यदुनन्दन .... "

कुब्जा आंखें मीड़ मीड़ कर अपने को देख रही थी ।

कृष्ण चलने लगे तो कुब्जा उनके पावों के समीप गिर गई –

"प्रभु ! अब मैं यहाँ नहीं रहूंगी, किसी वन में, किसी कुंज कुटीर में चली जाऊंगी, तुम्हारे नाम का गुन गाती जनम बिता दूंगी .... "

अब कृष्ण गंभीर हो गये, सिर हिलाते हुये बोले –

"नहीं, कदापि नहीं, अनुरागिनी बैरागन नहीं बनेगी । देवि ! प्रकृति के दिये इन दो हाथों को कर्म से वंचित न करो, फिर सेवा सा कर्म ! तुम्हारे चन्दन घर्षण में वृहत्साम गूंजेगा इसी कोठरी में .. .... तुम्हारे पुष्पगुंफन से गन्ध पवन त्यौहार मनायेंगे इसी कोठरी में .... यह क्या ? रोती हो ? वनवास मांगती हो ? अमृत कुंभ हाथों में लिये हो, छाछ से डरती हो ..... ?"

कृष्ण चले गये । जाने कुब्जा को क्या हो गया है – रात काम दिन काम, बड़े से बड़ा काम और छोटे से छोटा काम । और अब तो उसकी एक और आफत हो गई है - जिस नारी ने अपना नाम न जाना उम्र भर, कुब्जा, कुबरी, खोरी सुनते सुनते आधा जनम गया, अब सबकी माई, बैना और गुइयां हो गई है । जमुना तट से पानी लाते समय औरतें पीछे लग जाती हैं, घर तक चली आती हैं –

"हमें भी बता दो बैना, हमें भी, आखिर किस ठौर तुमने अपना उपचार कराया ? कहाँ गई थीं ? कौन सी बूटी जड़ी किसने खिलाई ? कौन है तुम्हारा वैद ? ऐं ? बताओ न ?"

कुब्जा मगन मन चन्दन घिसती रहती है, बस मुस्काती है । जब उसे बहुत छेड़ा जाता है तो दीवार की तरफ उंगली उठा देती है, लकड़ी के एक पट्ट पर खरिया मिट्टी से कृष्ण का चित्र रेखाओं में बना है, इसमें मोर पंख टेढ़ा सा है और हल्दी से बना दिया गया है माथे का केसरिया तिलक और ...... और हल्दी से ही पीले पट की फरहन दिखाई गई है ।

卐

मोर पंख

मन्त्रोच्चार के साथ दुलहन ने मंडप में प्रवेश किया तो नीची दृष्टि से देखा–वर नहीं है, ये कैसा विवाह ! मंडप में वर नहीं है । पर जब आचार्य मणिभद्र ने एक साधु जैसे व्यक्ति से ग्रंथि-बंधन कर दिया तो कुंतला देवी का हृदय धक् से रह गया । इन्द्रप्रस्थ के राजकुमार का मन बसा चित्र भग्न हो गया, आंखों की कोर तरल हो गई, भीतर से किसी ने रो कर कहा -

आह ! विवाह हो गया ।

वधू घर आई । धृतराष्ट्र महाराज का राजमहल ! क्या कहना ? मुख्य द्वार पर स्वर्ण- कलश, फहराती पताकायें, सतखंडे कंगूरेदार महल, घंटों-शंखों की ध्वनि । वधू के गृह-प्रवेश का मुहूर्त बना सात दिन बाद । महाराज धृतराष्ट्र की पट्टमहिषी गांधारी ने परछन किया और टटोल कर वधू को दही-बताशा खिलाया तो वधू चकित हुई । यह कैसा परिहास ! आंखों में पट्टी बांध कर परछन किसलिये ?

गांधारी, माद्री, कुन्ती सबने मुंह देखनी में हीरों के हार, जड़ाऊ बेदियाँ और करधनियां दी ! वैवाहिक दस्तूर हो गये तो साधु व्यक्ति हाथ जोड़ कर राजरानी गांधारी के साामने खड़े हो गये, बोले-

"भाभी मां ! अब आदेश हो तो आश्रम को जाऊं" ।

ये विदुर थे । गांधारी विदुर को देवर नहीं पुत्र सा ही मानती थीं यद्यपि वे कुल परम्पराओं की, लोक और वंशाभिजात्य की मर्यादाओं से मुक्त नहीं थीं । विदुर दासी-पुत्र थे और उनका विवाह भी मथुरा के एक सेनानायक की दासी-पुत्री से हुआ था, किसी राजकन्या से नहीं । विदुर दासी-पुत्र तो थे परन्तु ऐसे साधु जिनके लिये इस निस्सार विश्व में कुछ न था । इसके विपरीत उनकी पत्नी कामनाओं का संसार साथ लाई थी । कुन्ती और माद्री नववधू को उसके सिर पर पल्ले की छाँव किये हुये मुख्य द्वार तक छोड़ कर लौट आयीं ।

आश्रम, राजमहल से हटकर था । लता, द्रुम-वितानों से आच्छन्न, कदली और तुलसी बिरवों से घिरा हुआ । कुन्तला ने आश्रम में पांव धरा तो उसका मुख उदास हो गया, विदुर पत्नी की मनोव्यथा जान गये । कुन्तला बोली –

"स्वामी ! क्या पूज्य ज्येष्ठ जी ने आपको राज्य का कुछ भी भाग नहीं दिया ?"

विदुर हंस पड़े, बोले –

"प्रिये ! इतनी बड़ी धरती, इतना विस्तारमय अंबर, ये विशाल जलराशि वाला सागर, अनन्तप्रकाश वाला सूर्य, अमृत सा चन्द्रमधु रातभर बरसने वाला और अविनाशी पुष्प गंध । सब तो है अपने पास, कल्याणी ! अब और क्या किसी से मांगना है ?"

कुन्तला ने पति के चरण पकड़ लिये, पर मन के किसी कोने में उदासी फिर भी बनी रही ।

एक दिन यूं ही बैठे बैठे मन ऊबा तो अपनी जेठानी कुन्ती के पास जा बैठीं । देवरानी जेठानी बैठी बतियाती रहीं, माद्री भी आ गयीं । कुन्तला ने लजाते लजाते पूछा –

"मंझली जीजी ! एक बात पूछूं, उस दिन पटरानी जीजी ने आंखों में पट्टी बांध कर मुझे देखा, ऐसा क्यों ? मैं उन्हें अच्छी नहीं लगी क्या ?"

माद्री हँसते हँसते दुहरी हो गई, उनकी भुवन मोहिनी हँसी कक्ष भर में बिखर गई, बोलीं —

"अरी ! जिस दिन सुना कि उनके पति अन्धे हैं, उन्होंने अपनी आँखों पर पट्टी बाँध ली । यह तो पतिव्रत धर्म है कुन्तला ।"

कुन्ती समझाती रहीं — -

पत्नी पति का अर्द्धांग है, वे एक प्राण दो देह हैं ।

कुन्तला बदल गई थीं एकदम । विदुर के सामने बैठ जातीं, वे धर्मोपदेश देते, वे सुनतीं । वे विदुरानी कहलाने लगी थीं ।

एक रात को अचानक विदुर उठ कर बैठ गये, बड़ी देर तक बैठे रहे, आंखों से आँसू बहते रहे । कुन्तला को आहट मिली तो तत्काल उठ कर पाँव पकड़ लिये -

"स्वामी ! दासी से कोई अपराध हुआ क्या ? रो क्यों रहे हैं ?"

विदुर ने आंखे पोंछी, प्रियतमा का हाथ अपने हाथ में लेकर बोले -

"देवी ! ईश्वर ने अवतार ले लिया, मेरा स्वप्न झूठ नहीं हो सकता है ।"

पति पत्नी दोनों ध्यान मग्न हो गये ।

कई दिन से विदुर का एक नियम बन गया था, वे निर्गुण, निराकार, अविनाशी ब्रह्म के उपासक थे, ध्यान–मग्न रहते घंटों तक । जब जब आंखें खोलते, ओउम् का उच्चारण करते थे, दीप्त ज्योति की ओर आंखें गड़ाये रहते थे सदा । पर इधर उन्हें जाने क्या हो गया था । वे इन्द्रताल से स्नान करके लौटते, लोटे का जल द्वार पर डालते, धोते और अपने उतरीय से पोंछते । फिर भीतर आते उतना हिस्सा बरका कर । कई बरस यूं ही गुजर गये तो एक दिन विदुरानी ने हाथ पकड़ लिया, कहा- —

"आखिर क्यों इस कंकरीली पथरीली भूमि पर हाथ घिसते हैं, प्रिय ! हम निर्धन निकेतों के यहाँ तो कोई सामान्य अतिथि भी नहीं आता । क्यों हाथ घिसते हैं ?

"प्रिये ! मैंने तुम्हें बताया था न - अवतार हो गया है, सच्चिदानन्द आनन्दघन परमधाम से धराधाम पर अवतरित होकर लीला विस्तार कर रहे हैं ।"

"कौन स्वामी ! कौन सा अवतार हो गया है ? कहां ? "

"गोकुल में अवतार हो गया है न ? कृष्णावतार हो गया है ।"

"गोकुल के कृष्ण ! आप क्या कह रहे हैं, कृष्ण ! ! ? वो यशोदा प्रधानिन का छोरा, दही माखन की बड़ी हानि करता था, अहीर छोरियों की नहाते में साड़ी उठा ले जाता था – आप उसकी बात कह रहे हैं ?"

विदुर ने बढ़ कर पत्नी के मुंह पर हाथ धर दिया –

"न प्रिये ! ऐसा न कहो हमारे पुण्य नष्ट हो जायेंगे देवि ! धर्म की गति हम नश्वर क्या जानें ? जब अगम, अगोचर, अचिन्त्य नर-देह धरेगा तो नर-लीला तो करेगा ही अन्यथा जीव संसृति-क्लेशों से मुक्ति किस मार्ग से पा सकेगा ? निर्गुण इसीलिये सगुण साकार हुआ है देवि ! अन्यथा वह तो अगम, अगोचर, अनादि, अरूप, अलक्ष्य ही बना रहता .... "

पति पत्नी दोनों ने आकाश को ताका, फिर हाथ जोड़ दिये विदुरानी बोलीं –

"मैंने तो कभी मथुरा में भी उन्हें नहीं देखा, इधर बहुत दिनों से गई भी तो नहीं .... सुनते हैं, बहुत सुन्दर हैं ।"

"देखा तो मैंने भी नहीं कभी, परन्तु जिन्होंने देखा है वे बताते है कि कृष्ण को देखकर पलकें नहीं झपतीं । बताते हैं लोग कि वे हर समय अपने सिर पर एक मोरपंख अवश्य खोंसे रहते हैं, यह उनका अपना शृंगार है ।"

विदुर महिमा गायन करते रहे, विदुरानी सुनती रहीं, बरस पर बरस बीतते रहे ।

एक रात विदुर फिर चौंक उठे, बिछावन पर उठ कर बैठ गये, कातर विह्वल पत्नी से बोले -

"प्रिये ! आज भोर प्रहर मैंने पुनः एक स्वप्न देखा है, कहीं बहुत बड़ा मैदान है वहां एक उज्ज्वल घोड़ों वाला रथ है, भगवान कृष्ण उस रथ के घोड़ों की रास पकड़े हैं, शरीर उनका रक्त रंजित है और मोर-पंख नीचे को झुक गया है । प्रिये ! .... यह स्वप्न कोई .... दुखद .... समाचार सुनायेगा ।"

माद्री हँसते-हँसते दुहरी हो गई, उनकी भुवन मोहिनी हँसी कक्ष भर में बिखर गई, बोलीं-

"अरी ! जिस दिन सुना कि उनके पति अन्धे हैं, उन्होंने अपनी आँखों पर पट्‌टी बाँध ली । यह तो पतिव्रत धर्म है कुन्तला ।"

कुन्ती समझाती रही-

पत्नी पति का अर्द्धांग है, वे एक प्राण दो देह है ।

कुन्तला बदल गई थी एकदम। विदुर के सामने बैठ जाती वे धर्मोपदेश देते, वे सुनतीं । वे विदुरनी कहलाने लगी थीं ।

एक रात को अचानक विदुर उठकर बैठ गये, बड़ी देर तक बैठे रहे, आँखों में आँसू बहते रहे। कुन्तला को आहट मिली तो तत्काल उठ कर पाँव पकड़ लिये-

"स्वामी ! दासी से कोई अपराध हुआ क्या ? रो क्यों रहे हैं ?"

विदुर ने आँखें पोंछीं, प्रियतमा का हाथ अपने हाथ में लेकर बोले-

"देवी ! ईश्वर ने अवतार ले लिया, मेरा स्वप्न झूठ नहीं हो सकता है ।"

पति पत्नी दोनों ध्यानमग्न हो गये ।

कई दिन से विदुर का एक नियम बन गया था, वे निर्गुण, निराकार, अविनाशी ब्रह्म के उपासक थे, ध्यान-मग्न रहते घंटों तक । जब-जब आँखें खोलते, ओउम् का उच्चारण करते थे, दीप्त ज्योति की ओर आँखें गड़ाये रहते थे वह । पर इधर उन्हें जाने क्या हो गया था । वे इन्द्रताल से स्नान करके लौटते, लोटे का जल द्वार पर डालते, धोते और अपने उतरीय से पोंछते। फिर भीतर आते उतना हिस्सा बरका कर । कई बरस यूँ ही गुजर गये तो एक दिन विदुरानी ने हाथ पकड़ लिया, कहा-

"आखिर क्यों इस कंकरीलो-पथरीली भूमि पर हाथ घिसते हैं, प्रिय ! हम निर्धन निकेतों के यहाँ तो कोई सामान्य अतिथि भी नहीं आता । क्यों हाथ घिसते हैं ?"

"प्रिये ! मैंने तुम्हें बताया था न-अवतार हो गया है, सच्चिदानन्द आनन्दघन परमधाम से धराधाम पर अवतरित होकर लीला

विस्तार कर रहे हैं ।''

''कौन स्वामी ! कौन-सा अवतार हो गया है ? कहाँ ?

''गोकुल में अवतार हो गया है न ? कृष्णावतार हो गया है ।''

''गोकुल के कृष्ण ! आप क्या कह रहे हैं, कृष्ण ! ! वो यशोदा प्रधानिन का छोरा, दही माखन की बड़ी हानि करता था, अहीर छोरियों की नहाते में साड़ी साड़ी उठा ले जाता था–आप उसकी बात कह रहे हैं ?''

विदुर ने बढ़ कर पत्नी के मुँह पर हाथ धर दिया–

''न प्रिये ! ऐसा न करो हमारे पुण्य नष्ट हो जायेंगे देवि ! धर्म की गति हम नश्वर क्या जानें ? जब अगम, अगोचर, अचिन्त्य नर-देह धारेगा तो नर-लीला तो करेगा ही अन्यथा जीव संतृति-क्लेशों से मुक्ति किस मार्ग से पा सकेगा ? निर्गुण इसीलिए सगुण साकार हुआ है देवी ! अन्यथा, वह तो अगम, अगोचर, अनादि, अरूप, अलक्ष्य ही बना रहता...''

पति पत्नी दोनों ने आकाश को ताका, फिर हाथ जोड़ दिये । विदुरानी बोली–

''मैंने तो कभी मथुरा में भी उन्हें नहीं देखा, इधर बहुत दिनों से गई भी तो नहीं...सुनते हैं, बहुत सुन्दर हैं ।''

''देखा तो मैंने भी नहीं कभी, परन्तु जिन्होंने देखा है वे बताते हैं कि कृष्ण को देखकर पलकें नहीं झपतीं। बताते हैं लोग कि वे हर समय अपने सिर पर एक मोरपंख अवश्य खोंसे रहते हैं, यह उनका अपना श्रृंगार है ।''

विदुर महिमा गायन करते रहे, विदुरानी सुनती रही, बरस पर बरस बीतते रहे ।

एक रात विदुर फिर चौंक उठे, बिछावन पर उठ कर बैठ गये, कातर विह्वल पत्नी से बोले–

''प्रिये ! आज भोर प्रहर मैंने पुनः एक स्वप्न देखा है, कहीं बहुत बड़ा मैदान है वहाँ एक उज्ज्वल घोड़ों वाला रथ है, भगवान् कृष्ण उस रथ के घोड़ों की रास पकड़े हैं, शरीर उनका रक्तरंजित है और मोर-पंख नीचे को झुक गया है। प्रिये !...यह स्वप्न कोई...दुखद...समाचार सुनायेगा।''

वे उठ कर कुशासन पर बैठ गये और 'नमो भगवते वासुदेवाय' का उच्चारण करने लगे ।

विदुर का द्वार धोने का नियम चल रहा था, पर विदुरानी उनसे भी पूर्व उठ जातीं और द्वार धो आतीं फिर साड़ी के छोर से पोंछ आतीं । साड़ी अब उनके पास एक ही बची थी और धरती पर रगड़ते रगड़ते वह छोर एक दिन गल कर फट गया । अब वे उस फटे टुकड़े को पहिन कर घर की टहल का काम कर लेतीं, साड़ी का दूसरा टुकड़ा सूख जाता तो नहा कर पहिन लेतीं । वे वीतराग दम्पति और वीतराग होते जा रहे थे ।

राजनैतिक गतिविधियाँ अधोगामी हो रही थीं । कौरव-वंश के विघटन के दिन आ गये थे । धृतराष्ट्र अपने उद्दण्ड पुत्रों के आगे असहाय थे, पांडव बारह वर्ष का वनवास और एक वर्ष का अज्ञातवास सब भोग चुके थे और सिर्फ पाँच गाँव मांग रहे थे, परन्तु धृतराष्ट्र का बेटा सुई की नोक के बराबर भूमि देने को तैयार नहीं था, युद्ध अनिवार्य हो गया था । पांडव इस समय विराट् नगरी में थे । रक्तपात से बचने के लिये कृष्ण ने शान्ति-दूत बनकर दुर्योधन को समझाना चाहा । दुर्योधन अपने हठ पर अड़ा रहा और कृष्ण उठकर चले गये । भोग से भरे स्वर्ण थाल दासियां वापस उठा कर रसोई में ले गई । कृष्ण क्यों खायें ? भोजन या तो आपत्ति में या प्रेम में ही किसी के घर किया जाता है ।

दिन चढ़ आया था, विदुर जी ने नित्य की भांति द्वार धोया, पोंछा, फल तोड़े धोकर रख दिये और समिधा लाने चले गये । विदुरानी ने घर झाड़ा बुहारा और वही धोती का टुकड़ा पहिने नहाने चली गई । वे केश धो रही थीं जो इस उम्र में भी आजानुकेश थे । अर्द्धश्वेत ।

ठक् ! ठक् ! ! ठक् ! द्वार पर दस्तक हुई, दो बार, फिर तीसरी बार ..... बड़ा असमंजस है किससे कहें, कोई तो है नहीं .... पति आये होंगे .... क्या हर्ज है, पति ही तो हैं । वह खोल देंगी .... यूं ही द्वार तक आ गई, किवाड़ों की संधि से झांका – ऐसा लगा जैसे द्वार पर कोई मशाल जल रही हो । तेज सा बरस रहा था । विदुरानी ने तनिक सा द्वार खोला फिर

झांका, एक तेजोमय पुरुष खड़े थे .... जैसे ही विदुरानी की दृष्टि माथे के मोर-पंख पर पड़ी, फटाक से द्वार खोल दिये और हाथ जोड़े आगे बढ़ गईं। कृष्ण ने एक पल को देखा - विदुरानी के खुले आनाजुबाल गीले थे, पानी चू रहा था, फटा वस्त्र छाती के ऊपर से घुटनों तक लिपटा था, उन्होंने अपना उत्तरीय उतारा और फेंका। उत्तरीय वायु से उड़ा और विदुरानी के तन को आच्छादित कर गया। विदुरानी थर-थर कांप रही थीं, आंसू बन्द होने का नाम न लेते थे, द्वार से न हटती थीं न बोलती थीं। कृष्ण विह्वल हो गये भीतर भीतर, तुनक कर बोले –

"फू फू .... द्वार छेके खड़ी है, भीतर जाने देगी कि नहीं ?"

विदुरानी को होश आया, भीतर भागीं, वृक्ष के नीचे केले के पत्ते बिछा दिये, कृष्ण बैठ गये।

"फूफा कहीं गये हैं, फूफू ?"

विदुरानी चुप।

"स्नान को गये क्या ?"

विदुरानी चुप।

"फूफा कहीं सन्ध्या वन्दन तो नहीं कर रहे ?"

फिर चुप, कृष्ण को हंसी आ गई। अब विदुरानी की वाचा फूटी, अटपटी-

"कृष्ण ! वंशी कहां है तुम्हारी ? देखो, ये मोर-पंख गिरने वाला है।"

कृष्ण बनावटी गुस्सा दिखाते हुये खीझे –

"यहां तो भूख के मारे जान निकली जा रही है और तुम्हें मोर-पंख की पड़ी है, फिर देख लेना। अच्छा .... लो .... मैंने खोंस लिया ढंग से, अब तो कुछ खाने को दो .....।"

बावली सी विदुरानी आंसू पोंछते पोंछते उठीं, चौकी खींच कर सामने धर दी, विदुर धोकर केले रख गये थे, ... उठा लाई और छील छील कर देने शुरू किये। अब .... कृष्ण ने – जब पेट में कुछ पड़ा तो बतियाना शुरू किया –

"हूँ, बड़े मीठे हैं .... वरना मुझे तो इस तरफ की किसी वस्तु में मिठास मिलती ही नहीं।"

न विदुरानी का छीलना बन्द होता है न कृष्ण का खाना ।

सहसा भजन में भंग हुआ, सामने विदुर खड़े थे और इस विचित्र सत्कार को देख रहे थे । कृष्ण ने मुंह में केला भरे हुये उठकर प्रणाम किया, फिर खाने में जुट गये । विदुर ने कृष्ण को आशीर्वाद दिया फिर पत्नी से बोले –

"क्या अनर्थ कर रही हो .... ऐं ? भगवान को उघारा कर दिया और उनका पीताम्बर स्वयं पहिन लिया, भोजन के कदली पत्र पर भगवान को बैठा दिया और बैठने के पीढ़े पर भोजन दे दिया .... गूदा फेंक रही हो, छिलका खिला रही हो, ऐं .... बौरा गई हो क्या ?"

विदुरानी चौंकीं, भीतर भागीं । ज्ञान ने भक्ति को झकझोरा या झंझावातों ने समाधि को ध्वस्त किया, कहा नहीं जा सकता । लाज पर्दा के आवरण ने उस भावना पर भी आवरण डाल दिया जिसके वशीभूत होकर विश्व को नचाने वाला अभी नाच रहा था । वे कक्ष में वस्त्र बदलने लगीं । जब वे साड़ी सलूका पहिन कर, गीले बालों का जूड़ा बना कर बाहर आई तो देखा - पति कृष्ण को केला खिला रहे है कृष्ण ने दो के बाद हाथ रोक लिया, बोले –

"बस"

विदुर ने कहा –

"अरे, खाओ न ? केले तो अब खिला रहा हूँ, उस बावली ने तो छिलके खिलाये हैं अभी तक ।"

कृष्ण की आंखें घनश्याम हो गईं, बोले –

फूफा ! इन केलों में वह स्वाद नहीं मिल रहा, जो अब तक मिला .... ।"

विदुर के प्रेमाश्रु चू पड़े, उन्होंने पत्नी की ओर देखा एक बार, फिर दृष्टि नीची कर ली ।